菲式思考

從22K到頂尖，一個交易員逆轉人生的關鍵思維

菲比斯 著

〔推薦序〕
改變×學習，命運的關鍵由你決定！

李金才

　　我常鼓勵公司同仁與年輕人，改變思考模式，不要把自己困在既有的框架裡才能走出不一樣的人生，菲比斯（景翔）就是一個自我實現的最佳實證。

　　2012年我在華南期貨當業務副總時認識菲比斯，當時的他是個懵懵懂懂的小夥子，嘴邊總是掛著「為什麼」，好奇得像是誤入金融業的路人甲，跟著前輩經驗腳步傳承、自學、實戰、研究……這一路的嘲諷、艱辛與成長、心累與自我激勵，我都看在眼裡，收盤後總還能在辦公區看到他的身影，覷睞地到處找人交談研究盤勢與布局，一定要把為什麼搞得清清楚楚，這樣的學習毅力就是他一步一步變身的底氣。

　　期許他持續改變×學習，成為金融界的變形金剛。《菲式思考》揭露了他多年的人生的轉變、研究思考與解決問題的步驟，從盤勢追蹤、投資模式建立與調整到最新的AI程式交易，問他為什麼要公開賺錢方法，不怕越多人使用錢就少賺？菲比斯哈哈大笑，「真實的人生是殘酷的，我想說的是，決定命運的不是出身，轉個念，你也可以做得到。」

　　菲比斯從舞台劇演員轉變為操盤手、創業家，掌握了命運的關鍵，戲劇化地造就了全新的自己，相信透過《菲式思考》，你也可以找到成就自己的關鍵決勝點。

本文作者為華南期貨董事長

見證一個專業投資人的誕生

宋政憲

　　景翔請我幫他新書寫序，我深感榮幸，這一本書寫他從魯蛇蛻變轉化成為人生勝利組的一個過程，雖然以說自身故事為主，但書中提到一些歷程跟心法滿值得細細品味，對於股票及期貨專業投資必有所獲。

　　期貨市場是一個零和遊戲的市場，二十幾年來看到的贏家不會超過5%，95%的投資人應該都是賠錢，但景翔有辦法在這市場活得很好實屬不易，其中也經歷了一番寒徹骨，並且藉由不斷地學習，最終才能成為一個優秀的專業投資人。

　　我是景翔進入金融產業的第一個主管，也是他職場生涯最後受雇於人的主管，回想起2010年面試初遇見他時，就感受到他對金融投資及研究的熱忱，雖然他的求學背景是生技相關科系畢業，職場經歷也沒有任何證券跟期貨等相關經驗，但我還是決定錄用他，在當時他也是我用的第一個完全沒有相關背景及經驗的新人，這一個冒險決定也讓我見證金融市場的一個奇葩的誕生。學海無涯，想必未來的景翔，一定比現在的他更強，一起共勉。

本文作者為國泰期貨副總經理

〔推薦序〕
非本科生也能透過投資翻轉人生

chengwaye

　　閱讀本書時，看到類似的經歷不禁會心一笑，比如魔獸世界以及CS的直覺反射訓練我也曾十分入迷。熟悉規則就占據優勢，分析報酬／風險之後做決策，當期望值是正時，決策再微小，決定做多了累積起來都會左右局勢滾出雪球，這樣的道理不管在投資或遊戲上皆然。

　　大家都以為投資投機就是要學經濟／財經相關科系，但本書作者的經歷證明了，非本科的人，在找到正確的投資方式且有合理的風險控管下，就是能翻轉人生，而且作者在本書中說明要注意哪些資訊時，也已經可以讓非本科系出身的人相對好懂，透過實際案例講解哪些是市場最在意且容易影響到股價的基本面資訊，閱讀完應能夠讓讀者節省非常多時間。

　　作者是實打實地在證期權市場上，依靠自己的努力從無到有，往年對帳單都在PTT年報文中，證券市場是一個損益論成敗的地方，重壓致富的故事所在多有，而那些萬骨枯又何曾被注意？作者就是安打型打者，利用股票期貨的多空配置，達成資產穩健成長，分散風險與降低整體市場趨向，再配合多策略平滑了績效曲線，更能夠提升穩定度，進而實現專職操作，本書作者分享的觀念相信能夠幫助到大部分人更優先思考風險，用更高的勝率與賠率去達成目標績效。

　　這本書還有一個看點，就是內容皆是近年台灣實際案例，因為作者多年來在台灣市場交易，且績效有所憑據，作者透過近年實際案例去講解現增對

股價的影響，或是轉投資怎麼查詢；講解價值與價格的觀念那一章節，也用的是近年疫情時台灣生技股的行情來做解說，以往在看國外著作時，雖然經典，但大部分都是針對美股行情去做講解，但如果講解的例子是台灣實際案例，對於投資台灣市場，總是更大的加分。

認識作者後，看著他把所有營收跟財報掃過，大幅成長的挑出來研究，從法人報告或新聞中去找成長原因，當他分享這塊的投資成果豐碩時，也影響了我對基本面的看法，透過學習也更完整了自身交易體系，還有安打型的觀念也影響了我多策略並行，將損益平滑化，在這幾年的行情中也往更穩健的方向走去，感謝作者平時在PTT以及本書的分享！

推起來XD！

本文作者為專職投資人

〔推薦序〕
一窺成功交易者的心路歷程

佛洛阿水

幸運的見證人

2011年，我因論文研究，上網徵求交易心理團體的參與者，藉此緣分認識了菲比斯這些充滿潛力的投資者。

再次跟菲比斯聯繫，已是2017年，他受財經雜誌專訪，特地透過臉書告訴我，他因投資有成接受採訪的好消息。當時的他已有超過5000萬的身價。而不意外地，隨後不到六年的時間，他的股票資產又翻了十倍。

我曾問菲比斯，當時的心理團體，對他交易最有幫助的地方是什麼？他回答：分清楚什麼是自己可以控制改變的（內控），跟自己無法控制改變的（外控）。

一般散戶多是從報章媒體或親友口中聽消息，找明牌進場。不少人進場後做多期待法人買進抬轎、有突發重大利多；放空則希望法人倒貨，甚至天災人禍來加持。但明牌準確度、法人、個股或天災人禍，又豈是你我能控制，將期待放在這些自己無法改變的人事物，無疑放棄了自己的主導權，把投資的績效交給他人或運氣來決定。

透過本書，我們看見菲比斯如何看待投資世界不能改變的部分，如供需、金融商品規則、財報等既定事項，並從中找到自己能控制與改善的部分。

把自己養成成功的投資人

巴菲特曾說投資賺錢有兩個要素：擁有「能獲利的交易模式」，及「穩定的情緒跟執行力」。

本書第一章介紹的是菲比斯的戲劇人生。閱讀完本章，給人一種希望感，更佩服菲比斯不受出身背景、資金等外在環境限制，走出一條穩健的獲勝之道。

而第二章的主軸，在於了解自己、建立原則遵守紀律、培養正確交易心態。此章節示範了如何具體做到巴菲特所說的「穩定的情緒跟執行力」。

人類的大腦內建怕麻煩、好逸惡勞的模式。大部分的人，都會依照最省力的方式判斷，順應直覺本能行動。

要做到跳脫慣性思考行動，需要有意識地自我探索，並勇敢地承認自己的限制，把有利交易績效的模式變成一種習慣。

這個章節是最知易行難的部分，值得讀者反覆閱讀品味。

至於第三章的菲式思考跟第四章建構屬於你的交易室，第五章XQ策略回測，就是演化出獲利模式的SOP。

菲式思考是練內功的章節。如本章提到，了解金融市場與商品運作的基本邏輯，是發想投資機會的基礎，而供需問題則是產品「價格」的核心，藉此讀者就可以從日常生活去發想投資的機會。好比2020年初疫情剛爆發，短時間冒出大量口罩需求，供給又趕不上，讓恆大等口罩股，在2020年2月開始，營收年增超過100%，股價在半年內狂飆十倍。

讀者可以邊閱讀，邊打開財報、新聞，跟著發想，如果回到當初，我看到同樣的消息，會想到什麼投資機會？有哪些公司有機會？需要注意什麼資料？藉由這樣的消化，將本章內化成自己的思考。

「建構你的交易室」這章節，是菲比斯分享其如何針對自身投資模式，量身訂作的交易環境。因菲比斯是自律甚嚴的專職交易者，他的交易環境自然也是頂級需求。讀者可以從中擷取最適合自己的交易情境。

而XQ策略本章，不管是否為程式交易者，都能一窺量化投資，把可能獲利的靈感，如股本規模、財報與特殊事件、營收財務數據，把一個起心動念，變成具體的量化條件，並透過回測，有效率地驗證，去蕪存菁後變成自己的獲利模式。當然，評估後打不過就加入菲比斯的行列，也是聰明之道。

總歸來說，這本書是底層翻身的勵志故事、是成功交易者的心路歷程，也是如何投資致富的工具書，值得讀者反覆閱讀，收藏傳家！

本文作者為諮商心理師／ICEEFT認證治療師／台大商研博士候選人

〔推薦序〕

學習贏家的思考模式

范振鴻

我與菲比斯的認識大概可追溯到2010至2011年，在PTT上看到對方的文章，偶爾會用水球（BBS上的私訊系統）互相交流對市場的看法。

當時我們兩個都還只是營業員，我是日盛營業員，而他是K券商的營業員。我對他初期印象最深的就是，他當時正在為公司的開戶任務「K券商好棒棒」活動奮戰，偶爾聊天時，也會打趣地喊出「K券商好棒棒～棒」。

回歸正題，從本書中，其實會發現成功的交易人大多都有相似的特質，固守的「交易原則」、重視「風險管理」、強調「資金控管」、健全的「交易心理」、重複的「獲利模式」，以及持續「追求進步」的心態。

或許對於一些小資族或是股市菜雞來說，菲比斯的交易與研究方式再現很困難，但是我仍認為本書很多地方是值得一讀再讀，可以做為你成長的基石，甚至是反覆閱讀後，慢慢建立起正確的思維方向，譬如在新聞、消息面解讀的案例就很值得久久拿出來看一下，學習贏家是如何思考，因為在你腦內對於產業或供應鏈「資料庫」並不完整的狀態下，要能夠很快對新聞產生聯想、快速應對是很困難的，但當你持續地閱讀、持續地了解產業間的關係，相信慢慢就會開始有感覺，就像菲比斯在書中分享的案例，你也會有類似的感覺。

每個贏家的成長歷程，或許有所不同，但不意外地，都會是我們借鏡的對象，從菲比斯的成長歷程知道，神人也菜過，但重點是努力的方向正確與

否，以及是否願意投入心力。

　　人類的科技演進過程就是不斷地站在巨人的肩膀上，因此從成功人士花了十餘年，甚至數十年經驗的分享，是有機會讓你在短時間內找到正確的努力方向。而本書，濃縮了菲比斯十幾年來的經驗與體悟，我相信具備這樣的價值。

　　　　　　　　本文作者為前PTT股票板板主Sirius1812，現任華冠投顧證券分析師

菲式思考

〔推薦序〕
菲神模式，值得你反覆詳閱

許奇

身為交易室的夥伴，真的不得不佩服菲神。我與他相識大概也超過十個年頭了，他在交易這份工作態度上，我從一開始覺得不可思議，到現在完全信服。

工作的熱誠有時候我已經覺得有點變態，但經過這幾年來看，這就是所謂的態度決定財富的表現。

拜讀本書，讓我想起過去股市歷史的種種，我讀起來很快，是因為我已了解他的投資模式與行為。如果你還跟不上，請務必多詳閱幾次，多把歷史新聞事件找出來比較看看。

了解菲神模式，不一定是每個人都能做得到當下投資行為，但至少發生後你能知道到底發生什麼事。

不得不說這本書幾乎完全公開交易的模式了，如果你想投資更上一層，真心推薦。

本文作者為「投機ok的日常」版主

〔推薦序〕
匠人精神，讓魯蛇谷底翻身

麥克風

很高興又看到PTT股板鄉民要出書了，如果你不認識菲比斯phcebus本人，只有看過他這幾年在臉書粉專上的發文，搞不好會想說，這又是不知道哪來的人生勝利組，老婆超正女兒也是美人胚，愛炫富講話又超嗆，八成是靠爸一族？但這樣想就大錯特錯了，phcebus這個帳號，在股板應該可以算是跟test520齊名的大神級人物，在板上，大家都叫他菲神，讀者對考古有興趣的話，在板上可以看到他從阮囊羞澀，沿路成長發跡到現在成為億元男的足跡。

之前在某個私人講座當中，曾經看過菲比斯分享他的績效走勢，基本上就是穩穩往右上不斷成長，幾乎看不到什麼回檔，要不是大家都認識，不知內情的人看到這種資產成長曲線，大概會覺得只是唬爛。但在閱讀完本書，了解他使用的策略框架，以及他對交易的驚人熱情與紀律之後，應該能夠理解他能穩定獲得如此驚人報酬的理由，絕對不是酸民口中的運氣好。

像書中提到的0206選擇權大屠殺事件，我自己也是親身參與，在天價賣出了一些出現芭樂價的call，還在PTT的option板貼了對帳單。這是標準的機會財：制度導致市場出現極端波動的時候，大量資金準備不足的市場參與者被強迫砍倉，買賣真空導致選擇權出現完全不合理的價格。機會之窗轉瞬即逝，在這個案例當中，最好的價位只出現短短幾分鐘。

工欲善其事，必先利其器。我在剛開始進入市場時還只是學生，為了更

有效地篩選股票，甚至還請資工系的朋友幫忙寫爬蟲抓網頁資料，方便我用excel做後續的數據處理，到了現在，大家已經不用再土法煉鋼，市面上一大堆現成的網站可以幫忙做到這件事，甚至能像書中介紹的XQ一樣，同時對基本面、技術面、籌碼面做綜合性的篩選，菲比斯在書中還很佛心地分享了一堆他自己在使用的策略條件。

　　但找到能夠賺錢的策略，不過是在市場成功的第一步而已，更重要的是了解自己。第一章的篇名我很喜歡：人生，是一連串的選擇。你現在的狀況源自於過去的信念，那麼接下來選擇相信什麼，將決定你的未來。我當初給自己的目標是超越指數幾個百分點，到目前為止算是有順利達成，而且大部分時候我都不是專職投資；而菲比斯設定的目標更為遠大艱鉅，付出了遠比我多的努力，最後獲得的年化報酬率也完全輾壓我，他對交易的堅持與驕傲，讓我聯想到日本的匠人。

　　菲比斯在書中分享了自己盤中的分時管理，從盤前、盤中、盤後都有詳細的描述。我自認花在投資的心思應該算是市場前段班，但看完本書不禁感嘆，相比之下，自己對交易下的細節功夫還是遠遠不足，應該要更加見賢思齊才是。我也推薦所有初入市場的人都要寫屬於自己的交易紀錄，檢討並避免犯下同樣的錯誤，是能在充滿荊棘的交易之路上持續前行的必要功課。不論投資或是其他領域，想要成功，都需要專門的知識與技巧，而且需要時間和耐心去培養，輸家們會期待輕易獲取成功，但遭遇到挫折就會尋找藉口甚至放棄，果實屬於那些堅持不懈的人。

　　最後還是要澆一下讀者冷水，我每次幫交易神人寫推薦序，都忍不住會想要下警語，神人們的成功極端難以複製，若想要追求財富自由，比較穩扎穩打的做法應該是專注本業、被動投資，大部分人主動投資的下場，恐怕會比較接近菲比斯他爸，畢竟少數贏家的巨額報酬，是由大量的輸家所貢獻。

看了幾本書就想要成為跟作者一樣的人生贏家，你憑什麼？

P.S. 祝菲比斯在五子登科後，順利達成最新人生目標：變身瘦比斯！

本文作者為「麥克風的市場求生手冊」暨前PTT交易板板主

菲式思考

〔菲想資本員工推薦序〕

　　來看看與菲比斯一起工作並參與本書製作的菲想資本員工們，能夠近距離觀察菲神平時的工作模式與思考邏輯，在菲想工作的心路歷程！

　　自從偶然間在PTT股票板發現菲比斯這位傳奇人物後，我一直對他如何能夠在股市中不受大盤多空、景氣好壞，甚至國際黑天鵝事件的影響，長期保持穩定的45度角向上成長的投資績效感到好奇。

　　有幸加入菲想資本協助菲比斯工作的這十四個月中，我透過觀察他的投資方式，發現了幾個讓他成功的特點。

　　首先，菲比斯擁有強大的研究能力。正如一位優秀前輩曾經告訴我：「最好的交易員也是最好的研究員。」

　　這點完全可以在菲比斯身上得到驗證。

　　他的強大研究能力源自於紮實的基礎知識，和他在市場中實際下單驗證後獲得的寶貴經驗。

　　其次，菲比斯具有精準的風險控制能力，他透過解讀財報而做出多空配置，並且採用分散持股模式，不將雞蛋放在同一個籃子中，以避開流動性風險。此外，他在日內交易還運用期權等衍生工具，讓他即使長期持有槓桿性商品如股票期貨，仍能每天安心入睡。

　　再者，菲比斯擁有迅速的反應和執行能力。

他習慣在盤中遇到不尋常狀況時，第一時間去思考為什麼會發生這種情況，而根據我的觀察，他大多數時間都能找到解釋這些異常情況的原因，然而只要哪天遇到罕見的機遇時，這種習慣就能提升你賺取超額報酬的機率。

舉個例子，大家可以參考書中的0206期權大屠殺章節，他那次操作讓我想到「主力的思維」裡面的日本J-Com股票錯帳事件，菲比斯跟CIS都在別人感到驚恐時，馬上發現這是一個千載難逢的機會，當大多數市場參與者開始察覺到情況好像不對勁時，他們早就將獲利放入口袋，而這一切都在電光石火間，這些案例也驗證了機會總是給準備好的人。

誠摯地請大家親自閱讀此書來學習贏家思維。

菲想資本　林家逸

因緣際會來到菲神的公司，我大概是2019年的時候在PTT表特板上看到倫倫的照片（我跟倫倫是國小同學），看了推文才知道菲比斯這位股板大神。本來以為菲神是遙不可及的存在，沒想到只是參加一個產前派對，就被邀請到菲想資本工作。當時也曾猶豫是否真要就此脫離舒適圈、改變原先的人生規畫，但心裡清楚知道這是千載難逢的機會，可以說是天上掉下來剛好砸到我，考慮再三還是接受了。

2023年入職至今八個多月，從原本的股市小白，只會買ETF定期定額，到現在開始自己試著投資，不敢說有多厲害，但也深刻體會到在這個時

菲式思考

代，八年級的我們不能僅僅領著固定的死薪水，如果不想辛辛苦苦加班、熬了一整年只為了那一點加薪跟年終，投資可以是另一條為自己加薪的道路。

跟著老闆寫書的這半年，除了整理他在PTT的舊文以外，每天收盤後架好設備，菲神一邊口述，由我打字記錄他的第一手內容與想法，同時協助潤飾字句，偶有疑惑也一併請教。寫完菲神的人生故事章節時，讓我對他的經歷與毅力更是敬佩，幾十年下來，日復一日地努力，持之以恆並檢視自身邏輯決策，造就他現在的成功。未來掌握在自己手中，期許有一天也能夠追隨菲神的腳步，走出自己的一條路。

菲想資本　吳佩璇

〔作者序〕
十年後的你，過的是怎樣的人生呢？

　　寫這本書，是想為自己的人生留下紀錄與紀念，對於自己擅長的事，用人生來記錄的點滴。人生如戲、戲如人生，從小不喜歡爸爸因為應酬很晚回家而暗自不想走上銀行一路的我，從灰心的生科、表演藝術，最終走向了金融業的一隅。

　　大鳥慢飛，2008年7月退伍就遇到金融海嘯的我，從每月1萬收入的漢堡店打工、接零碎案的表演，到領底薪22K的營業員，對比海嘯後低迷的薪資與日益上漲的房價，也曾覺得人生無望且無力。我們這輩的苦，20餘歲時的我確實嚐遍，所幸在幾次摸摸碰了一鼻子灰的人生，調整人生方向的過程中找到了符合自己個性，能讓自身研究性格得以發揮，並整合人生所長的一項專業。失敗了，就轉個方向吧！新藥從一期到順利上市的成功機率也不過9.6%，轉到適合你的地方，投入時間精力與熱情，便有機會發光發熱！

　　十年前，29歲的我開始做我的交易日誌時，資產是8萬元；十年後，這8萬逐年增加，成了數億。這十年間市場起伏，所幸自己每年都有所成長。這本書的第一個部分便描述在此期間，我每年有了什麼新領悟。在閱讀的當下，希望讀者能藉由我的書寫，投射進入當時的時空背景，從我的想法與決策過程中了解，是什麼樣的因素讓我一步一步穩穩地走至今日。

　　這些篇章，除了回憶以外，亦由我的交易日誌中還原，除了一些公司名置換以外，都是基於真實發生的事情所記錄，希望你在閱讀後能了解，穩定

的報酬出自每個微小的正確決定。集聚這些微小的決定，加上複利與時間，多數人看似難以置信的事便成了真實發生的人生故事。

在這裡，我要特別感謝現任職華南期貨的李全才董事長，十餘年間，看著我從懵懵懂懂初入證券期貨業的大齡新人，到現在成為市場上說得出名字的投資人，他的眼睛見證了我的成長，最終讓這本書誕生。

粉專「投機ok的日常」的許奇也與我有奇妙的緣分。當我全職進入證券期貨業工作時，他也在該公司工作；後來人生流轉至另一家公司時，他亦在那裡等我；之後到了券商VIP室，他又坐在裡面！我們因此結下了不解之緣，一同工作至今。共事多年的營業員DonDon也買下我鄰近的房子，兩人成為鄰居。如果讀者有緣遇到這幾位，相信能從他們口中探聽本書內容的真實與否。

寫書的契機，源自我想將以前發表而逐漸佚失的文章重新採集、審閱彙編，之後並為本書新增大量的內容，多數由我自己執筆，並與菲想資本的工作同仁共同將其增補成冊。在寫作的過程中，我由一個單身的交易員轉而成為孩子的爸；開了間公司，處理自己有興趣但忙不來的事物；小Tilla的誕生也是寫下本書的原因之一。能有一本書，為自己的人生、圖片與想說的話留下紀錄，是一件值得付諸實行的事。對我來說，寫書的時間成本相當高昂，遠遠不符時間效益，我又是個有些強迫症的人，沒辦法放心把這件事交給他人。我跟編輯劉先生笑說，希望能盡量減少推書的相關活動與時間，因為已經花太多時間在這裡了！無論如何，還是希望這本書能對你有幫助，而這也是我出書的初衷。

如果用知名投資人來類比我的投資方式與態度，我想我比較貼近巴菲特的好友兼合夥人——查理．蒙格。我擅長幫自己設定一個適於投資的框架，排除不好的部分與雜務，逐漸培養成一套成功的邏輯，專注在適用的項目

上，在不斷重複這套獲利方程式的同時，持續開發新的策略與應用，一旦新策略成功，便納入我的投資百寶箱之中，做大且將資金分散在我認為有效的交易策略中，當眾多有效的小策略匯集在一起，就成了一整套的投資方式。

在這本書中，你可以由我的生活歷程，看到我一路走來逐漸養成的習慣、想法與解決的方式，由於我從證券期貨業出身，有較多時間在證券市場上，本身個性也適合交易員這樣類型的工作，亦鑽研過交易心理以求更好地管理自己，這本書就像是與我閒聊一般，帶出我對於投資與其他事的領悟，雖然閱讀本書的你不見得適用我所有較耗費時間精力的交易、管理方式，但我希望閱讀本書，能讓你增加對投資這個終身事業的了解，也能藉由本書的內容，改善自己的投資方式。

閱讀過程中，如果看不懂某些名詞或內容怎麼辦？請善用 Google 搜尋引擎。當我想深入了解一家公司的狀況時，我必定會在搜索引擎尋找該公司近期的新聞與法說會內容；而搜尋過後，也能理解大多數不懂的名詞。相較於二十年前，現今的學習方式已經方便許多，有什麼理由不善加利用網路工具呢？

本書從封面到內頁的色調，都以藍綠色為基底。藍綠色是我喜愛的顏色，也是個舒適且能讓心靈平靜的顏色，我希望藉由這個色調，讓你在閱讀時能處於平靜的環境，並對內容多加思考。紅色是讓人緊張、感到興奮的顏色，而上漲是正常的，唯有市場轉跌時，才是我要聚精會神的時刻，因此秉持著紅燈停、綠燈行的精神，我特意將下跌改為紅色，讓上漲維持綠色的美式色調，如果你也願意嘗試，或有神奇之效。

這本書的企畫發生在我人生大事齊聚、不停有新狀況增添難處的一年；撰寫期間，家父於今年農曆年前中風，完成本書實屬不易。本書的出版，為自己即將滿40歲的人生增添了篇章。感謝我的父母、二舅舅、倫倫、在我

菲式思考

寫書時照顧小Tilla的家人們，與菲想資本的成員家逸、佩璇，沒有你們，就沒有這本書。

　　最後，感謝嘉實資訊的授權，讓本書能將更詳細與原始的資料呈現在讀者面前。嘉實XQ全球贏家一直是投資人的好夥伴，自我十餘年前入行使用XQ以來，藉由其豐富的資料庫，不斷自我學習，亦是自己能成長茁壯的關鍵。也因此當嘉實找我一起合作時，我覺得相當榮幸，也破例進行商務合作，讓敝司有機會能成為其業務合作夥伴，再次感謝嘉實資訊的力挺。

菲比斯

〔目次〕

第 1 章
人生，是一連串的選擇：
從生科到金融的戲劇人生

海嘯之後

2008年，退伍後，生科畢業，漢堡店上開店班，早上九點下班

第 **4** 章
建構屬於你的交易室 ………………… 230

第 **5** 章
嘉實 XQ 內建策略之回測與探討 ………… 250

〔前言〕
什麼是菲式思考？

　　你好，我是菲比斯，這個稱呼來自我的BBS論壇帳號phcebus。大二時，喜歡音樂劇的我在台大PTT註冊此一名稱，來源是音樂劇鐘樓怪人的侍衛隊長角色，phoebus意指太陽，我期許自己能像太陽一樣發光發熱。但因為這個ID已經被註冊走了，於是我把o改成c，帳號就這麼誕生了。本書書名《菲式思考》，指的便是透過我的想法來看事情。

　　我的思考本身基於邏輯推理與歸納，並推導出結論，由A→B，B→C，C→D，D→E的思路去快速推導成A可能導致E，我會用已知的資料去猜導向的結果，用正確的機率與時間來換取成果，長久習作以後，便成了投資的直覺反應。而隨著資產增加，在風險趨避原則下，我選擇用橫向分散的方式增加猜題機會、不過分壓重注來降低重注的流動性風險與可能導致的心理風險，並且雙向尋找標的以降低市場波動。也許許多人都先入為主地認定，能達成高績效的，必定為積極型投資人。但依我對自身的了解，我屬於保守型投資人，只是相對懂得善用工具。整本書貫徹的就是Phoebus Thinking，也就是我的想法；而Pho Thinking發音近似For Thinking，希望讀者也能在閱讀的過程中思考。相較於技術分析或其他投資相關事宜，我認為我的思考方式才是真正讓自己在這條路上穩定前進的關鍵力量。我專職投資，但如果你能把我描述的想法與精力轉化到自身的工作或創業項目上，我相信也能幫助你取得更佳的成果，期許你的精神領域也能因本書受惠。

本書第一部分寫的是我自退伍後，從懵懂無知的財金門外漢、進證券期貨業工作，最終離職並成為市場知名投資人這一路以來的點點滴滴，除了我的人生故事以外，也能看到市場發生的一些事件與我的做法。

第二部分談的是交易心理學。十年前，國內關於此一領域的資料相當稀少，我有幸參與有台大財金背景的心理師佛洛阿水碩士論文所需的群組研討，這個過程奠定了我的交易日誌寫作計畫、自我框架的設定，以及如何做好自身風控的基礎。我至今以一人投資公司的角色自居，一家基本的投資公司需要有研究員、交易員、交易室主管及風控，而這部分的學習經驗讓我能自己當自己的主管，並掌握好風控，這在提升績效穩定性與降低回檔上起了關鍵性的作用。

第三部分談的是我的投資邏輯，可以從中看到我如何當一個研究員與交易員，以及選擇這樣投資的原因。在此特別感謝我從銀行業退休的舅舅陳顯仕先生，他對於多空配對交易的經驗很大程度地影響了我，將其拓展並提高績效成為我能走到現在的基底。

第四部分則是關於自己的交易系統設備建置經驗，以及如何改善與驗證。不論你是投資新手或有經驗的投資人，若想建置屬於自己的交易室，也許你可以看看我是如何設定與選擇的，這也是我多年嘗試錯誤的心得，有了我這個前車之鑑，也許能讓你少走些歪路。

第五部分則是回測篩選 XQ 內建的策略，解析並嘗試優化。我們耗費數十小時回測了幾百個策略，留下印象深刻的，說明這些策略因子相對有效的原因，並簡單優化做為範例，讓你了解如何改良現有的策略。這個部分由我規畫，交由菲想資本的同仁實行，並由我親自審視、檢討，是敝司通力合作完成的章節，希望你閱讀完本章節，除了了解策略以外，也能試著親自嘗試、改良，將這些策略半成品做成屬於你的版本，藉由這個過程，你可以學

習到因子投資的觀念，以及哪些是有效的因子。

後記與附錄則是記錄一些自己的想法與零碎的點點滴滴，以及我們家可愛的貓咪Boss、Misu的精美彩圖，這是我與商周商討出版的過程中，我強烈要求必須收進書中的，對於交易人來說，心情的穩定至關重要，而養貓咪對心情穩定有滿大的助益，能藉由出書的機會，順便秀自己的貓，不覺得很酷嗎？所以強制要購買本書的你來看看我們家的貓有多可愛（笑）。本書封面圖為倫倫於2021年所繪製的油畫「穿著西裝的貓老闆Boss」，因為覺得很符合自身代表人物，所以選擇做為本書封面。

本書內容與嘉實XQ密切相關，從我步入職場至今，XQ一直是我的好戰友，閱讀本書時，如能配合使用，對於本書內容能有更多的理解，除了從券商端使用以外，若想更深入理解、應用XQ，

請造訪我司粉專https://www.facebook.com/PhoThinking/

與XQ全球贏家的粉專https://www.facebook.com/XQ.com.tw

〔序章〕
對牆練牌的遊戲王

「2008年，金融海嘯的狂潮襲捲而來，我音樂上的恩師癌症過世，在軍中洗著由A4影印紙裁下，上面僅寫著卡名的自製遊戲王紙卡，計畫退役後朝著成為舞台劇演員的路邁進，然而，真實的想法則是無盡的徬徨，就這麼到了退伍當天，領了退伍令，踏出營區大門，搭上了返回台北的巴士。」

2008年7月，我服完兵役退伍。當兵一年，每個月月薪6000元，扣除往返台北住家以及台中營區的車資後，對我來說，這一年，除了善盡國民應盡義務，也沒餘下什麼。當年申請進入國立生科領域就讀，後來發現當時台灣發展與自己有興趣的項目相距甚遠，20歲便暗自決定另找人生目標——我愛唱歌表演，藉由演出可以展露過去因為家庭教育與經歷而相對抑鬱的情感，不如就去考音樂科技研究所或音樂所主修聲樂吧！升大四補習準備生科研究所的我這麼想。然而，技術性延畢的我，最終在害怕多花錢，以及父母不滿意的因素下，當兵去了，僅有的好處，只有延畢一年後因政策少當了兩個月的兵。失去目標的那幾年，我沉迷在遊戲王卡牌上，這是一種兩人的紙牌遊戲，藉由不同功能的卡片加入，組合成一副四十至六十張卡構築的牌組，兩兩對弈。我的回合，抽牌！初接觸時，純粹是為了排解空餘時的腦力，就像我當時愛玩的棒球經理遊戲一樣，大部分的玩家喜歡先建構一個主題，並圍繞主題，選擇搭配的牌卡。但我不是，我喜歡把一堆我認為有意思

的卡兜在一起，做成大雜燴，自己尋找這些有意思牌組的連結，讓對手摸不清我想要做什麼。在校最後一年，我開始上網對戰並尋找成就感，而那時同學間瘋迷的是網路大型電腦遊戲「魔獸世界」。其實在國高中時，我玩所謂的FPS遊戲還玩得不差，也就是拿著槍砲武器射擊的遊戲，當敵人到達準心，快速計算前置量開槍！高中時隊上寫了本書，叫CS絕對武力勝典，而我在比賽中也賺了點零用錢。當時的我壓根沒想過，這樣的直覺反射訓練，能在多年後，讓我在設定的條件達成後，得以快速反射下單，成為一塊成功拼圖。

身為家中獨子，電腦就是我朋友，而我也習慣自己一個人做事、跟自己相處。對遊戲的熱忱、數字跟組合為背景資料的遊戲經歷，成功地轉化到我對證券市場的熱忱上，從電腦遊戲到金融市場，我覺得動腦的方式是類似的，只是如何有系統地整理到證券市場上而已。這個時期的我，對證券只有少少的認知，我知道的包含國中時因為自己組電腦而認識的華碩，以及高中時釋股民營化有獨特地位的中華電信，那時我還跟老爸說，這兩家公司應該很不錯，但我想我爸並沒有認真看待這件事，只是盲目地在技術與資訊能力皆不足的狀況下，一頭熱地進行股市賭博，不然我爸應該不會在他的人生中烙下一輩子投資失敗的印記。

大學畢業以前，我從沒有開過證券、期貨帳戶，沒有使用過電腦下單，一切的一切都從我24歲退伍的時刻才開始，且讓我娓娓道來……

第 1 章

人生，
是一連串的選擇：
從生科到金融的
戲劇人生

海嘯之後

2008年，退伍後，生科畢業，漢堡店上開店班，早上九點下班開啟第二人生

　　我是民國73年次（西元1984年）的台北人，國立生科畢。從小對於生物研究頗有興趣。國中時，複製羊桃莉與人類基因組計畫正熱，大家對生物科技的未來抱持高度憧憬，相關科系的錄取分數節節高升。為了搭上這股熱潮，許多農業及畜產等與生物科技有些許相關的大學系所大舉改名，甚至有系所不過因為改個名，錄取分數便向上漲了100分的奇事。而我，便在生科錄取分數最高的那幾年申請大學入學。如同進場追漲在股價最高點的我，最後嚐到了理想及現實落差的苦果。

　　念了三年，進業界參訪時去逛了南科，我還記得當時拜訪的業界公司是原料藥、化妝品和健康食品領域的，因為新藥投資金額甚鉅，需要多年累積、一步一步才有機會成功。當時台灣電子代工業風行，發展生技也是採用同一套思路，懷抱改善這個世界而進入生技領域的學子們無疑是被澆了盆冷水，此時我猶如大夢初醒，原來南科的生蚵對我來說就只是南柯一夢，大學念生科，一生顆顆顆，因為驚嚇太大，只好來碗蚵仔麵線壓壓驚。大學程度的生科畢業生大概只有做業務的份，而往上攻讀研究所耗時耗力，進入業界的薪資展望亦有落差，剎那間，我失去了人生的方向，到了大四才重新尋找

自己的未來，就這麼渾渾噩噩地技術性延畢一年，又渾渾噩噩地在音樂科技研究所考試中落榜。在一連串的失敗中，我腦袋空空地入伍服役，時間轉瞬來到2008年7月23日，就是那個金融海嘯的2008年8月前幾天，我盡完了身為國民應盡的義務，從軍中退伍、登出國軍online，正式進入了人生online這款要用一輩子來玩的遊戲。

我退伍後的第一份工作是去摩斯漢堡賣早餐、做三明治，在軍中習得的專業是站哨，也就是半夜要爬起來著裝站上崗位，對當時的我來說，凌晨起床是相對簡單的工作：每天清晨四點半起床，從五點上班到早上九點。我打的算盤很簡單，當時基本時薪只有95元，而半夜清晨時段的加成薪水比較多，時薪有140元。然而，真的上工以後覺得很辛苦，每天早上都在痛苦中起床，拖著疲憊的身軀，心不甘情不願地離開溫暖的被窩，時常睡過頭，直到四點五十分才驚醒，蓬頭垢面地匆匆前往開店上工。

九點下班了！回到家，看著退休後的老爸一直在家中看財經新聞台，興起了一股我也來研究看看的想法，就這樣正式開啟了我的投資人生。

還記得我人生第一檔買的股票是大台北瓦斯，這是一檔冷門的公共事業股，營業項目是供應台北地區的天然氣瓦斯。在我的想法裡，天然氣是民生必需品，不愁沒生意做，沒有投資經驗的我應該可以安心投入其中。大台北如同我預期的穩定，以致於我下班以後看著它，日復一日卻又無事可做，過了三個月幾乎沒有漲跌的日子，我放棄了長期投資大台北瓦斯的念頭，轉而追逐各式股票。多年以後回頭看，當初選擇大台北瓦斯是個明智的選擇，前提是耐得住寂寞，也許這樣的民生必需股無法帶來數以萬計的財富，但跟存款或將錢配置在投資型保單相較，將長期資金存放在這樣的民生概念股上是更為明智的選擇。

> 相較於存款或購買投資型保單，民生概念股會是存放長期資金更為明智的選擇。

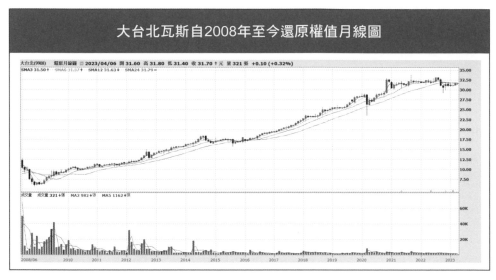

資料來源：XQ全球贏家

　　在這之後，我嘗試過基本面選股，而當時我看上的便是航運與連結器相關的股票，可是財報亮麗，股價卻常不怎麼樣，甚至是每況愈下，當時的我實在搞不懂，難道是基本面沒有用嗎？從小看著爸爸早出晚歸，每每到了晚上十點、十一點才回到家，便暗自告訴自己，等我長大，絕對不要進入銀行業，過著晚上還要交際應酬的人生。大學時，投資學、經濟學與會計學對就讀生科的我來說猶如天秤的另一端，從不曾有過學習的念頭，因此當我進入股票市場，猶如白紙一張，只能慢慢地用搜尋引擎拼湊出零碎的知識。此時的我僅知EPS表彰了企業獲利，對營收、毛利率變化或業內業外等其他內容實在丈二金剛摸不著頭緒，投資績效平平，也不曾回顧自己的投資狀況如何。現今，回憶當時我從基本面選股為何不能有所收穫，原因是財報表彰的是過去的營運狀況，而時間一直在往前走，一個月一個月過去，上一季的財報已經是數月前的事，如果沒有搭配營收與直接的商品報價觀察，便會陷入

追逐落後資訊投資的狀況。我當時看財報的時間
點十分隨機，財報發布後許久，我才會因找尋個
股而回頭查閱其財報，這份財報已經失去了時效
性，難怪當時的我搞不清基本面投資的奧妙。

> 財報表彰的是過去的營運狀況，若未搭配營收與直接的商品報價觀察，便會陷入追逐落後資訊投資的狀況。

　　接著耳濡目染地，我學著老爸從股票台看著投顧老師們長袖善舞，聽他
們介紹股票，此時的我絲毫不知我的老爸是投資世界的失敗者，退休年餘，
已將退休金敗得一分不剩，還藉由房屋增貸，過著寅吃卯糧的日子。跟隨失
敗者的行為注定是在複製失敗，所幸在速食店打工的我並沒有太多錢可以投
資，這些錯誤除了讓我依舊很窮、人生依舊迷惘外，並沒有造成毀滅性的打
擊。

　　我爸投資狀況之糟糕，實在是罄竹難書，記得他曾經為了達成公司交辦
的業績，用自己的錢幫我們全家都買上一份名為「越躍欲試」的越南基金，
每隔一陣子，我們家就會收到記載著該基金現況的信件，我與母親各有一
封，我拆封閱讀，只記得裡面績效負的越來越多，最後一次是因其將解散清
算，最終這檔基金募集價即為最高價，而其解散的殘值只剩下募集價格的
10 幾％。多年之後我回顧這段過去，上網搜尋「越躍欲試」，得知這是一款
越南的連動債基金，我爸做為銀行經理，他都搞不清楚內容，而不賣就不算
賠的心理，讓他直接擺到清算，虧了上百萬。銀行會推的基金，常常是上層
決定要銷售的，分行業務單位及理專的工作就是將上層選定的商品推給客
戶。我爸是分行經理，也得到這樣的投資結果，你還相信理專會給你多少專
業建議呢？

2010年，舞台夢碎，一則廣告自此改變人生

我會選擇速食店開店班賺取收入，自然是在其餘時間有不同的規畫，國中以來，我一直對唱歌及表演很有興趣，大學時開始有了歌劇、音樂劇的演出經驗，既然不知道要做什麼，就從興趣方面著手吧！

於是我到處徵選演員、選上劇團受訓軋演出、音樂會，也進過配音員訓練班，結業後有了配音作品，但因為配音太傷聲帶，放棄了這個念頭。在這段期間，台北幾乎你唸得出場地的舞台還有後台我都站過坐過，有的有演出費，有的原本答應說有排練費卻又跳票，那時一個月收入1萬多，通常不到1萬5。當然夢會醒，男生窮也會怕……做劇場表演的就不用說了。因為我是獨子，家人在這段期間對我很不滿，特別是那個投資失利、整天喝得醉醺醺、半夜一兩點才回到家的老爸。後來想再衝刺考音樂研究所主修聲樂，做最後的努力，沒錢讓我不敢請老師，只能自己憑經驗摸索，最終果然沒能考上，此時只能仰天長嘆，摸摸鼻子。唉，我又失敗了，這已經是20歲後數不清第幾次的失敗了。認清事實，當時我已經26歲了，夢也該醒了，著手找其他工作吧！找個正常上下班的工作，起碼我還可以在晚上或假日，做自己有興趣的事情。

就讀生科的我所學與社會脫節，表演又賺不了多少錢，真可謂一事無成。正當我為未來發愁時，一則期交所培訓業務員的廣告吸引了我的注意，「知道股票的很多，了解電視上指數的就沒那麼多了，期權市場還未飽和，是個機會！」期貨交易所辦的業務員培訓課程免費，並輔導考照就業，更棒的是，上課地點就在我家旁邊，走路就到！就這麼誤打誤撞地到了證基會面試，上了半年課，一次便考取證券商高級業務員及期貨商業務員兩張證照。我永遠記得證券商高級業務員要考三科，總分300分，合計須達210分方能

通過考試。這個考試有些難度，多數人都從普通業務員考起，而這張高業照讓我進期貨業界後還擔任兼營證券主管代理一職，更難忘的是，我以210.25分通過這個考試、取得證照，這完美的低空掠過，表彰著我的準備時間恰如其分，冥冥之中似乎也代表我與期權投機這份事業有著特別的緣分。

初入金融

2010年，22K前進金融業！人生第一口期貨單

　　2010年8月23日，26歲半的我才開始正式第一份全職工作，誤打誤撞、孑然一身進入期貨界工作，那時身上只有5萬元，期貨營業員的底薪是22000元，另有1800的餐費津貼。通過試用考核成為正職以後，若超過兩個月未達貢獻會扣2000元，僅剩21800元。真的是名副其實的22K！大學念生科，一生顆顆顆，我國立大學畢業，22K我驕傲。2008年金融海嘯後，馬英九執政時的22K補助讓大學畢業生起薪倒退，而我，就是那個居住在台北，從22K開始職涯的一輩。

　　我入行時，期貨營業員收入的golden time已經過了，如果早個兩、三年，甚至五年進去，那時手續費相當高，營業員的獎金收入是非常可觀的。而我進產業時，正面臨削價競爭期，我待的公司是剛被合併的期貨商分點，營業員待遇一年比一年差，給營業員手續費成本又高於同業，隨著時間過去，也越加不合理與違反人性。

　　我每年的業績都有一些成長，但是未達貢獻時只領到21800元，要在台北生活，真的很硬。曾經我的摩托車騎到一半拋錨，牽到附近的摩托車店，維修報價1萬元，而這僅僅1萬元的開支，對我而言是莫大的負擔，現在回想起那些吃泡麵的日子，難過的回憶湧上心頭，謝謝老天，也謝謝自己，十

餘年後的現今已過著完全不同的生活。

　　過了兩年浮浮沉沉、痛苦掙扎的日子。這份工作基本上就是跟著開收盤時間作息，需要自己安排行程，有很大的自主學習空間，而我的骨子裡正好有著研究性格。這期間隨著對規則的熟稔、新商品的上市，配合自主學習，與公司定期的內訓，我也逐漸累積一些專業知識的細節。除了專業的基本面財報、國際商品知識以外，自己也學了交易心理。一邊做營業員招攬業務的工作，一邊學習市場知識，進而一步一步把路走下去。22K 的日子很苦，就算我住在爸媽家裡，但台北的物價水準高，生活費、交通費、保養費，還有用來訓練自己投資的本金，日子過得捉襟見肘。投資沒有一帆風順的，我也有我的沉潛期，投資失利，而剩餘的資金難以為繼時，我的母親伸出援手，借了我幾萬元，這救命錢至今我仍十分感激。

　　因為所在環境，我得以透過閱讀法人研究報告，理解產業知識與研究方法，並且慢慢地學習產業鏈。也因為所在的地方跟國際接軌，包含總經、CPI、國際趨勢、利率、金錢脈動等都是在職自學的，平日，我的電視幾乎都鎖定在財金台，這個工作最大的方便就是自由。另外，由於本身的實驗觀察精神與計算，所以可以看到一些短時間的市場潛勢與波動可能性，還有無效率市場利差，也讓自己的成長脫離常軌。

> 如果能發現並善用市場上存在著的價差與時間差，便能取得利基。

　　商人的利差就在於把 A 產地價廉的商品加價在 B 市場賣出。

　　把握上述原則，如果市場上存在著價差或時間差，你能發現它並善用，你就能取得利基。虛擬貨幣市場中，為人所知、因導致一手創立的 FTX 交易所倒閉而惡名昭彰的 SBF，當年起步時就是發現了不同交易所同商品的價差，因而短時間暴富；我則是發現了期現貨間的連動關係，期現貨老人與狗的論述大家都有耳聞，利用其收斂而轉化成收入，是我能走向投資界知名人

士的起步點。

　　我覺得，在金融市場上，新商品就是新機會，我當初因為想到期權市場尚未飽和，所以進了期貨業工作而非證券業。因為股票期貨的登場，還有造市的健全，給了我用股票知識以小錢拚大的機會。因為週選擇權的登場，使得我在越接近結算，越能抓得住行情的準則得以放大，也加大了選擇權的機會與槓桿。身為一個投資市場的一員，能了解越多的東西、越多的細節，機會也越多。

　　大家經由垃圾遊戲股，應該也學到了可轉債的一些手法，只能說金融市場就是個熱情奔放、創意無限的市場，如果要在市場上有所收穫，還是要多精進才是。另外，早年從惡名昭彰的鄭光育操控銘異股價、控制期貨結算價的經驗，我認知到，碰炒作股對我來說沒必要，也浪費生命。十年前，硬碟產業逐漸由軸承硬碟走向固態硬碟，銘異當時的主力產品是走向沒落的軸承硬碟。照理來說，典範轉移會像是數位相機取代傳統相機般，沒有道理銘異股價一路攀高，其中原因就在鄭光育掌握籌碼，並開設節目，用半真半假的資訊誘騙投資人，並且因其有股票期貨，所以每月到達結算時，便操控現貨價格修理股票期貨不認同他看法的投資人。至今他已多案在身，棄保潛逃國外。

　　從起起伏伏的投資生涯邁向穩定，我大約花了兩年半的時間，這期間的關鍵轉捩點在於我終於受不了成天在家發酒瘋的老爸，不管三七二十一地搬離家中。租房的押金與房租對我來說是一筆鉅款，咬牙支付後，我口袋僅剩3萬元，這時我媽再度對我伸出援手，借了我幾萬，脫離負向環境讓我能更專心地致力於研究與實踐。兩個月後，我開始了投資人生的奇幻旅程，一齣用投資逆轉人生的舞台劇正式拉開序幕。

2011年，練功吧！十年後的投資明星群

　　進入業界工作的第二年，我遇到一對T大學與C大學的兄弟檔，他們想致力於程式交易，抱持著多人力量大，三個臭皮匠勝過一個諸葛亮的想法，召集了一群T大為主的學生，開展一個用程式交易戰勝市場的計畫。

　　我身為一個對市場有興趣，並逐步學習全球期貨知識的菜鳥營業員，剛好家裡又離T大近了點，便抱著培養潛力客戶的想法，加入這個團體，提供公司場地、開戶串接服務等，並一同學習。程式交易戰勝市場絕非易事，而且人多想法就多，大家共同努力了半年，有人逐漸失去了熱忱，而兄弟檔經費亦告急，期貨市場總是贏的人少，輸的人多，嘗試後失敗放棄的所在多有。這群菁英學生們最終鳥獸散，各自努力。但是十年前的這群學生們，十年後又是另一番風景，有人在多國開立了投資公司；有人揚起風帆成為水上的一方之霸，市場傳聞叫作航海王的那個人；有人拿了金融創新獎，開設量化投資的軟體公司；有人成為推廣金融知識的部落客；而我，在PTT打混許久的一介鄉民，便以菲比斯之名，在股票板及期貨板成了一方傳說。

　　這年發生了一件大事，就是日本的311大地震，當天我看到日本股市突然下殺200點，據聞是發生了大地震，隨後傳出核電廠可能受損的消息，此時一陣緊張感襲來，我放空了日經與台灣股市各一口，接著更多核電廠受害的消息引發全世界核能末日的恐懼，日經暴跌千餘點，台股也隨之下跌，這次是我人生中第一次抓住了市場的契機，在我當時少許的保證金帳戶中，這次的入帳就像水庫缺水期的及時雨一般，補充些許銀彈，也顯著提升了我的自信。事件交易的方式，從此刻入了我的交易DNA。

　　期貨市場隨著地球旋轉不斷運行著，一個市場休市了，又有另一個市場開市，直到週六清晨才迎來美好的假日。期貨市場博大精深，指數、原物

料、匯率與債市各有其獨特的地方，因應業務需要，我努力地學習著，還記得我自己下的第一口海外期貨單是銅期貨，規格之高，讓我膽顫不已。「咖啡的價格源自供需，而供給量每到綠咖啡協會公告庫存時便得緊盯數據，咖啡的收成則須緊盯巴西的天氣。」每個商品對我來說都是一個學習與挑戰，然後，有一天我看到G公司的一位前輩，她是位年約五十上下的大姊，離婚帶有一個女兒，皮膚面容粗糙，常常睡過頭，這表示她前天晚上服務客戶（其實可能是自己下單）到凌晨三點。我彷彿看到了我再繼續走這條路的未來面貌，於是我下定決心不要成為這種生活的複製品，淡出海外期貨，專注在台灣市場及類似時區市場的交易上。

2012年，配對交易──從此奠定一生的交易哲學

在我早期的營業員生涯中，尋找業績是相當重要的工作。我當時會選擇進入G公司，原因之一便是這家公司除了期貨業務以外，亦兼營證券業務。為了讓自己通過試用、穩固根基，向身邊長輩求援是一條必經之路。老一輩的證券投資人習慣使用電話下單，而電話下單基本上都是按照牌告價計價。既然是親戚，又特別幫忙來開戶下單，就算是電話下單，也該給點折扣，這才合情合理！

在幫忙開戶的親友中，我一定要提及我的二舅舅陳顯仕先生，他是一位開朗、健談，談及股票便滔滔不絕，身材精瘦、熱愛桌球運動的退休人士。與我爸相似，舅舅亦在銀行界服務，多年後以分行副理的身分退休。而二舅舅的子女也相當有成就，我的兩位表姊自美國常春藤名校畢業後，分別在美國蘋果與台灣微軟取得相當不錯的職位，堪稱人生勝利組。

舅舅喜歡投資股票，表姊們在美求學所費不貲，就算舅舅身為銀行主

管，要支付這些開支亦相當不易，所幸舅舅投資有道，方能度過金錢難關。舅舅與一般投資人不同，除了買進看好的股票以外，同時也會放空他眼中同族群營運狀況不是那麼好的公司股票，在電話與家族聚餐跟他閒聊的過程中，他常常都自信地說道，「舅舅是不是很厲害，多也賺、空也能賺！」也許舅舅的投資報酬率不到非常驚人，但是穩定的程度總能讓人放心。不像我媽，基於不想認賠的大媽心態，往往把表現最好、有獲利的股票賣掉，只留下一堆賠錢貨套牢股，直到這些套牢多年的股票有所轉機，一回到成本便急於賣出。我都笑說：「媽媽你的持股就像是一個班級的學生，只要學生成績好，你便迫不及待地將其轉班，再收些不知好不好的學生進來，有些成績不好的學生突然開竅了，變得奮發向上、不那麼遜了，你也鬆一口氣，將他趕出你的班級，怪不得你的班級就像放牛班一樣，不夠爛可是沒辦法留在你的班上的！」至於我爸那一百種虧錢的方式就不用提了，不論是零手續費折扣電話下單當沖、幾天沒漲就急於賣出，看著電視投顧老師的節目買賣股票，他總是能找到輸錢的方式，並且怪罪於運氣不好，但他實質上卻是自我管理不佳的忠實寫照。在我投資取得成功以後，每週只要返回父母家一同用餐時，他都想問我買賣了什麼，並且幫我檢討我的股票。一輩子的輸家，還想幫人檢討股票，無疑是個笑話。我將身旁的真實狀況寫得鉅細靡遺，是因為我知道，市場上這樣的人很多，讀者你的周遭也所在多有，了解這些人為何會失敗、規避這些失敗的因素，也將成為你的成長養分。

　　2011 年末，我開始嘗試用基本面選股，並且雙向配置，但因為我手上的資金不多，所以我以股票期貨做為我的選擇範圍。我打的算盤是：舅舅的投資方式有一定的報酬，雖算不上高，但堪稱穩定，報酬不高背後的原因是現股加上融券成本高，假設利潤有 20% 的話，現股加上融券的成本高達190%，回算之下，利潤便只剩下 10.52%。我是個窮小子，勢必沒有足夠的

「按照基本面看好一檔股票期貨，並按市值放空一檔看壞的股票期貨」，我用此策略，開啟投資的人生故事。

錢來做這樣的配對交易，所幸期交所現正力推股票期貨，不論多空，保證金都只要13.5%，合計27%，一樣20%的利潤，如果用27%的保證金計算，潛在利潤高達74%。此外，在整戶保證金的制度下，如果一方賺錢、一方虧錢，賺錢方增加的保證金便能彌補虧損方，而且每日收盤便根據帳戶重新計算損益及可用金額，比融券更為方便。

「可是股票期貨的標的較現貨少得多，許多股票不符合開辦股票期貨所需的條件，我沒有辦法在同族群取得足夠的配對交易，那……廣義的配對交易呢？我就按照基本面看好一檔股票期貨，並且按市值放空另一檔看壞的股票期貨。」我有關投資的人生故事，起點上的種子就在此時萌了芽。

2012年，我用這個方式，順風順水地度過了前三個月，直到復活節假期，跟著當時參加的演出團體到澳門玫瑰堂唱彌撒，順道在賭場小玩了兩下，回來一切都變了樣，復活節前做多漲停、放空跌停的股票節後直接反向，造化真是弄人，想必是賭場精心設計的風水陣阻礙了我的前途，以後不要再去賭場了！除了賭場風水的神祕力量，我還檢討了包含投資組合的廣度有限，加上公司給的業績壓力，讓我為了保住工作，強迫自己期貨當沖換業績等因素，再加上拖油瓶老爸看我投資有起色想分一杯羹，實質上與心理上的負面能量影響了我，在4月之後我又掉入谷底，在連續取得正報酬的幾個月後，又連續拿了數個月的負報酬，我發現這個狀況的背後因素很有可能與我爸的負面效應有關，興起了離家的念頭。

2012年，佛洛阿水——接觸交易心理學，毅然離開爸媽家

在我開啟投資人生故事的前一年，我參與一位T大碩士生的研究計畫。

阿水這位因意外自此坐上輪椅的準心理師，在攻讀碩士期間，將研究引向當時台灣市場知識甚少的交易心理領域，他在PTT上徵求受試者，組成一個分享團體，他會在團體內分享他的財經知識與心理議題，而我們做為參與成員，也要分享我們在這段期間的自我覺察與體認，他從旁紀錄，以做為論文資料完成學業。我報名了這位鄉民朋友的工作坊，並從中學習交易心理的知識，多年後，我在電視上看到他的身影，用的是佛洛阿水的名號，他現在已經是一位心理師，投資是他工作之餘的其他收入來源與興趣。雖然不幸失去了行走的能力，但是從自怨自艾到展翅飛翔，心理的力量給了他莫大的幫助，至今他仍在用所學幫助他人，就如同有著翅膀的天使一般。關於我的成長，他功不可沒，我從他身上學習到如何理智地面對自己當下的狀況，也因此在一次與酗酒的父親產生衝突後，我毅然決定擺脫負向的環境，走向屬於我的康莊大道。

2013年，10萬！人生的最後嘗試

2012年11月，我搬離家中，轉租新北永和的一間舊公寓，舊公寓裡的一間小套房就成了我的新天地。我帶著付完押金與房租後僅剩的3萬元，加上母親借給我的7萬元，這10萬就是我人生最後的希望，這幾年不順遂時，我都有從橋上一躍而下的念頭，身為一個失敗者，不曾想過尋找另一半，也不想拖累他人，這10萬就是我的最後本金。如果我的工作不能維持下去，那我還能做什麼呢？我真是個廢人。

離家搬入租屋處，我死命玩了一星期的LOL（英雄聯盟）、享受一個人獨處的快樂後，才又回頭正視問題，此後玩遊戲的時間日減，從事研究的時間逐漸取代了電腦遊戲。研究投資對我來說是有趣的，這就像我曾經熱愛的

菲式思考

我的投資金三角：基本面選股、雙向槓桿配置、期權投機及避險。生物實驗、策略遊戲與遊戲王卡牌一樣，現在只差實績證明我的方法正確與否。2011年末及2012年第一季，我曾經穩定了四、五個月，這期間我一定做對了什麼。仔細回想後，我把目光放在營運穩定向上及顯著轉壞的公司，當時有一家公司在風生水起數年後，開始胡亂推出產品，加入智慧型手機的後續者也逐漸跟上該公司，甚至超越。蘋果的成功、三星的加入，及擅長殺價的中國廠商大舉入侵市場，使宏達電顯得風雨飄搖，玉晶光看來也不那麼成功。將這兩檔做為我主要避險標的的投資組合，讓我在2013年保證金帳戶逐漸成長，方法持續奏效三、四個月後，我計算了自己生活必要的開支，用公司給的薪水當財力證明，向銀行用比股票融資低的利率借了20餘萬，以增加本金的方式，降低股票期貨的槓桿。收到這筆款項時，我心想，我的保證金僅需要增加不到10萬，剩下的錢就擺在看來不錯、值得投資的股票上吧！此時我正閱讀著財報狗的第一本書《財報狗教你挖好股穩賺20%》，其中淺顯易懂的雞排範例讓非財金科系出身的我也能輕鬆讀懂。讀完書中的範例，就想套用些規則在本業占比高又淺顯易懂的類股做練習。於是我看了看市場，當時甫公布營收與Q1 EPS達2.59元的財報，加上夏天即將來臨，手搖飲料達到季節性高峰的預期，我決定買入經營手搖飲品原物料的鮮活果汁-KY（當時稱為F-鮮活）。2013年5月21日，我在股價98.3元時買進兩張鮮活果汁，PTT股票板與同事間的鮮活小王子稱號由此開始。而這個正向的經驗，確立了我選股的邏輯，自此我的投資金三角已然成形。基本面選股、雙向槓桿配置、期權投機及避險，靠著上面十八個字，十年內，我徹頭徹尾地翻轉了自己的人生。

2012年底，我搬入的租屋處是位於永和窄小巷弄內的舊公寓，房東將三房公寓改成三間套房出租，房內有扇窗戶，窗戶前方一公尺即是鄰房公寓，採光相當有限。我每天從福和橋頭騎車至北市上班，騎乘的是一上大學

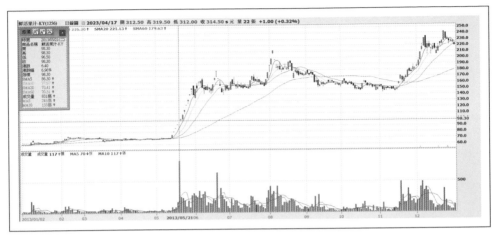

資料來源：XQ 全球贏家

就購置的摩托車，可能因為暑假長時間未使用，嘉義又曾是容易淹水的地方，我暑假回台北時，或許摩托車在嘉義被水淹過卻不知，因此數年後問題不斷，停下來就容易熄火，騎到時速六十公里，油門便會斷油，十分危險。有一次騎到油門線斷，也曾騎到半路拋錨。永和租屋處的公用區飲水機曾經故障，水淹進房內地板，我心愛的遊戲王卡亦遭受水災，心疼不已，而自這次淹水之後，床頭板便開始發霉，即便每個月擦拭，隔月床頭板又會再現斑斑綠跡。就這麼過了半年，我搬離該地，回到我小時生長的公寓，只是這次不是舊宅，而是舊宅其上每日需爬六層樓梯的頂加套房。頂加套房的鐵皮擋不住炎熱的夏天，就算冷氣全力運轉，也僅是稍能入眠。有線電視線路從一個小窗縫進到浴室再連到屋內，因此無法將門窗緊閉，夏日晚上，我往往要打上十隻蚊子才能入眠，牆上沾滿了點點蚊屍，我被蚊子吸吮的血漬，就這樣停留在白牆上，到了下雨天，雨滴滴落在鐵皮上，響起陣陣的鐵皮聲，啪啪啪啪啪啪啪，如果遇到豪雨，音量約有六十至七十分貝，我總要把棉被蓋上臉才睡得著覺，而這張彈簧床年事已高，左右凹凸不平、有多處陷落，我

總睡得腰痠背痛。

　　住在隔壁房間的是一位證券營業員，自我國中時，他便住在這頂樓加蓋的鐵皮屋內，換句話說，他已居住了十餘年，一直做著同一份工作，單身至今。我偶爾會在追垃圾車從六樓奔下樓時遇見他，趁倒完垃圾上樓時聊上幾句。我在這頂加套房住了一年多，曾經在IKEA買了個一千八的邊櫃，自行組裝得零零落落便歡喜地發上Facebook，臉書的動態回顧功能每年總會讓我回想起人生的這一刻。

　　到了2013年底，我年初的少許資金翻了八倍，用年初本金加年中信貸的額度來算，也翻了三倍有餘，這中間大致一帆風順，除了被特定人操控價

2013年3月25日

花了我兩小時組裝，總算把ikea的書桌附櫃組好了

格的銘異讓我卡住了一部分資金在銘異股期，銘異股期跨月總是有對空單不利的價差，如果擺放到結算日，結算時還會硬往上拉，就是要從看壞銘異基本面放空期貨的投資人身上刮下一片肉，食之無味、棄之可惜，如果把這些本金壓在未被控制的股票期貨上，這年還會有更好的結果，因此我決定之後要避開籌碼被控制的股票。

　　此時前面提過的 TC 兄弟檔請我到 C 大學的財經相關社團幫忙講一堂社課，我構思這一整年來的過程、要如何為這堂課下個好註解，我心想，不如讓這些大學生從了解自己的投資狀況開始。從去年起，我便會在每月底看一下這個月的投資損益狀況，不如我藉此機會記錄今年以來的每日損益，製成報表並繪圖了解自己今年以來的投資狀況，這就是我製作自己投資報表的起點，這個習慣延續至今，每多一個交易日，這份報表便又會添加紀錄。這就像是程式的回測報告，只是回測的不是程式，而是交易者的表現。在社課之後，我在每日記錄後會簡單添加一些當日重點，主要是沒做好的部分，藉以提醒自己不要再犯。隨著時間一年一年過去，這部分的紀錄越來越少，因為這些習慣已經內化進我的投資 SOP 之中。

> 將每日投資損益製成報表，就像是程式的回測報告，只是測的不是程式，而是交易者的表現。

　　除了自己的投資以外，很幸運地開發到比較穩定的客戶，也開始有比較多的業績獎金收入，是年每月薪水在 3 萬左右，本業收入的增漲也讓我能好好專注在兩年多來培養的專業知識上，這年開始有穩定的投資收入。該年薪資收入約 36 萬，投資收入約 90 萬，雖有進步，但年終依然令人失望，我入職第一年，公司提供一個半月的年終獎金；過了兩年，我的貢獻增加了，可是年終卻可笑地僅有底薪的 0.33 個月——發個 7000 元來過年，G 公司啊 G公司，你合併了 T 公司後逐年刪減福利，要如何留得住原來在 T 公司端點的人才呢？G 公司以合併壯大，但是獲利卻遠比不上產業龍頭，因為 G 公司為

了市占，對大戶點頭哈腰，為了撐住市占，經理人對大戶價格無底線地開綠燈，但又對一般營業員說要維持品牌形象，給營業員業界中相當高昂的成本，因此這些大戶對公司來說賺錢沒有，但若是投資失利、違約交割賠不起錢，呆帳苦果卻要由那些與引入問題客戶不相關的營業員們共同承受。經理人要的是市占，而營業員要的則是客戶貢獻額，這其中有顯著的利益關係不一致，難怪市場上每當出現極端行情，G公司的名字往往都會與那些鉅額虧損的客戶相連。

2013年初始，我的本金只有10萬，如果沒記錯，帳戶在最低點時甚至只有8萬！2013年之前兩年的確也是起起伏伏，直到股票期貨量開始走穩，加上一些特定因素，讓我不用為了做單而做單，才逐漸穩定。因為股票期貨的特性，其實我還滿推薦新人多了解這工具，若能一窺門徑，股票期貨會比權證易於理解，保證金整戶計算的優勢還有較低的內含費用也讓其更有利於投資。

2013年到4月，我的本金從10萬變成23萬，此時有朋友在銀行推信貸，因為利率可接受，也在我薪水能負擔的範圍內，因此我貸出了27萬，湊成50萬整，其中20萬放在股票市場，剩下的備用。當時恰巧選中了不錯的股票，在不到半年的時間內，就快速地賺了一份本金回來。這裡我要再說一下，合理的信貸是優於融資買股票的！一來利率低，二來不會被斷頭強制追繳，三來沒有融資到期規定，但請以自己能負擔的範圍為限，在不影響生活的情況下，是可以參考的方案。選擇權的部分則是，透過小額測試，連續六個月都能獲利才正式加額下單。在我這幾年工作的過程中，我發現，每當接近結算時，期貨與現貨會隨著結算日的到來，兩者的走向越加趨於一致，而我在接近結算日時，對指數變化的掌握度會顯著提升，因為自己本金有限，就以選擇權做為測試，試試新的下單方式。台灣加權指數是由上市公司

按其權重所構成，換句話說，權值股的走勢會很大幅度地影響加權指數，其中又以台積電及台塑四寶所占權重最多，如果我多觀察這些以台積電為首的權值股動態，也許能有新的發現。我從一

合理的信貸具有利率低、不會被斷頭強制追繳、沒有融資到期規定的優點，比融資更適合用以投資股票。但仍須評估可負擔範圍。

口、兩口的開始試單，就這麼過了六個月，我觀察自己這六個月的選擇權平倉損益，數據告訴我，我的方法可能是正確的，從此選擇權與股票期貨就成為我發跡的兩把利器。

　　選擇權契約隨著期貨交易所新開週選擇權契約，讓我能掌握的交易機會增加，但幾次市場大幅波動，造成選擇權賣方爆倉，期交所遂在之後幾年收緊了選擇權SPAN多情境保證金計算方式，及保證金最佳化等賣方保證金優化計算方式，並額外加收遠價外選擇權的保證金，使得同等保證金能賣出的選擇權數量大減，進而影響其流動性。我是一位按照流通性計算自己投資上限的投資人，這些措施使得我無法再增加選擇權下單的量，甚至逐漸衰退，自此選擇權占我的投資比重越來越低，但至今我仍維持著這樣的交易方式。

　　這年暑假，我花了9萬元購買一部250cc的中古重機，並將舊機車報廢，擺脫了那台貫穿我失敗人生的100cc藍色摩托車——Easy for you！長髮邱澤的笑容是他當年代言這台機車時，機車行上懸掛橫幅布條廣告的招牌笑容，隨著他剪去長髮，我也報廢了這台機車，一起重啟人生及事業的高峰。

人生的十字路口

2014年，一位持續虧損的客戶

　　我2013年開發了一位客戶，他交易的量雖然稱不上大型客戶，但對我一個普通的營業員來說，具有一定的貢獻，大概是我名下客戶交易量排名第三至五名的位置。身為一個營業員，每日看看客戶的交易量是例行公事，這位客戶有賺有賠，但總的來說是賠錢。我觀察了他一年多，有一天我查了後台，發現他到我這裡開戶以來，資金已經虧損100多萬，期貨是零和遊戲，客戶虧損所在多有，但他的交易量對我來說不可謂之不重，如果讓他繼續虧損下去，終有一天會用盡預算、退出市場。

　　到了2014年6月，我的資產相對於六個月前又有所增加，我認為自己有些不錯的方式可以與他分享，而改善投資的第一步，就是要先正視自己的投資狀況，知道自己的狀況有多糟，才能破釜沉舟、力求改變。於是我約了該客戶來公司，讓他親眼看看他自己的損益，希望藉由讓他了解自己，並提供我一年多來有累積成果之較佳的下單心法供其參考，改善其交易行為以留住客戶。但是那個客戶看完損益，安靜了三十秒，他從來沒發現自己虧了那麼多錢，而我還來不及分享我的心法前，他當場就決定停止下單。這下不找沒事，一找就流失客戶！雖然我也有預估到這個可能，但如果能停止他的虧損，也是功德一件。我投資的狀況，讓我能鼓起勇氣向他說明真相，如果沒

有自己的投資狀況撐腰，我不知道我還能不能這麼有勇　｜　改善投資的第一步，就
氣為其止血。雖然最終他沒有在我這邊繼續下單，卻也　｜　是要先正視自己的投資
　　　　　　　　　　　　　　　　　　　　　　　　　｜　狀況。
代表著他減少了損失。如果他有做交易日誌，就能更早發現自己持續虧損的
走向，可以在虧損尚少的階段，就發現問題、改善方法，不用等到數字難以
彌補才壯士斷腕。

2014 年，要進自營部還是……

　　第四年，上半年的薪資月收入約在 3 萬元，最多到 7 萬 5 千元，這 7 萬 5
是我人生中薪資所得最高的一個月，但僅僅是曇花一現，只有一個月。後來
主要客戶流失後，馬上掉到 27800 跟 21800 的奮戰，公司條件越來越惡化，
常叫營業員做些對營業員來說相當於自殺的事，也就是公司賺錢，但你賺不
到的項目，主管與營業員利益的不一致越加明顯。年初爭取提高底薪時，當
時的 J 主管當下承諾，日後卻失信的事也讓我非常不滿，我還要兼證券的代
理主管，薪資收入卻可能低達 21800，在寸土寸金的台北根本難以生存。9
月時，J 主管公布公司新政策，因為公司取得某交易所會員資格，營業員要
力推該交易所的特定商品，每月需 300 口。但可笑的是，公司取得了交易所
會員，卻沒有調降給營業員的成本，我們的成本依舊是業界最高，甚至市場
上客戶隨意便能取得的報價，都比我的成本價還低。這不就是要我不吃飯，
卻要產出雞蛋嗎？公司要求主管市占，主管便將這些不合理的壓力轉嫁給營
業員，自此我與 G 公司還有 J 主管間的壓力引爆，決定離職。我在 G 公司待
了四年，受到公司的灌溉滋養，終於從種子長成一棵小樹，可以產果，卻在
頃刻間便被連根拔起。其實我頗為 G 公司惋惜，從種子克服各種困難長成小
樹是最為艱辛的部分，甜美的果實還沒收成幾顆，便因為政策失當，失去了

這棵樹的未來。也許對一間大公司來說,一棵小樹不算什麼,但是這棵小樹最終成了巨樹,而在我離職後,G公司停止了這愚蠢的政策,J主管隔年也離職,此時的我沒想過之後竟還有跟他相見的一天。

我於11月底正式離職(G公司這分點的營業員從我進去時有三十人,流失到我離職時僅剩十三人),12月初便換新工作。許多想轉換跑道的人會按耐著,直到年終獎金發放才遞上辭呈,但我認為時間就是金錢,想離開時,盡快執行、迎接下個階段才不蹉跎光陰,豪氣地喊年終獎金我不要了!這年投資收入約230萬,薪水總計約45萬。

計畫離職時有兩條路走,都有人拋出橄欖枝,一是去某金控旗下自營部當交易員或儲備主管,優點是收入比較高,但不能自己投資。預估收入約年薪150萬以內;另一個選擇是去以前面試我的主管跳槽後任職的期貨商當營業員,底薪3萬,但擁有更多自己投資與時間分配的自由。不需要做沒幫助的事情,只要能顧好業績,一切好談,對我來說算是走一步算一步的墊檔工作概念。這兩者間,我選擇了後者,加入了H公司,做著與前公司相似的工作,但有著滿滿的自由,因為前兩年的經驗,我相信我的本金增加,我的投資能力將帶來更好的回報,這就是我的第二份全職工作,也是人生至今最後一次受雇於人的工作。主要決定因素是,我月薪資收入最高為7萬5,看似不錯,但我當月的投資收入卻高達50萬。在新的公司,我的業績來源就是自己,不行再找以前的大客戶,或再開發。我想嘗試靠自己專職投資,看看一年後會有什麼成果。

隔年邁入我進入金融業工作的第五個年頭,靠自己的業績,在新公司的貢獻可以排在中段,不會被釘,那也就夠了。專注在自己實質上的本業上,這年投資收入約690萬,薪水約36萬。隨著更換新工作,我揮別了頂加套房,以月租3萬的代價租下台北市中心,東區忠孝東路上中古大樓室內近二

十坪，兩房一廳的房型，以體驗住在市中心走路上班樸實無華的快樂。我母親一直以能走路上班兼運動自豪，而我此時終於能享有她那莫名的小確幸。至於頂加套房的證券營業員鄰居，就我所知，至今仍單身居住在該處。

之後幾年，有一次我經大湖公園到大溝溪圓覺瀑布爬山，驚覺內湖是如此地美，便改以近6萬的價格租了一處捷運出口旁，樓下有便利商店及銀行，市價約4000萬，兩房帶一個更衣室、開放式書房及廚房，並有一個大客廳的室內三十坪新大樓，內湖相對於市區真的是一個恬適的地方，捷運正隔壁的確也十足方便，但我覺得少了一間房間，要是再大一點就更好了！暗自決定這就是我最後一間租的房子，期間我買了台Lexus LC500的GT跑車做為自己努力工作的犒賞。在內湖住了一年多後，房東決意賣房，而我也在2018年於內湖購入了室內五十坪，帶兩個車位的大樓次高樓層，幾年內人生轉折之大，實不是當初負氣離家，住在頂加打蚊子時的我可以想像的。擁有自己家的想像固然美好，但裝潢著實花了巨資，如果不為尋求階段性成就，花個5、6萬，不用煩惱裝潢便能居住在價值4000萬的新房子裡，其實是相當明智的選擇，除非你有家庭、有孩子，不然在事業開展期時，建議不要投入過多資產在居住的房子，此舉將提供人生與資產運用的更大彈性。在房市上漲期，房地產是個選擇，但在今年（2023年）起的幾年，這樣的選擇可能便不是那麼明智，未來幾年，預售屋將有較之前更高的一案建商倒閉可能性，如果你要購屋，切記待其落成後再行選購，可以規避爛尾樓的風險。

這年也有接受一些財經記者的訪問，有機會提高知名度，但是我暫時想低調工作。

這幾年，我每隔一段期間便會上PTT股票板分享自己的投資心得與成果，附對帳單做為感謝這些不認識的板友們來我這開戶，讓我撐過這些草創日子的回報，在這段期間我完成了「專業小散戶投資心得」等系列文，也在

期權板說過，十點以前，在這裡閒聊的都是魯蛇，引起非議（至今我仍然覺得我說的是事實，因為專業投資人這段時間都相當忙碌，實在無暇上一般投資板面與素不相識的網友閒聊。期權市場是零和遊戲，扣除一大群能有正報酬的專業投資人，花費時間在一群投資報酬率為負的群眾身上，難以讓你脫離這個窘境），而在PTT的投資板面有所知名度。2014年底，我上股票板發了篇畢業文，一般股票板所謂的畢業文都是虧太多無法繼續投資，所以稱為畢業。而我發的畢業文，則是因為投資顯著優於薪資所得，又對公司有諸多不滿，選擇辭職畢業，問問板友我可以去哪邊。雖然酸民不少，我也在文章中力嗆那些魯蛇酸民，但也有不少人對我穩定的程度及高報酬感到驚訝，稱呼我為菲神，現在想想真是有趣的回憶。但成名之後幾年，每每發文還是有些新警察（PTT以此稱呼初來乍到的新板友）搞不清楚狀況，雖然有其他板友幫忙說話，但基於回饋心態的文章已然完成，只剩下數據的不斷累積，發文還要跟與己無關的新警察們解釋半天，許多自己認為寫得相當好的文章也未被收錄至精華區，心態上感到疲憊而逐漸淡出PTT，轉而在Facebook個人粉絲專頁自由發揮，但隨著Facebook被詐騙大舉入侵，身為一個有數萬粉絲的粉專，每每發文便有數十則詐騙留言，實在防不勝防、不勝其擾，隨著人生步向下個階段，也逐漸減少自己在臉書抒發己見的習慣。

2015年，三年達成10至1000萬！

2015年對我來說是有些變動而還算順利的一年，而新的一年、新的氣象，人生又將有些許變化。

我有一份投資統計表，是加計了證券、外匯或歐台及其他的總損益紀錄，從這份excel表中的證券欄位，可以看到我這三年單純股票不含期權的投資狀況。

2013 年	879,770
2014 年	2,259,675
2015 年	6,845,117

看起來落差甚大，其實本金也是重要的一環。2013 到 2015 年，我驚人地僅花三年時間，便用 10 萬本金賺了 1000 萬，也將這些心得發表在 PTT 股票板。短短幾年間，我從那個掏 1 萬元修破機車都很困難的 22K 年輕人，到買了 250cc 的重機，後來又買了 3500cc 的 Lexus 轎跑車，擁有幾年前的我不可企及的生活。人生就在於體驗眾多未知之事才有意義。「人生就如一齣舞台劇，活得精彩，落幕無悔」自此成為我的座右銘。以前我在舞台上演戲，現在人生就是我的舞台，而我將我的人生故事繼續演繹下去。

Phcebus 是我在 PTT 的帳號，菲比斯是我的暱稱，我在前言已述及此一帳號的由來，不再重述，但可以確定的是，我的帳號跟 bus（巴士）無關。這年，我在 PTT 發出這三年的投資心得與收穫，發文後引起很大的迴響，加上我這幾年間不斷地分享近況及對帳單，開始有些 PTT 的板友尊稱我為菲神，實在感謝他們的抬愛，投資領域能人很多，我不是最賺的那個，我只是個性保守、穩健投資，並將成果發在板上，我不會發標的文影響市場，我只是記錄我的想法，並用數據加以佐證。

摘錄這時期的文章一則如下：

———————————✕———————————

如同我以前的文章所述，我的投資部位分為股票、股票期貨、選擇權，偶爾再加一些其他，如 ETF 期、外匯等。觀察近三年以後，可以發現我的損益紀錄有一貫性，首先近三年都約有一個月虧損，1 到 2 月由於卡過年還有元旦、我生日，常常

是度假淡季與測試期，7月則通常是我獲利最大的月份。

而年度回檔都落在8到10月之間，之後才又重新開始跑。原因在於，我通常3月開始認真做單，順利的話，就逐漸稍微增加直到不順時縮小。反覆為之，因此今年9月虧損在於8/23之後的強彈，許多避險標的強力反彈，而因為8月強力下跌，經濟數據的不佳，使得我在反彈時增加了避險部位，卻受傷。在7、8月合計賺了300萬以後，在9月中之時，半月最多虧損達到70萬，在下半月將虧損縮至3、40萬之譜。由於該月虧損，因此10月開始將股票期貨部位減碼，也降低風險做單，直到12月休假季大約休了五個工作天。

我的操作原則其實就是緊盯基本、國際數據、規避風險，見風起而順勢交易。2015年的期權年度交易天數為238天，虧損天數為53天，勝率為77.7311%。在4月以前，基本上是延續去年好的經濟面偏多操作，但1、2月由於系統上不是很穩定，加上放假，是小額操作，所以數字不大。一直到2月中及5月有更穩定、報價連續的大戶系統兩套上線，方能落下心中大石般地盡量交易。

我的做法是，股票以基本面財報營收為主，由自己推估，並參考研究報告來計算該股票合理價值。股票期貨同理，但加上適量的避險部位，過去一年，我的避險部位以手機、營建相關為主。而選擇權的部位在於短幅波動的收取，還有風險規避時的增額避險，並加計投機部位。

到了4月，由於連續兩個月的經濟數據不如預期，特別是3月，1、2月有過年因素要合併，但是3月的數據顯現復工時的狀況可能沒有當初想像的好，因此將偏多的部位逐漸增加了避險部位，期權部位也還算順利，一直順順做到了7月。

8/23前下跌加劇，我也增加了避險部位，一直到8/23那天，我單日賺進約50萬。但該月的經濟數據依然不好，我在反彈時增加了避險部位，卻被反噬。也因此必須冷靜，將部位縮小、重新來過，所幸還能回到正軌。

其實這幾年下來都會有一些自己的SOP紀錄，舉例：

1. 早上不能喝咖啡，會讓自己的反應變慢，有點類似沒睡飽。

2. 十一點半至下午一點中國休息期間，自己也跑去吃飯，降低交易。

3. 每天早上都要讀報及閱讀特定資訊。

4. 當數據不如預期時先出場，如果有顯著利空，則是加計避險。

去年初，我給自己的年度計畫是：

| Q1/60 | Q2/100 | Q3/100 | Q4/80 | 合計340 |

實質達成則是

| Q1/78 | Q2/164 | Q3/276 | Q4/156 | 合計684 |

也因此能在2015年就能完成1000的里程。

8月初時我達成了，7月共二十二個交易日，以日計，當沖、平倉無日虧損紀錄的月里程碑，這也讓我今年的日勝率提升到80.3%。我留倉都只留股票期貨，7月底目前未實現是+76300。

印象最深刻的是，颱風前天晚上十點宣布隔日放假，我其實哀號不想放假，還有這個月因為波幅上升，使得口數僅成長兩成，但獲利數字則是成長了一倍。這週重感冒，反應下降，7/23，原來賺14000，後來尾盤數個錯誤變成-4700，最後搞到+522收手，幸運。還有7/30，因為覺得自己太容易贏了，外加有點非理性，一度沒停損，未實現虧到50000，後來運氣好小幅認輸，並專注自己的能力、把握細節，變成賺21411，過了以上兩關才能達成這樣的紀錄。

交易員是孤獨的，這種紀錄除了自己知道以外，是沒有額外掌聲的，但真的讓自己很感動所以記錄下來，好好歸零自己，下個月又是重新開始。

0701	+	58096	0717	+	10312
0702	+	17436	0720	+	52934
0703	+	164120	0721	+	8978
0706	+	130172	0722	+	131457
0707	+	71576	0723	+	522
0708	+	513920	0724	+	23084
0709	+	127968	0727	+	56638
0710	颱風QQQ		0728	+	32215
0713	+	18272	0729	+	78827
0714	+	104694	0730	+	21411
0715	+	269741	0731	+	44622
0716	+	23072		+1960107	

波動大時真的是幾家歡樂幾家愁，7月真的是近來波動最大的一個月了。最後，如果有人問我在期權市場最重視的是什麼？我會回答「風險」。

我其實有嚴密地在做風控與即時調控，沒有全額再投入，並保持手上的現金持有水位及避險部位，所以如果是一般的工作，是沒辦法這樣做的。這也是花了許多時間的結果吧，不求一夕致富，但願能穩定成長。

其實這幾年下來有一個深深的感觸，賺錢賺錢，其實除了純勞力（舉例：搬運）以外，知識財跟人脈財是兩個很重要的關鍵。知識財就是特殊知識技能還有資訊差，不論什麼方向，只要你能掌握知識財，加以善用，就有發展的機會，因為你知道別人不知道的。

舉例：QE、通膨、遺產稅調降跟房價的關係；油價與運輸的關係；外匯變動與貿易的關係；Design House的超強Coding能力；寡占事業的進場方式與知識壁壘等。

　　人脈財則是業務與創業需要的，尤其是與資金方面有關，還有靠一張嘴的，如果能夠了解這兩個方向，是有機會的。可惜現在我們七年級這輩已經有了太高的資產壁壘……靠爸真的大勝，但如果能掌握知識財與人脈財，還是有翻身的機會。

〔時空背景：2015/08/24(一)當日盤中大跌583，收盤跌376點〕

　　老實說我也是難得有留7500、7400的sell put共20口，所以我開盤前也是很頭痛，我是怎麼解決這個問題的？我自己的答案是先買價內選擇權 p，把部位風險鎖住再看。完全避險下，的確有把這7500、7400的刺頭部位解決掉，還好開盤時只開低100點給逃，我很少很少當賣方的……有嗅到風險所以有避開，到最高的時候，其實價內put價格超開，我用滿複雜的方式，除了掛芭樂與用期貨，一直到價差近了才正式平掉。做法很多，我只是先把sell put風險規避掉優先，SP當初留倉20口bp，先20口救，完全避險掉。

　　統計至今日，2015年是我勝率最高的一年，這源自於我發現了中國A50期貨及其類似商品在不同交易所間的價格有些許的時間差，雖然不是百分之百相關，卻具有連動性。靠著這個發現，我曾經一個月內每日結算都有正報酬，卻也為了維持正數連續這個小小的紀錄，使得後來越來越患得患失，使得損益越來越小，直到終有一天，日損益為負，結束了這個旅程，反倒鬆了一口氣。這個中國期貨跨商品跟隨的做法，隨著中國嚴打期貨市場，使得流動性消失而告終，這個小小的發現因台灣的A50 ETF期貨流通性不大，所以只能賺點小錢，但其實原理與SBF發現不同虛擬貨幣交易所間存在著可供套利的價差是差不多的道理，可惜基於保守原則，我一直對徒耗電的虛擬貨幣

持保留態度，而且幾年下來，我的投資方式有所收穫，也使我沒有積極踏入幣圈的誘因，如果持更開放的心胸，說不定我也能發現當初他的這個致富祕訣，謹慎投資雖讓我不能一夕致富，但也能讓我在市場上屹立不搖。

當中國期貨市場被對岸管理單位嚴打後，相關商品也消了風，過了一兩年我才從朋友間得知，那時曾有大戶發現相關基金存在價差，便每日申購，申購成功後隨即賣出，每日套取價差，輕鬆賺取大把鈔票。而僅有少少資金的我只是每日來回運用如同電競選手般的手眼協調能力，吃掉了不符計算邏輯的十來張小單，賺取每單約千元的小小價差。想想真是莞爾一笑，申購的門檻不是當時的我可以負擔的，就算知道，也只能吹鬍子瞪眼睛，但我記取了教訓，在2020年一波原油ETF的申購價差中，小小地中了一兩單，賺了幾十萬，彌補了這個缺憾。就像我說的，俯拾之間皆有投資機會，端看你有沒有足夠的知識與能力攢下這份知識財。

2016年，團隊作戰？單打獨鬥？

2015年底，PTT股板的一位知名板友L提出想邀請我一同工作的念頭，言談中發現，我們雖身處異地，但在一些股票投資上，卻有類似的觀點，只是他做的是股票，而我則以股期及期權為主要投資方向。幾經思考，我心想，目前的工作僅屬墊檔性質，自己過去的一年資產增加，是可以做做這樣的嘗試，也許跟證券專業的人co-work能激盪出不同的火花。他是個對公司研究透澈、個性直接，又喜歡壓重注的人；我則是觀察市場、分散下單、不靠消息，靠著勝率穩定成長的取向，看似互補，實則牽制著彼此。一同工作後便發現習慣不同、專注領域不同，而我又是容易受影響的人，耳濡目染之下，逐漸改變了自己的工作節奏，個性與管理方式的不同，適合他的不見得

適合我，2016年第一季時還稱得上平穩，但當時交往了一個情緒控管較差的女友，這個導火線在第二季隨之引爆，種種因素加總，嚴重影響了自己的投資，5、6月間的我彷彿行屍走肉，無心工作，去年意氣風發的自己蕩然無存，2016年上半僅以接近打平，甚至對我而言還有點慘澹的結果告終，這對過去三年的我來說是不可置信的。

　　7月時草草結束了一同工作的企畫，也和當時的女友黯然分手，回頭轉進半年前離職公司的VIP室。此時我心中的工作SOP又增加了一項，因為我是易受影響的個性，除了工作上要與市場傳聞保持些距離之外，對於另一半更要謹慎選擇。雖然我跟他不適合一起工作，但是我們的友誼持續至今，與當時的我們相較，幾年光陰下來，彼此又有些成長。他對公司研究透澈而又直接的態度，偶爾在一些公司於證交所發布的重大訊息記者會QA中，能發現他尖銳地問上兩三個棘手問題，他擅長發掘問題公司，但大量壓注的習慣與直接的個性也讓他偶遇困難，這些困難讓他老婆在在聲明不要再引起紛擾。沉潛一段時間以後，現今的他告別過去投資的一些習慣，隨著資金增加，也逐漸走向分散投資的路，目前他也有培育後進，如果你有幸加入這幾年台灣某投資公司開辦的尋找潛力投資新秀計畫，或許你也有機會在他身邊工作。

　　7月轉進的這VIP室裡有許奇跟DonDon，再加上我，一共三個人。奇奇是我入職G公司時，其他部門的同事，而我在加入H公司時與其相逢並越加熟稔，我們都在H公司工作，且自己就是自己最大的客戶。DonDon則是H公司中，座位在許奇隔壁的同事，因為她坐在奇奇隔壁，我與奇奇閒聊的同時也跟DonDon越來越熟，DonDon是個下單很有爆發力的人，用少許保證金便能下出驚人口數，但當時的她績效只是平平。我們在VIP室座位上各自努力著，一起吃飯、一起工作，彼此砥礪，曾經的奇奇是個今朝有酒今朝

醉的人，「睏霸數錢」是他的招牌語，一年還要出國數次追星，一年賺來的幾百萬幾乎揮霍殆盡，我常勸他要儲備生活的預備金，但順風順水的他依舊過著逍遙快活的日子，直到過了投資不順、艱難的一兩年方痛定思痛，改善投資方式與紀律，踏上千萬投資人的路。話雖如此，存骨（股）和睏霸數錢仍是他的招牌之舉，也讓一些網友誤以為專業投資人每天睡飽起床，錢就會自動從天上掉下來。我再說一次，天上不會掉下錢來，從天上掉下來的只會是鳥屎！

　　脫離了不適合的環境後，我的工作逐漸回到正軌，2016年整年的投資收入與前一年相當，表示在平淡無奇的上半年之後，我拉了個尾盤，將人生導回到正軌之上。

⟡

　　年度統計，雖然達成年初目標的低標，但對我而言其實是沉潛的一年。日勝率從2015年的77.7％掉到63％，只比2013年時優一些，其中的原因是我2015年能拉勝率的一大武器——中國ETF期貨的關聯性交易——由於交易量巨幅下滑，已經到了不能做的程度，此外上半年我另有幾次大幅虧損。

　　2016年對我來說是辛苦而充滿回憶的一年，上半年工作與感情方面的問題，讓我在第二季遇到了滿大的逆風。想讓人生有不同的經歷，但轉換工作後變忙很多，還有感情方面接二連三的困難與挑戰，扎扎實實地影響了我的投資績效，經常無暇或無心顧及。

　　在第二季末時，我是真的滿不快樂的，下半年8月後回到以前服務過的H公司，也重回單身，這次回來的不是營業大廳，而是旁邊的小VIP室。

　　26歲時的我不知道未來在哪裡，過著打工、表演的生活，不受家裡支持，加上

考音樂研究所失利，嘆一口氣，心一橫，受期交所培訓半年，進了期貨業，做個底薪22K的營業員；32歲的我則是個坐在VIP室裡，靠自己自營的交易員（其實我當時滿常自嘲是失業青年）。2013年1月的10萬，至2016年12月共賺進實現約1759萬，未實現40萬。2016年股票約用350萬賺100萬，期權用300萬賺700萬。

2016年的幾個記憶點：

最幸運：抽中目前的興櫃股王，中華電信子公司，上櫃第一天賣掉，獲利20萬。

最腦洞：聽到周圍的人一直在講「垃圾」遊戲股，我基本上有不買遊戲股的原則，因為我認為遊戲股炒作為多，此外台灣以代理為主，有受歡迎於否的不可預測性。但耳聞太多消息，想說，好吧，小額參加一下收購好了，於是買了兩張詐騙垃圾股，後來就只好按加入自救會了，當然我是4x出場的人，虧損10幾萬。幸運跟腦洞抵銷。

單檔最大獲利：

股票：年底的鏡頭廠（3406玉晶光）毛利率改善行情7x~11x落袋約150萬，個股單日高。

剩下其他值得一說：

小型面板廠（6116彩晶）破7.x~9.8

電競主機板廠（2377微星）4x~7x

汽車AM 4x~6x

5465 印刷電路板 12.x~18.x

6101 印刷電路板 21至今

2938 家具上市那天 35.x~48

固態硬碟兩次210左右接，後來出23x。一直持有到週五出光（因為東芝）

菲式思考

空的大概就是某個網路銷售龍頭（8044網家），還有太陽能類股。

期權：

川普當選盤中避險操作90萬，期權單日高

英國脫歐盤中避險操作60萬

這兩天我可以說是做足了準備，相關資料都已經蒐集好，也把即時資訊打開，尋找最快的資訊來源，所以這兩天的獲利真的當之無愧。

單日最大虧損：

股票：

鏡頭龍頭廠，自己打破原來該檔股票期貨不留倉的設定，又用了錯誤避險，65萬停損出場。某董事長常常很興奮地虧錢手機廠，因為上半年太忙了，沒檢查好自己的單位就下單。原來以為是空2口x3=6口，結果是10x3=30口，等一下停損20口虧1x萬。以後另外10口被軋，結果加起來虧40萬，心得：錯了就錯了，意料之外地持有太多就是要減少部位，不然會影響出場意願。

某健身工廠母公司，從100出頭到83停損出場

期貨：

1月的時候，有天沒睡飽，反應遲鈍，盤勢不如預期，持有太大，又對金額失去感覺，當沖虧6x萬，單日高。

川普當選那天，黃金漲高時做多避險，然後因為選擇權賺多跑去吃寒舍艾麗，沒有仔細面對自己的黃金部位，結果吃個下午茶午餐，虧了2x萬元，把國外賺的都虧光了。決定還是別下國外，好好放鬆休息，對自己還是最重要的，雖然原油上漲、歐元下跌行情都在自己預期，但因為國內的提升，而只能笑笑地說沒關係。

其實到了現在，投資已經走向資產配置階段，用基本面選比較低風險的獲利成長股，加避險成了股票的主軸。而期權部分則是以週選選擇權買方或賣方當沖為

主，保證金多了，也會看狀況用少部分賣方收點風險低的時間價值。現在可以說利用多元配置分散風險的方式，自己當自己的個人基金經理人。

金額逐漸變大以後，市場商品流通性，還有風控會是兩大影響獲利幅度可能衰退的原因。所以巴菲特厲害的不是年賺20%，而是他錢那麼多還能賺20%。我能翻這麼快也就是因為小錢不會遇到流通性問題而已。目前使用的大部分策略對程式化是有困難的，但是有使用程式輔助計算或判讀資料。

但也不得不說，真的很累！週一到週五收盤前，我基本上都在看非凡新聞台，常常半夜電視也沒關。工作的時間是以秒為單位，生活型態也是需要尊重工作效率、有穩定作息並保持心情平靜。

以期權帳戶及線圖來說，很明顯能感受到今年的實質退步。

2013 年我入期權保證金 10 萬，約賺 60 萬。

2014 年，期權保證金 30 萬，約賺 180 萬。

2015 年，期權保證金 50 萬，約賺 600 萬（這年開始全心為自己投資工作）。

2016 年提升到了 300 萬，卻只賺進 700 萬。

以加上股票的總額來看好了，我上半年賺進 26 萬，下半年賺進 780 萬。這中間關於工作的枷鎖掙扎真的是如人飲水，冷暖自知。

上述內容為我 2016 年在 PTT 股票板發布的文章，隨著時間而逐漸佚失，我在採集本書資料時將其還原，謝謝熱心朋友及網路資源的備份，我才能將這些內容重新呈現於本書中。

買房 or 不買房，this is a question

2003 年到 2007 年，由於台灣經歷了陳水扁總統時期放寬雙逃生梯的限制，還有國宅政策的結束，使得房市有了第一波漲幅。

2008 年金融海嘯期間我退伍了，金融海嘯導致低利率持續滿長一段時間，低利率加上貸款寬限期政策，使資金短期內大量湧向房地產，造就之後的一波房市大榮景。

2010 年時，我開始了我的第一份全職工作，月薪 22K。到了 2012 年，收入進展到快 3 萬，由於我決定離家租房，開始了瀏覽看房網站的習慣，隨後到了 2014 年，在投資收入的增加之下，正式開始看房的經歷。我生長在台北市都會區，房價對我而言就是個遙不可及的夢。第一次看的案子是在新北市土城區的新建案，土城區一部分屬於工業區，位於大台北都會區最外圍的邊陲地帶，屬於房價較輕盈的區域。由於房地合一稅的計畫與施行，該案號稱第一個讓利案。我那時手上的積蓄有 200 多萬，看的房子要 2000 萬，過高的槓桿意味著頗大的壓力，評估以後決定待手上現金更充裕再來考慮買房一事。

過了一年，由於投資順利，扣除開支後，我持有的積蓄增加到 700 多萬，那時我看了一個永和區的頂樓中古公寓案，室內坪數跟去年看的土城案差不多，但是價格只要一半，約 950 萬。永和區是我從小生長的區域，位在台北市外圍第一圈，該價位不錯，所以我認真考慮是否買下此案。考慮許久，我還是放棄了。考量到過去兩三年我自身的投資報酬率，持有現金來投資會比持有這個房產更有價值，這個案子相當不錯，不論自住持有，都有價值。但是我自問，如果再延後買房的時程，是不是能夠買到更舒適的居住地？對銀

房產有其僵固性，過早投入並占個人資產中極高的比例，其實無形中也喪失了很多機會成本。

行來說，我沒有穩定的收入及足夠的資產，我是否需要負擔更多的本金及更高昂的貸款利率？這時的隱忍最終給了我很大的回報，我在2018年資產達到6000萬時，貸款買入台北市5000萬的高樓住宅，甚至還多了千萬投入裝潢，2021、2022年也分別買了豪宅線以上的房產供自住。我想表達的是靈活運用現金的重要，對許多人來說，房產是高槓桿的投資商品，但是現今（2023年）房屋買賣的摩擦成本相當高，已然不是十餘年前的那個投資商品了，大環境的不同不能同日而語！房產有其僵固性，過早投入並占個人資產中極高的比例，其實無形中也喪失了很多機會成本，包含其他投資機會、個人職涯可能性。如果你視房地產如同黃豆、玉米，亦或是金、銀、銅礦、原油之類的商品原物料，那麼是否投入其中，端看你對其了解的多寡、市場的供給需求，還有手中是否有其他更好的選擇，以此做為是否購入房地產的準則。如果你跟我一樣，對於住家還有一點浪漫情懷的話，那試著等待有能力滿足自己理想的居住環境再購入吧！租房的選擇沒有那麼差，買房除了房價以外，裝潢時間與其成本，都是相當大的隱形損失，如果你對你的資金有更好的規畫，那麼租房反而是相對較佳的選擇。

2014年時，我就是個在台北沒房、有車、資產300萬的普通人，收入看起來也許還可以，這樣的資產對許多人來說是投入房產的時間點，但是我選擇延後買房，所以才能在數年後，買到更為舒適的住家，並投入數千萬裝潢，如果當時我做了多數人會做的選擇，之後的甜美果實也就不會這麼快到來。現在數億的身價與房產是從2011年的5萬、10萬慢慢累積滾出來的，而這也是資產的複利。當時的我從沒想過能從兩袖清風走到今天，當年為了找工作、找出路，意外踏進金融領域，中間經歷了很多辛酸事，現在能用自己的專業餬口飯吃，其實真的很感恩。

我也是經過數次失敗，才找到自己賴以維生的技能，幸運的是，這技能

不需要靠人聘僱，自身可以完成，也堪稱穩定。雖然人生這條路對我來說一直歪歪斜斜，必須不斷修正，這時真的很想說聲「天無絕人之路，把一條路做到比別人好、比別人專業，難以取代就是好路」。

　　在2023年的今天，房地合一稅的施行已是政府的重大財源，這同時代表著，買賣時的價差，扣除仲介成本外，如果裝潢時沒有妥善保留相關發票，便也會落入房地合一稅的稅基之中。即便房價提升，但因為摩擦成本提高，投資客的實質獲利仍是打了不少折扣，而更重要的是，今年〈平均地權條例〉及〈不動產經紀業管理條例〉的變更，將使得投資性需求大減。且台灣2022年第四季的GDP劣於預期地轉負、美國聯準會大幅升息導致國際性房產大幅消風、半導體業的海外擴廠將高階人才拉往海外、台海戰爭意識的增加，種種因素，也間接影響了有一定財務能力的中壯年國民對房地產的規畫（釋出房產的意願上升、買進新房產的可能性下降）。而經歷了1986年到1997年共十一年的出生人口平原期後，人口數自1998年及2001年開始了斷崖式下降，1998年出生的人今年將滿25歲，這也代表著，從今年開始，有買房需求的青年人口將逐年大幅流失，青年人口、中壯年人口、科技業高收入族群對房產的需求都處於流失狀態，可見將對房市造成一定的衝擊。大環境如此，若你不是具備許多房地產相關知識的專業人士，想靠投資房產致富，還請務必慎思！

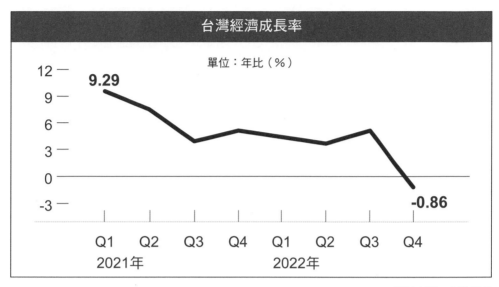

資料來源：主計總處
註：2022 年 Q4 為概估值

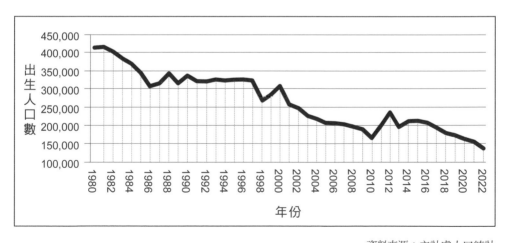

資料來源：主計處人口統計

邁向頂尖

　　在這之後，我的工作模式已然定型，過著忙碌又充實的日子，投資工作的好處就在於績效報表反映出你的努力，睏霸數錢終究只是句玩笑話，每個工作日，我的鬧鐘都固定在早上六點四十分響起，由非凡晨間新聞開啟我的一天，不論戰友奇奇跟DonDon是否前來，我都日復一日地堅守崗位。此刻的我身心都已是自律的交易員之樣貌，我也清楚知道，要維持自身的績效，用如同運動員般的專業態度準備工作是其中的關鍵，超額又穩定的報酬源自正確的方式、持續不懈的精神、持之以恆地在最新資訊發布的第一時間就果斷地做出判斷。

　　從2013年至今，我沒有任何一年以年度虧損做收，2017年首次績效破千萬，2020年順應疫情引爆的需求，及2021年的一片榮景，我的年度成績更達九位數的水準。當市場下跌時，我艱難地小心避險，力保自己的投資組合不致虧損，並努力吸納新知，感受市場波動。現在是全球化時代，金融市場的變局不會僅侷限在一隅，恐慌是會傳遞與蔓延的，這個道理我在2011年日本的311強震便已有所體會，因此在投資步上軌道後，會根據全球的狀況來調整自己的系統性避險部位。雖然市場下跌時為力保不失，常常夜間也得工作，格外辛苦。但就如同其他工作偶遇加班一般，比起晶圓廠工作的夜鷹計畫中，輪班星人們的工時，我的工作還尚稱穩定。而我努力地工作，成果便能完全體現在我的年度成績單之中，我就是我自己的主管，我管理著自

己、管理著績效、當自己的風控，同時自己也是位優秀的交易員與研究員。我自己就是一家投資公司。

我常戲稱，生命科學，就是生命自然會找到出路的科學。如果你能走進獨特專業領域，或踏上別人沒想過的道路，加以實踐，就算身處最慘的22K世代、念了最高估的科系、上有投資不善債台高築的高堂、下有嗷嗷待哺的孩子如我，在停損了自己的人生以後，還是可能會有轉機的。這些機會不會從天上掉下來，而是要靠自己不斷地發掘。放開你的心胸、開啟你的五感，求學之路往往只教導我們要成為一顆稱職的螺絲釘，成功不是一朝一夕，就算起步只是顆底層的螺絲釘，如果你能當顆聰明的螺絲釘，寬廣的世界將振臂擁抱你，無數的機會就在你身邊，端看你能否細心掌握。

2017年至今，讓好的習慣持續，資產也隨之飛翔

2017年7月，平倉計約1600餘萬，加上證券未平倉+120萬，期貨未平倉+100萬，合計上半年資產約增加18xx萬。所以上半年報酬率大概是+130％左右，年化大概接近300％，但我想全年達不到這麼高的報酬率。

可以看得出來，資產變高以後，顯著地降低了報酬％。特別是選擇權部分，由於自己心臟不大、擔憂流通性問題，沒有按比例增加部位，相比之前三年從10萬到1000萬，報酬率低了不少，這是很正常的。

我的投資方式在連續而極端的走勢時比較容易遇到困難，像今年6月，大家都噴得不要不要的時候，我還在暗自垂淚。但是基於安全性與長期穩定性，還是推薦大家用類似的方式多策略構成自己的投資網。

菲式思考

　　上文是我2017年7月在PTT股票板發表的文章，是年最終，我的成績約在3600萬左右，下半年與上半年相當。我在H公司的VIP室待了好長一段日子，從我進業界至今，H公司總經理一路看著我的成長，也從我的主管一路高升，最終成了一家金控公司集團的董總，我在H公司VIP室的日子隨著2021年國內疫情的爆發、隔年女兒Tilla的誕生而逐漸減少，但如果你在正確的時間拜訪H公司，偶爾還是會看見我的身影。

　　2018年中，我買下人生第一戶房產，是台北市內具景觀的高樓層大廈，34歲的我將之視為自己35歲完成的階段性成就，但除了自備款以外，花了頗多的裝潢款項及心力，讓我在買房的當下，直到裝潢完成，績效都較之前的時間大為退步。因為賺取的現金轉手變成需要支付的費用，而裝潢勞心勞力，就算聘請了設計師，自己依舊會投入相當多精力，無形中也排擠了工作的專注度。裝潢費用相當昂貴，如果想把房子改造成自己喜歡的樣子，勢必花費大筆金錢，裝潢期間也得另有租屋處，房租、房貸、裝潢款的三面夾擊，遠比單純付房租更為惱人，是故，除非你有買房之必須，且手上尚有餘資，否則投入房地產勢必排擠自身的資金運用與投資計畫，儘管我購入房產的時間尚佳，但若無出售，並不會帶來實質獲益，以自身的財務觀點來說，並不是最好的財務規畫。2023年《平均地權條例》新增預售屋轉讓條款，大大限制了預售屋的轉售，在前三年的房價飆漲之後，墊高的房價加上減少的投機買盤，使房產失去購入誘因。現今房地產的銷售主流戶型為中小坪數，依據的是家庭小型化趨勢，使得戶數增加，但房價墊高使得入手難度增加，而今年起畢業生銳減，在可見的未來，他們能購入的戶數也將隨人數減少，建商現以靠著縮小坪數銷售，隨著投機買盤消失與剛需大量減少，未來這些房產只能賣給外來人口，敢問東南亞移民是否有同樣的資力來接盤？如否，那這些找不到人接手的房產最終只能爛在建商與投資客手裡。

　　2020年，除了疫情外，對我而言還有一件重大的事，便是我投資了合一這家新藥公司。自我畢業以來，台灣的生技製藥一直處於做夢階段，眾多新藥隨著做夢題材飆漲，卻又隨著夢醒而幻滅。浩鼎正是最好的例子，做夢讓尚未解盲成功的它在2015年急漲到750元，但隨著解盲失敗，如今浩鼎股價未達百元。一家尚未成功、利基尚未明朗的公司可以飆漲到如此高價，可見市場投機之盛。看在生技畢業的我眼中，實不可思議！解盲失敗後，浩鼎的股價急墜到450元，而後反彈到600元，但失去了獲利希望的公司，真的值這樣的價格嗎？市場的投機讓它一度反彈，但無法避免它終將走向回歸價值之路。倘若你當時持有股票，不論450或是600元，就算當下面臨虧損，若能壯士斷腕、果斷賣出，如今回頭來看，相對於長抱一個不知何時才有下個機會的公司股票，你在這個財務判斷上已是贏家。浩鼎只是一個例子，與之同期尚有許多同類型的新藥公司，重複著這樣的樓起樓塌，而自始自終都沒有達成股價上漲時吹捧的預期。

　　在合一解盲成功後的第一時間，我算了算糖尿病足的全球潛在市場與當時的股價，便推翻了之前避開新藥股的原則，在40多塊時買進了100張，而後又小加了幾張，因為我不想跟一位遭罷免的高雄市長持有數量相同。我的想法是，如果新藥開發的最佳目標是在一個大藍海市場開發出一個顯著優於競爭對手的藥物，如果合一這個例子不能成功，那新藥還有什麼值得投資呢？抱持著這種想法，我決意將其設為長期投資，我想持有它、看著它新藥上市，發光發熱！合一的股票一時間炙手可熱，股價在當年即噴上450元高峰，超過了五年後公司能實質得到的獲利，當時的最佳抉擇應當是獲利實現出場，但我基於生技人的驕傲，僅是將其質借，借出現金做其他投資，至今三年，合一還在它取得藥證的新藥上市之路，股價僅於250元上下震盪，靜待新藥實現營利的一天。我在正確的時間點成為公司股東，是一個十分正確

的抉擇，但是卻不在最佳時間點了結部位，隨著時間拉長，也讓我的這項聰明投資顯得不那麼睿智，儘管這項投資至今賺了五、六倍，但最真實的狀況是我聰明地買進，聰明地抱著兩、三個月後，愚蠢地又抱了三年。

在合一的經驗裡，我沒有做到最好的出場時刻，但是我學會了將股票質借，借出資金供運用，在合一股價停滯不前的期間，合一沒有貢獻我更多的資產，但是運用合一質借出的現金有！而且利率比起房貸高不了多少，如果房地產投資靠的是槓桿，那麼在有了本金之後，也可以把股票投資做類似的應用。只是質借如同融資借款一樣，要注意擔保維持率，不要將所有的現股都做為擔保品並且分散擔保，這樣當面臨股價逆風時，你還能增提擔保品提升維持率，股票質借可以像房貸寬限期一般，只需負擔利息，又更為方便地可以隨時歸還本金，即便貸款到期也能展期，相當便利。在資產增加之後，券商的不限用途借款便成為我的投資利器，如果你想複製這樣的做法，切記，槓桿始終是雙面刃，如果遇到股市全面連續下跌，需要追繳保證金時，你無法補足保證金或新增足額擔保品，那麼你的部位可能會在最差的時刻被砍倉，徒留遺憾，所以任何時刻請保留槓桿的餘裕。

自我賺到人生中的第一個1000萬之後，我的投資方式已然底定，在那之後，隨著資金增加，我不斷擴大自己的操作池，用眾多不影響市場的小持股和股票期貨，堆疊出自己的雙向投資組合，以降低單一項目風險。而在資產累積達數億後，使用更多電腦輔助篩選投資因子進出，從我發跡至今，已完成數萬筆的抉擇、累積口數達數百萬口，同時持有近兩百種部位，我清楚明白我的利基點源自於較損平更高的勝率與賠率，那我該做的便是增加判斷次數、不下重注、盡量將投資用的資金停留在部位上，妥善地運用資金的時間價值與複利效應，聚沙成塔，堆疊出屬於自己的城堡。回首來時路，我可以很有自信地說：「在我現在的知識水準下，就算重新從零開始重複十次，

我每一次都能達成類似的結果。」在發跡的第二年，我已知只要能持續努力不鬆懈，必然會有如今的成果，只是不知最終可以到達何等境界，至今我仍在探索這趟人生旅程。

0206 期權大屠殺

在我的交易路上，一直致力於合理價格的推估，因此每當市場波動加劇，引發期權價格失常時，我對報價異常的敏銳嗅覺，讓我近十年幾乎無役不與地參與了那些值得銘記的時刻。關於期權價格失靈，我印象最為深刻的便是 2018 年 2 月 6 日那天。當天從開盤便開始無盡地下跌，原因是前一日美國因為多重因素（但都不屬於最嚴重且動搖根本的事項），道瓊大跌千點，創下當時史上最大跌點，連兩日共跌了 1800 點。其實前一日 2 月 5 日，台股開盤便因全球連動因素從 11100 跌了 200 點，但卻開低走高，收了個紅 K，顯示台灣市場並不認為造成美股前日下跌的因素會有後續的嚴重影響。2 月 6 日盤前，美國道瓊又跌千點，盤前便能感受到市場的恐慌。當時的我研判，市場的恐慌情緒只是一時，當恐慌結束，世界回歸正常時，人們終將發現自己做了什麼樣的蠢事。當天開盤又跌了近 300 點，對於萬點的台股來說，已然是相當大的跌幅，我抱持著開盤後不久便會出現低點的想法，開始做多期貨。可是市場依舊在下跌，我手上的部位呈現的虧損越來越多，市場就這麼一路又跌了 200 點，而我的虧損也到了 200 萬台幣。在這跌到懷疑人生的過程中，我覺得我真是大錯特錯，不能再放任虧損了！於是壯士斷腕，頓時便虧了 200 萬，但是市場還在跌，波動率還在上升。當我還在猶豫已然跌了 500 點，是否還要再轉成空單之際，市場又再下跌，而此刻的期貨報價已不像平時那麼充裕，坐在期貨公司 VIP 室的我憑著以前擔任營業員追

繳的緊迫感，依稀感受到那股緊張的情緒，我瞪大眼睛，緊盯期貨與選擇權T字報價是否有出現異常的片刻。

剎那間，選擇權報價版上出現了漲停的紅色燈號！

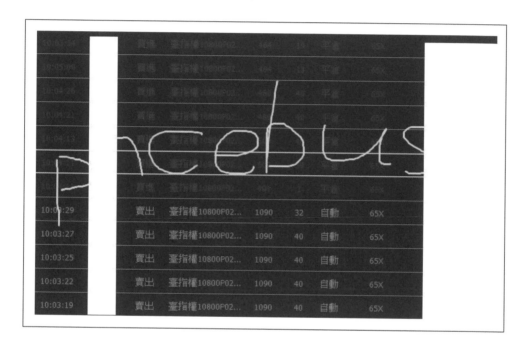

是不合理的成交價！出現在PUT！我心裡這樣大叫著，瞬間便將手點向出現異常價格的選擇權，盡可能地掛賣在漲停的前幾檔。神奇的事發生了，這一百多口掛賣在接近漲停價位的選擇權，瞬間便成交得一口不剩。

在那當下，選擇權買賣報價價差高達2、300點，僅只幾秒鐘的時間，價格便從極端異常逐漸回到正常，1000→800→600→500→400，在這不到一分鐘的時間，便又從1090跌到500以下，我旋即出場，在這短短的一分鐘內，我便賺了500餘萬！不只彌補了早上200萬的虧損，還讓我反賺了3、400萬，不只反敗為勝，而且是大獲全勝！驚魂未定的我逐項看了看選

擇權的報價，推敲剛才究竟發生了什麼事。我發現除了put多項觸及漲停板以外，連看漲的call買權也有幾項碰到漲停，這是一件多麼誇張的事，隱含波動率高的極致，真是超乎我的意料！想收取權利金的選擇權賣方，就這樣被扛出場，這麼多筆成交在極端價格，實屬前所未見，當下的我真難想像到底有多少人、多大的金額在這場選擇權大屠殺中失去了一生的積蓄，甚至可能還負債累累。

　　到了晚上，新聞台熱報今日期權市場的慘烈狀況，原來不只選擇權雙賣的賣方被砍倉強補在漲停，連選擇權價差單還有裸露部位的人，也都因為市場流動性不足，導致價格失靈，瞬間保證金不足，遭致砍倉，無法倖免於難。許多因此失去積蓄的人走上街頭，向金管會抗議申訴，為了自己的一時不慎與期貨商砍倉機制導致的大挫敗，做最後的垂死掙扎，這就是台灣期貨史上的0206選擇權大屠殺。在這次事件之後，主管機關要求審視市價機制及保證金優化系統造成的問題，以往方便賣方用較少保證金即可委託的選擇權保證金多情境SPAN計收方式，自此黯然下台，成為絕響，期交所同時提高期權保證金，並加收遠價外選擇權保證金，再加上研議新增一定範圍市價單，取代現有的市價單制度，為可能將價格推到極致的市價單戴上了緊箍咒，從此不能再下大口數市價單，市場再無極端不合理的成交價，但成交量也因層層限制受了影響，過去以來一路增加的選擇權市場，在賣方受了重重限制之下，停滯了成長。

人生的戰友

　　我在進入H公司VIP室時期的前後，PTT股票板有個新人變得相當熱門，他總是在股票大跌一段以後發文買進，而股價也神奇地向上反彈。數次

如同神蹟一般的表現，使他得到抄底王的美名，如今我們都叫他底王，家處東部又稱花蓮王。底王精熟技術分析，Buy the Dip，但是短暫谷底的流通性往往不是那麼好，而他常常會抄一些我覺得基本面不佳股票的底。我覺得這樣的流通性少數進場尚可，但是規模難以放大，跟進者也無法買到如此漂亮的點位，如果股價再度下跌，跟進的板友們也會有些風險。

基於這樣的想法，我開始了跟他的交流，如果他恰巧進了我避險標的的股票，則每每引發唇槍舌戰，最終的結果往往是雙贏，他總在股價再度翻轉下跌前出清他買在短底的股票，而我續抱空頭部位也避險成功，成功降低了我的整體部位風險。

這時的他只是位初入船務公司工作的年輕職員，不打不相識，他的厲害我有目共睹，但我也向其說明他做法的風險與胃納量問題，幾年後他離開了船務公司，專職投資並取得成功，至今仍是我在投資界的好朋友。

不論是一起工作過的L、奇奇、Dondon，還是底王，他們都是我投資上的好戰友、見賢思齊的對象。幾乎所有知名投資人身邊都有能互相砥礪、求取進步的戰友，當個專業投資人是孤獨的，面對的只有市場。倘若你有志於投資，卻沒有足夠的自制力與動力鞭策自己，找些能力與你相當，或是更勝一籌的夥伴吧！能彼此切磋、相互督促、提升自己不落人後的決心，絕對能幫助你走得更長遠，就如同華倫‧巴菲特與查理‧蒙格一般。

在2018年末，透過網路，我認識了我人生的伴侶倫倫，她是個情緒穩定，而且能體諒我工作需十分專注，也有特定加班週期的女性（也是我心目中的女神）。我們在一起的期間不免有所爭吵，但冷靜過後總是回頭擁抱彼此。2020年疫情爆發後，我們取消了到歐洲出遊的計畫，共同養育兩隻可愛又頑皮的布偶貓Boss和Misu。2021年我們計畫結婚，並在隔年我用心策畫求婚儀式後，兩人步入禮堂，隨後我們摯愛的女兒Tilla誕生在這世界

上，看著她稚嫩、有著我和倫倫身影的臉龐，此刻的我是如此幸運而又幸福，為了記錄下此刻的美好，於是寫下本書。

每個交易人都需要一隻貓：一隻不夠？你要不要試試兩隻？

看到這個標題，你一定以為我是在開玩笑！是的，我是在開玩笑。但是，每個交易人一定會有神經緊繃的時候，交易生涯中，也肯定有過做什麼都不順遂的時刻，甚至失敗到走上橋會浮現往下跳的衝動，此時你的情緒低落且不穩定，思考也趨向於負面，在這樣的精神狀況下，難以透過交易助你脫離泥沼。但是，一隻皮毛蓬鬆柔軟、會對著你喵喵叫、你一摸就倒下翻肚的生物可以。

根據今日醫學新聞（*Medical News Today*）2008年的報導，研究顯示，相較於沒養過貓的人，養貓可以降低近30%心臟疾病、中風發生率[1]。另一項研究也顯示，跟寵物同住的人爆發急性心肌梗塞後的存活率較高。

根據TVBS新聞報導[2]，與貓同住有助於遠離高血壓。國外博士團隊的研究內容比較並分析實驗對象處在壓力狀態下的數據，結果顯示，家裡養貓狗的夫婦在面對壓力的情況下，心跳數與血壓上升較少、情緒回復較快，就連作答成績也較佳。這代表在交易的時候，身處高壓的我們將更能穩定情緒，在行情或決策不佳時，也能藉由撫摸貓咪，舒緩緊繃的情緒，進而降低鉅額虧損的可能性。畢竟感覺不開心時，把貓咪捧起來，朝著牠的肚子猛吸一口，啊～壓力全消！

但是只養一隻貓的話，牠實在是太煩人了！當你半夜把牠關在房門外，

1　https://www.medicalnewstoday.com/articles/98432#1

2　https://news.tvbs.com.tw/ttalk/detail/life/5696

菲式思考

牠總會在門外對著裡面喵喵叫，瘋狂抓門並試圖開門。也有可能在你工作時，一屁股坐在鍵盤上，或在螢幕前走來走去，阻擋你的視線。這時候，不妨再養一隻貓，根據我的不科學實證，家裡有了兩隻貓以後，牠們煩我的時間大概少了一半！當牠們在追逐嬉戲的時候，嘿嘿，就不會來煩我了！至於可愛的狗狗們，在你交易得正專心時，牠不停對著你汪汪叫，抑或是哈士奇對天長嘯，嗷嗚～相信我，這對當下的你一點幫助也沒有。此外，你還得牽著狗狗出門散步，遛狗有益健康，但是可能對你的交易有害。

也許你的環境不允許你養貓，沒關係，你可以看看我的貓。本書附錄放有許多我們家兩隻布偶貓Boss和Misu的精美照片，當你覺得交易不順時，可以翻開附錄，看看我的貓咪有多可愛。

　　風險宣告：養貓咪一定有風險，為了降低牠成為幫你下單的神貓之可能性，務必關閉鍵盤下單功能，並且不建議使用觸控式螢幕，相信我，牠絕對不會成為投資大師，但是牠躺在鍵盤上下單可以讓你破產。

投資人百態

　　在撰寫本書的同時，新聞報導一位任職於台中港的30歲男警因無本當沖大量放空個股，卻被軋漲停，無法回補，兩天即孳生上千萬的損失，因無力償還而輕生的憾事。

　　在2020年及2021年疫情後的貨幣寬鬆政策下，造成資產與投機商品飛漲，過分容易的獲利，使得許多投資人忽略了風險二字，因此也在其後的緊縮階段釀成不少憾事。有些人陷於股票無本當沖（現股當沖），抑或是所謂的T+5證券款項借貸[3]，引發人生重大危機。所謂的無本當沖，遠比期貨的保證金交易制度危險得太多，因為對「期貨」二字感到恐懼，轉而接觸股票無本當沖，實在是大錯特錯！由於時間的壓力，賣出不會是在最佳的時機點，這本身就是個錯誤的決策，何況短期交易成本影響甚鉅，以我使用嘉實XQ系統選股回測的經驗，大多數的選股參考要件都難以在五天這樣的短期內獲利，只有較為嚴苛條件的策略可以。但是習於使用無本當沖的投資人，限於工具養成的習慣，往往過度交易，支付高昂的摩擦成本不說，倘若現股

3　T+5證券款項借貸指的是投資人向券商短期借款以支付T+2日之交割金額。當買進股票的交割款不足，可以在成交日（T日）的隔天（T+1日）上午賣出T日買進的股票，向證券公司申請辦理T+5借款，請證券公司借你錢交割。原本投資人想不付本金買賣股票限於當日沖銷，在此機制下最多可延長三天，在四個交易日內沖銷掉即可不用負擔本金，只需支付損益差額及稅費利息。

賣出被軋漲停，市場上又無融券可借，進入了所謂的標借程序，而隔日又漲停鎖死，當你回過神來，發現實際需要支付的金額及虧損已經是你原先準備金的百倍，一時付不出錢，進入了所謂的違約程序，雪上加霜的是，券商還將收取成交金額數％的違約金，這時才發現自己鑄下大錯了！只因為自己一時的決策不慎，面臨數百萬甚至千萬的損失，實在後悔莫及！

我曾遇過一位年輕投資人，帶著百萬本金進入市場，在2021年飆漲的行情中工具盡出，這百萬短時間一度膨脹到2億，但是當行情反轉，卻沒有隨之收手，認為只是回檔而已，只要加大槓桿便能賺回損失，這2億便從1億、5000萬、2000萬、500萬，一路溜滑梯，直到歸零。心裡想著，就賭最後一把吧！於是用著之前資產高時開的交易權限，配合T+5，不論是天堂或地獄都無怨無悔地下這一把。我最後一次聽到他的故事時，他的負債是3000萬，若你使用富胖達送～，或許能看到他那落寞的身影。

> 主動投資、被動投資、存股投資，或論基本面投資還是KD戰法……投資方式所在多有，都可以歸納成因子投資的一環，透過回測，分出優勝劣敗，而多因子往往優於單因子，混成以後，可以有更穩定的投資結果。

在投資的世界中，千奇百怪的投資方式所在多有，不論是主動投資、被動投資或存股投資，或論基本面投資還是KD戰法，都各有其擁護者，因此常常可以看到不同投資方式的擁護者彼此吵成一團，其實所有方式都可以歸納成因子投資的一環，透過回測去分出優勝劣敗，誠如本書其他段落所述及，多因子往往優於單因子，混成以後可以有更穩定的投資結果。任何因子都有其侷限性，例如有些提倡0050指數長期投資，0050採取的是基於市值定期更新成分股的策略，自然會錯過眾多黃金成長期的中小型類股，這對於規模龐大的基金來說，可謂必要之惡，因為小廟容不下大佛，如果標的為小型類股的基金，有同等的市值規模，那它持有的成分股股價會遠遠超過其真正的價值。而全球化布局的基金也是藉由分散投資，達到跟隨景氣與通膨的

目的，這些本來就都是合理的投資因子，至於孰優孰劣，回測一跑，結果顯而易見，不是什麼選擇金城武還是劉德華之類的問題，端賴你如何正視這個結果。見賢思齊，見不賢而內自省，以我來說，在台灣市場已經耕耘十餘年，仍不斷學習，如果放眼世界，都以一樣的精神來精進投資，那我們窮其一生都無法完成。此時此刻，隨著電腦算力的精進，融會貫通可以增進百倍效益，切勿當一隻井底之蛙、以管窺天，智識不足還沾沾自喜。

人生就像一個舞台，
活得精采，落幕無悔

　　十餘年過去，高齡八十的舅舅依然身體硬朗，談起股市依舊神采奕奕，熱愛桌球的他仍然保持著運動習慣。良好的投資習慣讓他能無負擔地過著他的退休生活。反觀我的父親，在十餘年前僅花了兩年便將退休金敗光，祖父母過世後遺留的農舍，時空轉移後重劃縮減成了桃園小檜溪重劃區，而我爸繼承的那一丁點土地早已被他變賣轉成股票市場的肥料。母親過分縱容我爸，在我年幼時便一肩扛起登記在我爸名下的房屋貸款，養成我爸不為自己負責的惡習。他一而再、再而三地把錢財雙手貢獻給市場，在我出社會並且投資有些收入後，他一面拿著我奉養父母的錢，一面又將房屋不斷增貸。我再三耳提面命，要母親不可將孝親費用於償還父親的貸款，我深知這是個無底洞，直到貸款額度已滿才能告終。但我媽害怕失去居住多年的房產，不斷地為這個無底洞倒下金錢，直到2022年，我爸白內障日趨嚴重，才放棄了這個從哪裡跌倒就從哪裡爬起的春秋大夢。一個賭徒永遠只會怪運氣不好、勢不好，不會正面面對自己的問題，因為他只要對著老婆大小聲，老婆就來幫他擦屁股。

　　我爸的故事說完了嗎？還沒。隨後過了三個月，他向我哭訴銀行不願意展延他近千萬的債務，而時間僅剩一個多月。我深知母親對她住家的眷戀，儘管我資產不低，但我一向屬於計畫性用款，而這當下我正為房屋的裝潢款

與車款焦頭爛額，臨時增加這些意料外的金錢開支，也一定程度地影響了我的財務規畫，我不得不快速變賣一些投資來解決問題。為了不讓問題重複發生，父母家的抵押貸款借款方從銀行變成了我，如果我爸哪天又哪根筋不對，故態復萌打算重操舊業增貸，那麼設定在我這裡的抵押將限制他的所作所為。

　　原以為我爸的故事會在此告終，可惜造化弄人，我爸在2023年除夕前中風，在這之後，每月均須花10餘萬的住宿費及看護費，而他在中風之際也不忘留下10萬的信用卡費──他都只繳最低限額，這讓我不禁懷疑，我給他的孝養費沒還貸款，也不繳卡費，寧願一而再、再而三地輸給市場。好了，這下子我爸可以蓋上一輩子投資失敗的魯蛇印記了。我有幸投資帶來財富，但若是一般人，身為家中獨子，如何一人負擔近千萬的橫禍、每月10餘萬的照護費用？更別說家裡還有妻小要照顧，恐怕早已走投無路。這是我爸的故事，但是在社會的角落，很多三明治世代的獨生子女，上有兩老，實難以承擔，如果國家沒有計畫解決扶養的問題，那麼這些應接不暇的獨生子女更無以為繼，如果他們財務難以負荷，只能親力親為，除了減低國家工作人力外，出生率只會更進一步惡化，跌落谷底，政府當局應該正視這些問題，否則失去未來的國民與勞動力，也勢必危及國家的存續。

　　我覺得人生就是一齣舞台劇，如何精彩演出、落幕無悔，便是我人生追尋的方向。在不為非作歹、不害人的前提之下，如何將這齣舞台劇演得豐富而精采、不枉此生，達到盡善盡美，那便是我一生的目標。放眼過去，從一個求學失意者、22K低薪就業者、難以飽餐的三流表演家，我每每會將我的失敗畫上一個期間的停損點，記取教訓後重尋方向，終有所獲，最終在投資領域發光發熱。即將滿40歲的我，走過了人生的半途，而這項旅程還沒走完，希望在劇本闔上的一天，回首來時路，這齣劇還有更多精彩的篇章，能與你分享。

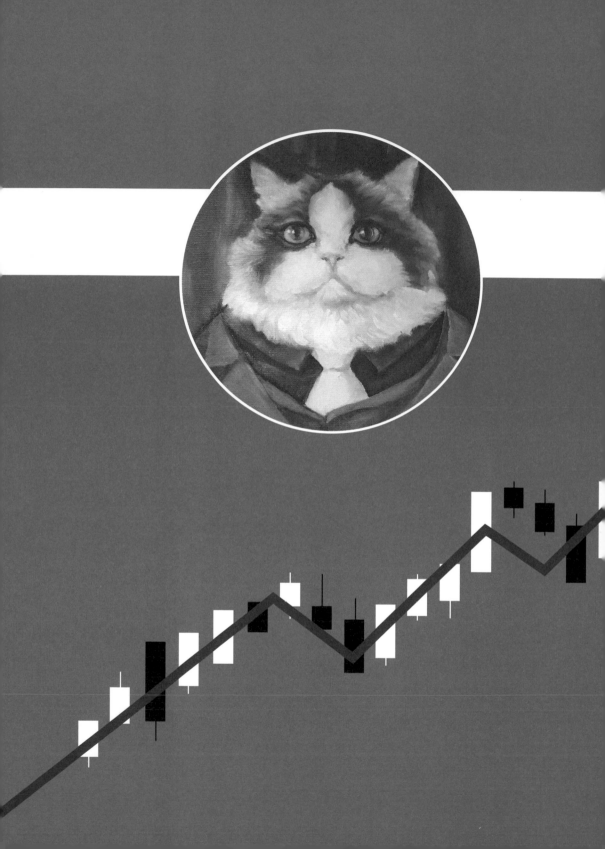

第 2 章

投資，
是一個人的武林
——我的交易心理學

菲式思考

　　一個月獲利幾%不是最重要的，重要的是獲利穩定、回檔少、回檔%不多、勝多敗少。當整個盤勢向上，卻出現虧損，顯現出是顯著劣於大盤，代表整體進出抉擇上有很大的問題。會在這種狀況下問「一個月」獲利多少才算合格的投資者，答案其實很明顯，就是「不重要」，穩定獲利才是重點。

　　通膨本身計算上一樣是複利，投資報酬率呈現出來的結果遜於通膨，也就是投資的實質購買力是下降的。自己當基金經理人的優點是選股靈活，配置上因為資金小，選擇的考量能比較自由。如果自己配置的結果總是大幅落後永續被動型基金對手，不妨採用「打不過就加入他」的邏輯，選擇長期風險報酬比你優越的被動型ETF或者特別股、可轉換公司債。如果投報這麼低，檢視自己的選股方式與進出邏輯是必要的。持股邏輯的更新與有沒有正確調整才是最重要的。

第一步：了解自己

　　概要：了解自己是哪種類型的投資人或交易者。利用周哈里窗，抽離自己的角色，用第三人稱角度來看自己。思考自己在交易上有哪些優點、缺點。優點維持，並改善缺點。交易是一個除錯的步驟，隨著交易時間越長，交易日誌檢討應該會越少。

> 交易是一個除錯的步驟，隨著交易時間越長，交易日誌檢討應該會越少。

　　了解自身個性對交易人與投資者至關重要，交易人相當於金融市場上的運動員，一樣是在籃球場上運動，有人在NBA全職工作，日進斗金，也有人在河堤球場上當公園阿伯，三分十投零進。如果能夠進軍NBA的首要條件是足夠身高的話，那麼成為一個專業交易員的必備條件就是對自己充分的認知。當關鍵時刻來臨，你是否會手足無措、你是否會做足準備，還是僅止於下單後期待天上掉下餡餅？在本書之後的篇章，我會一再強調規則的重要，因為規則就是投機或投資能夠獲利的根本與細節。

　　你是否會賴床？當鬧鐘響起，你是否會本能地關掉它，並等待鬧鐘在下一個設定時間響起，等到你真的下床，已經是一個小時以後。在你熟悉的上班路上，你是否會預先查詢交通狀況？喔你沒有！於是你今天上班就遲到了，在金融領域，你就錯過了盤前良好的工作時間。

　　你是否有一定的生活規律？每天都遵循著一套儀式，從起床到就寢，而打破這個框架就會讓你不適？還是你是個愛好刺激，喜歡意外與驚喜，平日晚上每每與好友流連酒吧，度過精彩的每一天？

菲式思考

　　身為一個知名的專業投資人，我在我的投資生涯中逐漸養成一些習慣，這不見得適合每一個人，你也未必要完全遵循我的道路，但是了解自己能讓你的投資節奏處在適合你的節拍之中。我是一個穩定、專業的交易員，為了達到績效的一致，我必須讓自己的身心靈與精神都保持在適合工作的狀態下，這意味著我的工作日都盡可能地有著類似的作息，也不會讓自己有過多的外務，導致過度勞累，我也很常拒絕朋友邀約，原因就在於我對工作準備的謹慎態度。我從大學時期就發現自己有輕微的邊緣性高血壓，因此我會謹慎控制自己的飲酒量，特別是工作日與工作前日，能不喝就不喝，而我也發現，睡眠不足會讓注意力喪失、反應力變慢，因此我工作日務求合適的時間就寢與充足的睡眠。如果我要尋找一個有相當潛力的交易員，我也會這樣觀察他。如果跟人約好時間，太早到或遲到，都會對我自己造成相當程度的壓力，所以我基本上都會在約定時間的前一分鐘抵達現場，如果因為迷路耽擱了兩分鐘，那也是合理的。

　　當然，你做不到我這樣的地步也是合理的！別擔心，我不會因此就叫你退出市場（有好一陣子，叫人退出市場就是我的口頭禪），如果你能夠了解自己，就能規畫符合自己需求的投資方式；如果你不能每天在開盤時間坐在位子上專心交易，那麼就放棄當沖的念頭，按照符合自己生活步調的方式，進行投資，這不代表隨興，而是將自己的時間做妥善的分配；如果你盤中不能看盤，那麼你可以前一晚就預先掛好單，以日為週期交易；如果你平日研究投資的時間有限，那麼你可以集中在假日的特定時段補強。金融市場有其行事曆與效率，事件發生的第一時間往往就是最佳時機；如果你難以親身參與，那麼你也可以撰寫程式，讓電腦做為自己的分身，程式交易有個很大的優點，便是極端遵守紀律；如果你是個愛好自由的人，別擔心，你寫的程式不會像你一樣放肆。當然，如果你懂多種高深的程式語言，想要幫你的程式

或人工智慧添加一點混亂的因子當成樂趣，我相信你是做得到的！但我想大可不必。

　　了解自己的風險承受能力，也代表你適合什麼樣的商品，風險是相當重要的考量因素，市場上沒有真正的零風險，就算是國債，也有不少國家違約，而風險溢酬[1]也十分誘人，如果願意接受一些風險，長期來看，報酬很有機會遠高於不承受風險。如果你毫無承受風險的能力，那還是把錢放在存款帳戶中吧！切勿掉入投資型保單的陷阱，投資型保單在你購買的當下就已支付了一筆高額佣金，而投資的目的僅止於繳付保單的維持費用，當你真的需要用錢時，往往會發現，天啊，我為何會買這個東西！如果你購買的是投資型壽險，那麼它繳付的本金，會隨著你的年紀而逐年增加，當你年事已高，才會發現其維持費率之高昂，保險公司成立的目的是為了賺錢，琳瑯滿目的保險是他們兜售的商品，為你提供相當有限的保障，目的是吸納市場上的游資，也就是你的購買力，他們還要支付維持公司營運所必需之費用，以及業務員佣金等，又要保險，又要投資，只是讓更多人經手你的費用，而這費用都會從你的資金裡扣除，別忘了，天上不會掉下餡餅，只會掉下鳥屎。

1　風險溢酬（Risk Premium）也經常譯為風險貼水。所有投資都帶有一定程度的風險，在面對不同的高低，且清楚高風險高報酬、低風險低報酬的情況下，會因個人對風險的承受度影響其是否要冒風險獲得較高的報酬，或是只接受已經確定的所得，放棄冒風險可能得到的較高報酬，而這預期較無風險利率高的投資報酬，就稱為風險溢酬。

第二步：建立原則、遵守紀律

　　就我所知，許多專業的投資人與交易員，他的螢幕周遭往往貼滿了提醒自己交易規則的便條紙，目的是為了讓自己實行原則、遵守紀律。人的思考不可避免地會受情緒左右，而負向或僥倖的心態對投資是有害的，有部叫作《巴黎交易員》的電影，敘述法國興業銀行的一位交易員利用公司風控系統的漏洞，以超乎權限的資金不斷違反風控加碼凹單，本多終勝下取得空前的成功，並成為銀行的明星交易員，但一次次的凹單養大了他的胃口，最終下了幾乎整個銀行資金的部位也無法逆轉虧損，幾乎搞掉了整家興業銀行，這就是一個不遵守紀律的交易員最終的宿命。僥倖可能讓你一時成功，但仰賴僥倖終將造成你的失敗，你我都沒有一個金控那麼多的錢，下的又是自己的財產，如果採《巴黎交易員》片中的下單法，我們早已破產，而不會像其有向法院尋求減免債務的機會。風控是一件很謹慎的事，在投資銀行會有專人負責這個部分，而做為個人投資人，只有你能替自己實行風控，唯有遵循自己建立的下單邏輯與原則、堅守紀律才能得到長期的成功。高槓桿交易如同走鋼索，如果沒有做好充分的安全措施，一有失足便會摔個粉身碎骨，不可不慎。

第三步：培養正確的交易心態

我認為，股價都是虛的，實的是什麼？是公司賺的錢。而股價則是針對公司目前賺的錢、未來能賺得的錢，及現有價值的想像。

所以這個想像的 model，自然是股價攻防的重點，假設關於未來的想像並不美好，那自然持有股票不如不持有，股價就下來了；未來美好，大家想參與美好的未來，自然提錢進來，股價就起來了。所有資料都是為了了解這戰爭迷霧中的未來猜想。股價現在多少並不重要，重要的是什麼？重要的是這家公司的現在、未來是否超乎想像、值得想像？我舉例一家全台灣財報數一數二爛的公司來說好了，當一家公司的現在已經不美好，財報顯現出來是全股票手指數得出來的爛，而產業也不是循環類型，而是被破壞的成果，未來賺的錢看不到，在這樣的前提下，當這家公司還拿自己的剩餘價值，也就是現金，去購買一家數一數二爛公司的股票，無疑是一件很愚蠢的事情。因為削減了現金，換來了爛股，那這家公司不就更爛了嗎？大家買股票時千萬記得，人也是要認的，如果是慣性空口說白話的董事長、經理人的公司，千萬別買，經營者的誠信決定了一家公司的未來與安全度。

新聞的解讀與風險意識的重要

投資要看的是「風險報酬比」，投資者應該理性審視當下，做出合理判斷。如果大家都能理性地決策，不盲從而做正確的抉擇，金融市場走向會如

何？答案是更快地走向它該走的地方、它所該落的區域。更快速度地做好抉擇，還有更精確地估量與取得資訊，決定誰取得「超額利潤」。另外，「不持有」本身就是一種避險手段，請隨時把避險二字放在心上。有把握再進場，這是很重要的觀念。

財經台的台灣情勢、經濟、國際新聞，只要跟美國、歐洲、中國有關，都很重要，我認為很有參考價值，財經新聞與國際新聞就是我們的耳目，全球供需與區域經濟還有地緣政治風險都會在這些新聞中顯現。

投資要有適當的分散，而非單注重資。另外，「不持有」本身就是一種避險手段，請隨時把「避險」二字放在心上。

當黑天鵝事件發生時，法人也是人，大部分所謂的支撐、關卡，雖然平常也許有用，但在真正的風險事件中都是沒有意義的，因為就我了解，局勢不對，不計成本價格，就是拋，先降低部位風險再說，在這當下，如果只看技術指標來做股票，或是數著沒什麼道理的波浪是很危險的。

我心臟不大顆，所以沒辦法一夕致富，只能靠慢慢累積，因此我致力成為安打型打者，並增加揮擊次數，藉著相對較高的打擊率，提升成績。我也傾向鼓勵大家，投資要有適當的分散，而非單注重資。我個人是用很多不同的策略彼此cover達成的混合型配置，很花時間精力，也必須盯盤。藉由對自己配置的了解、市場即時狀況來進行適當調整的專業工作，可能是大多數投資人沒辦法做到的，所以我還是比較推薦股票期貨的多空配置給大家。

心理帳戶的管理

在投資的領域裡，我認為心理學中最重要的是了解群眾心理，及自己的風險承受度與趨向。每個人心中都有個金錢虛擬帳戶，這帳戶管理的是「你可以理性運用管理的損益幅度」。就好像每個人都有他的工作負擔能力上限，超過就會漏東落西一團亂、要加班，甚至整個工作大爆炸，心理也一

樣，超過了就會逃避而不想面對眼前的糟糕情況。

　　這個帳戶會隨著你的實質帳戶金額，與對於該項目的純熟度而改變。因為我很懶惰，所以直接寫結果，請用「你心理能夠承受與管理的金額，做為投資風險控管的上限」，這與你實質有多少錢同等重要。你是個保守的人，多投資一點就會緊張，那就先習慣保守的投資額度。

　　假如心理帳戶爆炸了怎麼辦？

　　1. 先中斷錯誤行為，並且離開當下犯錯的環境，待了解自己犯的錯誤、重整心情後再回到崗位。

　　2. 從心理帳戶能接受上限的一半以下開始。

　　3. 逐漸拉抬至八成到十成。

　　4. 穩步前進，直到遇到下次問題發生，再重複1之動作。

　　關於「做對的事」與「賺錢」。市場不會有100%相同的結果，因此我引用周哈里窗與象限的概念來說明：

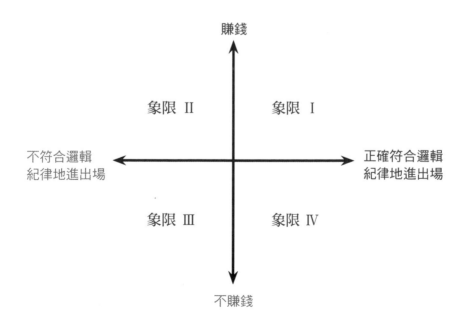

第一象限

正確的策略、正確的紀律，賺錢將正向回饋你，讓你下次也能正確地做事，強化正向循環。

第二象限

代表策略本身可能有問題，或是僥倖，會讓你對自我懷疑，影響策略貫徹度，導致自己對投資的混沌與僥倖，沒發現錯誤並檢討有可能讓自己終致重擊。

第三象限

錯誤的經驗也是經驗，請停止使用這樣的方式下單，並重新學習。除錯是個過程，也是相當重要的一環，它能給你正確方向的線索。

第四象限

好的管理其實是值得嘉獎，了解虧錢這件事本身可能是系統的一部分，繼續round幾輪，如果發現市場結果跟自己的假設不同，那便重新學習，這也是學習的成本。

投資路上，即便對基本分析、技術分析與其他相關分析有一定程度的嫻熟度，可以信手拈來，將之內化成為養分，仍然需要不停檢視自己的心理管理，在例行性地檢討現今績效時，也請反覆就上面內容審視自己現在的狀況。

如何正確出場及轉念不凹單？

會投資一家公司，必定有根據的理由，當這個理由消失，就是出場的最佳時機。

以我來說，通常看到一家公司業績轉好，或該產業需求大於供給，身為

一個聰明的股東，看的是可見而不遠的未來，如果看得還不是那麼清楚，那麼營收就是檢核業績最具體的方式。台灣市場每個月初皆會發布上個月的營收，因此跟不會如此發布營收的市場相較，我們有更透明的管道可以得知更為即時的營業狀況。換句話說，如果營收成長的趨勢告終，或者公布的營收與公司法說會訴說的展望不符，那麼我們就視為該公司的表現相對於自身所希望的有所落差，也許不見得全面掉單，僅是需求延後，但是不論展望轉差或需求延後，終歸一句不符預期，而這個不符預期的時刻就是最佳的出場時機。

許多人常常對股價有固著的想法，認為一定要到達多少的價格才願意賣，可是公司的營運狀況不會因為你多少想賣而有所變化。在你進場時可能對公司的狀況與股價有所預期，可是就如同地球無時不刻都在公轉自轉一般，世界、產業、公司的狀況，每分每秒都可能有些不同，而這個變化的過程會是逐步產生的，就像戰爭或地震的發生都會改變區域的產業狀況，當轉變來臨時，卻固守進場時的想法，那就是用過去的落後資訊來干預即時資料的判讀了。

營收的判讀與營運狀況的確認僅是其一，其他包含股權的稀釋、影響籌碼供需變化的因子或公司的重大變革都有可能是我會轉換持股的原因，畢竟投資是為了賺錢，任何提升獲利成長風險的原因與不合理的股權稀釋，都會是一個啟動點，而當那個啟動點發生，我的態度是越早執行越好。

此外，資金有其成本，放著不賺錢，基本上就是虧了通膨，如果會有凹單的情況，就代表策略已然失敗，而你錯過了真正該出場的那一刻。此時這筆單便成了雞肋，食之無味、棄之可惜，錯誤已然造成，至於這筆單的去留，則視當時該項投資的展望、價格及是否

> 會投資一家公司，必定有根據的理由，當這個理由消失，就是出場的最佳時機。別以為「不賣就不算賠」，資金放著不賺錢，基本上就是虧了通膨。

有更佳的替代選擇而定。投資額本身代表了你的購買力，你願意花多少的購買力在這個投資項目上。我們控有自己的資金，基本上購買力都是有限的，不同的選擇彼此間互相排擠，如果你把購買力投入在看不見未來的項目，那何不將資金抽回，轉而投入在相對明朗的已知未來中呢？

當然你可能已經錯過了最佳停損點，不如忘掉你的成本吧！成本根本就不重要，依據市場上現在的價格，並考慮投資項目是否能復甦、需時多久？如果這個產業被典範轉移，被其他的新東西取代，那它可就回不去了，如果它是民生必需，景氣循環下，終有回來的一天。但如果這個景氣循環長達十年，你也要把錢放著等它十年嗎？我認為，把錢抽回，八年後再來考慮這個投資項目會是較佳的做法，中間的過程也許會比空等著更有所獲（或更差）。前提是，價格並未顯著低於公司價值，以及你能找到較佳的資金停泊處，誠如我說的，舉頭所望皆有投資機會，能否掌握，仰賴你的細心觀察。如果你不想花心思，機會自然不會屬於你。

成為全職投資人的標準

對我來說，投資最貼切的工作類型，應該算是自營商或開店的老闆。也就是自己是老闆，像開店、開公司一樣，視淡旺季循環，可能有時賺錢、有時賠錢。但是長期來看要能賺錢，還不能賺太少。如果長期而言，開店賺的比當員工還少，是不是收收當員工，不用承擔風險比較實際？此外，別忘了開店的失敗率其實也是很高的。隨著資本的累積，如果基於胃納量，你分散了你的資金使用，那你就從開店的老闆成了一個企業集團，旗下有各種不同的子公司，如果用法人的說法，那便是一家控股公司，但你還是你，於是你就成了只有一個員工的控股公司，如果哪天你的資產再度膨脹，一人實在無

力管理，只好開公司聘請人員充當助理，那可真成了家投資公司！

　　曾經有網友問我，「該怎麼說服家人把操盤當正職？」我認為首先該問的是：怎麼說服自己把專業投資當工作、職業？首先談到所謂的工作有什麼特性。

1. 你能夠重複執行工作時的任務，而在你做這件事的時候能夠有所報酬。
2. 每個月能收到工資，或者完成案件，沒有意外的話，往往都能有報酬。
3. 你的工作可能會有淡旺季，像農夫冬季收成較差，但長期總體而言仍有收入。

　　所以你如果要往職業投資邁進的話，首先就是：

1. 你必須賺錢。
2. 你必須「穩定」地賺錢。
3. 你必須能「掌握風險」穩定賺錢。
4. 你必須能掌握風險、穩定地賺錢，「以年為單位，每年賺的至少比原先工作所賺的高三倍」且「持續兩年以上」。

　　你一定要能做到前三項再衡量第四項，才具備能認真考慮這件事的能力。如果不知道如何衡量自己的績效，請從製作自己的績效報表開始。看每個月、每季的變化，你才能更了解自己、了解自己的績效。接著學習穩定自己的績效、思考如何增強自己的績效。為求穩定並掌握風險，我用了許多能賺錢的投資策略，以降低我潛在的波動可能性，並且充分避險。

　　真正的問題在穩定化，還有降低風險。這份工作必須全神貫注、如履薄冰，也有限制，也必須穩定自己的情緒與作息來提升自身能力。就像電競選手，有人會說打電動就有錢賺，很爽吧！但真實狀況往往比一般人想像的辛

苦,沒那麼容易。當然,如果你出類拔萃,也有機會比一般正常人跳得更快、爬得更高,這在所有領域都是一樣的,當你做到出類拔萃,自然能較一般程度者的收入好上一些,這都是你花時間、精神努力的結果。如果覺得投資、投機很輕鬆,真的太小看中間的學問了。

　　股票、期權的專業人士專注於尋找潛在獲利機會,算是高階技術活,因為準備工作本身就很花時間、吃經驗。一般如醫師、牙醫、會計師等專業人士,都能用工作時間換取相對固定的較高報酬,而投資本身則必須每日更新,保持敏銳度與彈性,才有辦法「相對」穩定地得到收入。如果你的工作能年入1000萬,甚至1億,專職投資的機會成本就顯得高得多了,這就是時間成本跟機會成本的概念。

朋友、親人、另一半與投資

────────────────────── ✕ ──────────────────────

　　我爸是銀行經理退休，大學時也是會計畢業的，看起來很光鮮不是？從我國小時，我就記得我爸一直在看股票節目，家裡也有民國 8x 年的四季報。我舅舅退休前也是銀行經理人，剛好跟我爸是反例。我爸每年投資都會虧錢，我舅舅每年都會賺錢，這讓我學到了資產配置（不當死多、死空）跟進出選擇，還有蒐集資訊速度的重要。

　　此外，我以前有拿高業牌執業過，後來才發現，我爸退休兩年就把他的一次退退休金全部「投資」輸光了，還把我們家大安區的房子拿去二度增貸。我執業期間，不論該年市場漲跌，我爸每年都是虧錢。兩年前，我想讓我爸接觸電腦軟體下單，別再浪費錢使用股票機這種過時科技，還能節省手續費。我花了 22000 元幫他買筆電，結果他不但沒學好券商軟體，反而花 50000 元買了不知所謂投顧軟體，這個時候他買賣股票頂多 10 萬而已，他花在軟體的費用需要一年賺 50% 才可能回來，這對我爸這位萬年輸家而言，真是不可能的事。

　　結論，他是個投資眼光、心態、資訊能力皆拙劣的賭徒，還嗜酒。我的處理方式是，如果可控範圍，盡量別讓他有金錢裁量權，降低持有現金就能減低損失；增貸的貸款正常還，不要提早還，避免再被增貸；自己賺的錢要比老爸的損失多。

　　我媽說到這個就很難過，她還老爸私自增貸的錢還得很辛苦。我爸還會自己去

外面亂花錢上課，雖然他曾說想拜我為師，問我可不可以教他，我跟他說，戒了菸再說，因為我從小二手菸吸太多，現在慢性支氣管炎好不了，而且對於賭徒，真的是換個腦袋才比較容易。引以為戒，切勿讓自己犯同樣錯誤，該停損、停利時，絕對100%執行，你不能再讓老婆、小孩過苦日子了！

　　上文是我以前在PTT分享過的家人甘苦談，你無法決定你出生自什麼樣的家庭，也難以切割這份關係，但是對於這些負面效應，你可以保持距離，並為其畫上一個適當的停損點。就像正確投資方式的建構，就從排除會導致虧錢的負向因素開始，遠離我爸、不再同住一個屋簷下，成為我能重新起步的關鍵因素。雖然對於家人問題，我們終難用最為有效的嚴苛方式面對，但是災害控制是能做到的。我的父親對我的成長與財務都造成了一些壓力與問題，但都還在我能解決的程度。如果你親人引發的問題遠較我所面臨的大，

正確投資方式的建構，就從排除會導致虧錢的負向因素開始。

且難以解決，壯士斷腕，保持法律上容許最低限度的程度，那你的一生可能還有翻身的希望，不要被問題家人拖入萬丈深淵。

　　我們從小到大經歷許多時期，這些同學朋友來來去去，長期聯繫的終歸少數，這源自於交集的減少。關於朋友，我的看法是留下益友，而對於因生活型態轉變，交集少、維持需要額外花費大量心力的友誼，不妨就任其淡去。益友可以讓你增廣見聞、放鬆心情、豐富生活品質；至於不符上述因子的人，就當是萍水相逢吧，那你就有更多時間可以投入在你有興趣的人事物上。一生的時間有限，如果將大量的時間耗費在對人生幫助有限或有害的朋友身上，可能顧此失彼，甚至身陷囹圄，失去更好的人生。至於那些想要將

關係或友情變現的「朋友們」，就請判斷他是否有足夠的價值，值得你維持這樣的「友情」了。跟你交際，他花費時間但有收入，合情合理；至於你，就看你有沒有為這段友情付費的熱情了。如果你問我，我會回答：要嘛換個方式讓他把費用以各種形式貢獻回來，要嘛就不要浪費時間在這樣的關係上。

伴侶是多數人追求的人生重要目標之一，與親人不同的是，伴侶是需要你花心思尋覓的。而伴侶關係的堅實與否，則視雙方對彼此的關懷與聯繫能否維持而定。現在這個時代，不是所有伴侶都會走向婚姻，走向婚姻的伴侶亦可能以離婚告終，在在說明伴侶關係並不似血源關係那般牢不可破。然而，伴侶的一切都將與你息息相關，因此伴侶的選擇自是一件相當重要的事，另一半不僅在生活模式、資金運用等面向影響你，甚至與你的人身安全息息相關，因此選擇伴侶務必謹慎。

所有因素裡面，我認為首要考慮的便是伴侶的精神狀況，以及是否有相關家族病史。人的基因與生俱來，無法改變，雖然高血壓、糖尿病或肥胖等基因充斥，但精神相關疾病還是較難控制的一環。與有精神疾病的伴侶相處需要相當多的耐心與毅力，如果你們有了下一代，下一代亦可能受其所苦。而精神疾病的困擾就在於發作時可能會造成難以回復的傷害，小心避免情緒波動與各種刺激，將很大程度地耗費你的時間及精力，無形之中也降低了你人生事業開展的可能性，畢竟你的時間精力都投入在這裡了，便難以在其他方面有突破性的發展。因此精神狀況的穩定會是我尋找伴侶的首要考量。

其次，伴侶的健康狀況及家庭環境亦是相當重要的，現代文明病不少，如果只是些小問題倒無妨，但若是需要長期跑醫院的重大疾病，治療或復健自然需要更多的時間與耐心，伴侶間是需要互相扶持的，心態、時間與金錢都會在這些過程中消磨。不是要你因為這些因素而對愛裹足不前，但若已知

伴侶或潛在伴侶有這些問題，那你勢必要為此建立良好的心理建設，共同面對。此外，如果伴侶有些問題家人，便可能在財務上，甚至人身安全上，給你帶來風險，俗話說，婚姻是改變人生的重大選擇，有家族資源的另一半對你發展事業有所助益，也能過著相對舒適的生活，但若另一半有問題家人，對方的造訪每每令你痛苦不堪，這會在精神上造成影響，如果說投資上有避險，尋覓精神狀況穩定且沒有問題家人的伴侶，也是替你規避人生上的風險。

至於個性、外貌、工作、學歷，青菜蘿蔔各有所好，你可以追尋你的所愛，也可以嘗試從追求者中做相對滿意的合理選擇，這我不置可否，但是相處模式與是否彼此關心，將決定你們的未來及可以走多遠，愛情與麵包孰輕孰重一直是個長久的話題，但與有愛情的另一半一起吃麵包，想必會比空著肚子的兩個人大眼瞪小眼要好一些。而這麵包可能是靠你、靠你的另一半，或是靠你們共同努力賺取，當然，如果有一方家裡開麵包工廠，自然就不用為了吃麵包而煩惱，但你可能得花時間苦思要將麵包賣給誰。人生對我們來說就是個過程，不會因為貧或富就沒有了煩惱，但是若有了麵包，起碼你可以吃飽再煩惱。

最後，當你們打算邁入人生的下個階段，希望你們能對彼此有足夠的認識，並有著信賴與共識，這樣相對於莽撞前行，你們的共同人生旅途都能因此走得更遠。沒有了後顧之憂，自然能在各種表現上都更加出類拔萃。

第 3 章

菲式思考

簡述菲式思考

　　本章是本書的核心章節，解構了我是如何理解與執行投資這回事、長期穩定的祕密究竟是什麼。我之所以能夠長時間拿下遠高於市場報酬的投資收入，關鍵就在我為這整件事訂立了一套SOP準則，長期施行，做對的投資，將獲利80%再投入，並將投資與花費分開，除了計畫性開支外，盡可能地將資金用於投資。

　　在實行投資計畫方面，盡可能將盤前規畫好的事於盤中做對，正確執行，並不斷檢討改善這個SOP。至於如何定義「做對的事」？關鍵就在於除錯，將錯誤去除後，留下的就是相對正確的結果。當初我是怎麼開發操作的各種模式，當然是藉由紀錄的模式了解自己，知道在什麼條件、狀況下，下單會有較佳的成果，累積至一定數量以後，進而分析自己獲利的模式，是否在特定的狀況下總是有高機會賺錢？那麼重複做那件事，同時再開發新模式，一再為之，你就能有許多不錯的策略。

　　有了不錯的策略，自然能平滑化你的投資績效，但請切記，事情若有「機率」，就不代表100%。錯的時候，笑一笑，認清這是機率的本質，不要凹那個機率下的錯誤！只要市場還在，長期來看，別過分壓注，這就是一種好的投資模式。

菲式思考——關鍵的思考十字

　　菲式思考的關鍵就在於關聯式思考，這不僅止於交易，而是所謂商道的一部分，也就是當尋找到一個契機，可以由這個契機做為延伸，逐漸挖掘它的影響層面，進而找到有利可圖、影響層面大的突破口，這就是關鍵的商機。

　　十字分為垂直面與水平面。垂直面代表由上而下一層一層延伸的關係，抑或是供應鏈；水平面代表替代性選擇。以電腦的核心CPU為例，CPU是電腦的核心運算單元，也就是電腦的大腦，從上個世紀發展至今，現在主要有競爭力的生產商僅剩下Intel跟AMD，Intel多年以來一直是CPU界的霸主，Intel inside深植人心的效能、品質，及其高穩定度，每當選購商用電腦，而主事者不想擔負穩定度不佳之風險時，Intel的品牌形象就在這時發揮了關鍵作用，選擇Intel的產品，倘若有問題，代表大多數人也會有同樣的問題，那就不是我的問題！在這個狀況下，AMD遂成為個人電腦玩家想離經叛道時的選擇。大者恆大！多數時候，AMD往往只能仰望著Intel，在少數的電腦玩家族群身上尋找一線生機。台灣的威盛於1999年併購的美國Cyrix，曾經是第三方勢力，但在大者恆大的狀況下，亦被邊緣化，幾乎已經退出競爭舞台。缺乏有力競爭對手的Intel有好一段時間被戲稱為牙膏廠，每當競爭對手拉近一點距離，便多擠一點牙膏，好整以暇地從容面對。

　　Intel與AMD最大的不同在於，Intel因規模較大，建構了從晶圓廠到產品較為完整的垂直供應體系，AMD早先也採用類似的做法，但龐大的體系對其造成負擔，因此於2008年時將其晶圓廠切出，也就是現在晶圓代工排名第四的格羅方德（GlobalFoundries）。而AMD除了核心晶片的業務外，在2006年收購了繪圖晶片大廠ATI，使其成為繼NVIDIA之後，生產顯示卡的

第二大晶片廠商。

2016年，AMD發表ZEN架構，也就是現在的RYZEN系列CPU，開始與台積電大規模合作，並於2017年正式上市。近幾年由於台積電推行夜鷹計畫，眾多便宜耐操又好用的台灣年輕工程師日以繼夜地爆肝工作，使得台積電的製程與成本逐漸與競爭對手拉開距離，手機部分海放三星的半導體部門，電腦部分也超車Intel，AMD有核心與顯卡晶片兩項主要業務，選定與台積電大規模合作，成為其谷底翻身的關鍵因素。

而加密貨幣（Cryptocurrency）盛行，讓參與者日眾。前幾年，加密貨幣的挖取主要分為顯示卡挖掘與ASIC晶片挖掘。高效能顯示卡的買家一下子從遊戲狂熱的玩家，變成加密貨幣礦工。原本一台主機只會搭載一張顯示卡，但在效能疊加之下，礦工們所用的礦機搭載的顯示卡量每台高達六至八張。高階顯卡一時炙手可熱，二手顯卡價位甚至高達出廠價格一倍，有遊戲玩家戲稱，玩膩喜歡的遊戲後賣出顯卡，還能倒賺一筆，真是奇異的現象！洛陽紙貴，市場上的高階顯卡總是缺貨，遊戲玩家因此痛苦不已，還得從二手市場購入高昂的二手顯卡。在這兩個因子疊加與推波助瀾之下，AMD股價因此狂噴，而當時沒有顯卡業務，核心晶片業務又被AMD蠶食的Intel，市值與AMD的差距大幅拉近，到了2022年，甚至被AMD超車至今。Intel於是決定加入顯示圖卡的市場，發表ARC系列顯卡，但為時已晚。2022年時，乙太坊更改了它們的貨幣挖掘方式，顯卡挖掘頓時成了昨日黃花，AMD股價也隨之腰斬，而可憐的Intel沒有從顯卡挖礦中賺到商機，等到2022下半年ARC系列顯卡上市，已經沒有人需要這些顯卡了──況且這些顯卡速度不快，規格亦不領先，發表不過兩個月，已經落入大特賣，卻仍乏人問津。

回到思考十字，以AMD為例，垂直面就有台積電的晶圓代工事業及技

嘉、微星、撼訊，和其他的顯卡業者，如果 AMD 事業蓬勃，它們也會因此受惠。炙手可熱的礦機需要六到八張顯卡，但依然只需要一個 CPU，還有適量的記憶體與硬碟，雖然這些商品的需求也有增加，但想必不比顯卡的供需緊張。價格一向取決於供需，而供需的差額對價格的關係卻非線性，因此供應的缺口可能產生數倍，甚至數十倍的利潤，我們可以從 2020 年至 2022 年的航運業獲利狀況得到明顯實證。

　　從思考十字的水平面，我們可以發現，Intel 就是 AMD 主要的競爭對手，NVIDIA 也是，除此之外，還應納入蘋果和安卓的手機及平板。Covid-19 疫情於 2020 年爆發前，手機及平板 ARM 架構 CPU 效能的提升，吃掉了 x86 架構的桌上型電腦需求，與重達兩公斤的筆電，或更形巨大的桌上型電腦相較，輕巧、隨身的智慧型手機更為方便，誰會需要電腦啊？直至疫情肆虐，居家辦公盛行，移動需求下降，大家再度認清電腦終究是更為高效的生產工具。因此我們可以清楚認知，AMD、Intel、智慧型手機是彼此水平面上的競爭對手，此消彼長地分食同一塊大餅，而這塊餅可能變大，亦可能變小；可能有新的競爭者，也可能出現破壞式創新，將其殲滅。

　　從思考十字的累積與彼此堆疊，我們可以得出一個樹狀圖，並且將核心

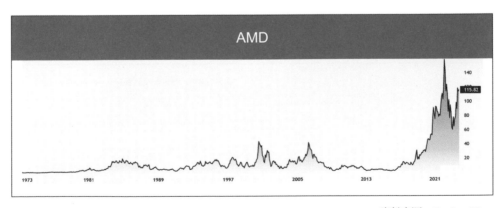

資料來源：Trading View

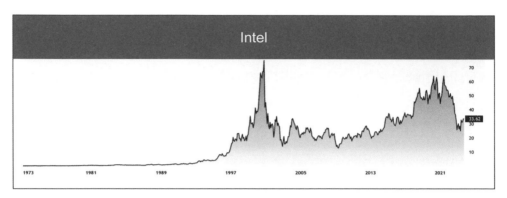

資料來源：Trading View

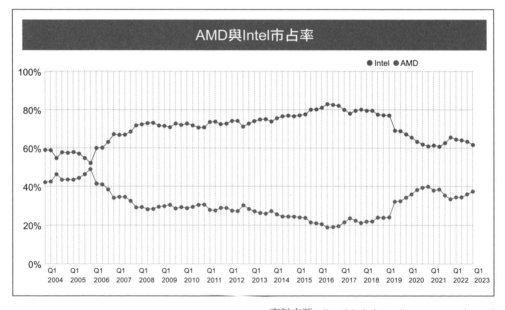

資料來源：Pass Mark, https://www.passmark.com/

受影響的層面一一標出，不論是受惠大的亦或受害大的，都能藉由這樣的思考方式找出。2023年的現在，最為顯著的產業更迭應該是燃油汽車走向電動車，在尋找電動車供應鏈的同時，意味著轉型慢的傳統車廠與加油站業者可能逐步退出舞台，就像數位相機取代了傳統相機，但又被智慧型手機逐漸

取代；線上串流因著寬頻網路的興盛，打敗了撥接上網時代的錄影帶、光碟王者百視達，UberEats及FoodPanda的風行，也逐漸改變了傳統的便當店外送模式。

如果一本書能夠帶給你什麼的話，我希望這章節就是能讓你有所收穫的關鍵因子。

我的交易邏輯

我將我的投資策略簡述如下：

1. 找一籃子近未來展望好的股票，本益比、股價淨值比也不太高的股票。

2. 找一籃子近未來展望不佳的股票，以平衡整體部位趨向。

3. 追蹤並隨時觀察是否有新展望，依營收、財報、法說、產業新聞進行調整，除非有改變，否則僅做單向中間加減碼，直到認為「合理」的獲利點到達，逐步出場；若展望有變，則是不計結果直接出場。

4. 調整整體多空比例符合整體市場風險，舉例來說，最近基本面可能有疑慮，一定要有足夠避險，而當市場正向時，則是較少的避險部位。

5. 重複以上規則並留意市場即時動態、報告以檢視是否新增或出清持股，並利用營收、財報公布時程或股票期貨換月時刻調整投資組合。

我個人的習慣操作選股模式是按照基本面及產業面為主，技術面與籌碼面為輔，買進一籃子並且放空一籃子，成為一個虛擬的投資組合。看市場狀

況調整部位屬性，這部分我視自己為一個基金經理人；同時我會做股期權盤中當沖，必須具備當日趨勢嗅覺，必要時得補足上述策略的避險，這部分我視自己為一個交易員。

我的證券持股多是上櫃股票，因為我主要做股票期貨，沒有股票期貨，才會持股現貨。

即便至今，我的工作還是滿累的，雖然忙到下午兩點就結束，卻經常累到直接躺在辦公室地板上補眠，否則會語無倫次，並不像大家所以為的那麼輕鬆，手點一點錢就下來，畢竟要準備的東西很多，需要高度專注，資料閱讀量也非常高非常新。「一萬小時法則」中提到，「天才」之所以成為「天才」，不在於天賦異稟，而是經歷了一萬小時的訓練。我在這方面的努力肯定超過一萬小時。我也是慢慢地一招一招學習、開發出來的，隨著時間過去，累積成為我現在的專業。

不論是股票還是期權，本身並不是一個每一面機率都一樣的骰子。它會根據公司企業、景氣整體的走向，還有投資人的知能、行為與想法變化。就算觀察到賭場的骰子有這樣的概率，假如是我，我不會進賭桌。除非它給我能重複進行、勝率七成、賠率1：1.05以上對我有利的賭局，否則我一點興趣都沒有。除了在賭桌上，我已然知道那顆骰子每面的重量不相等，並會影響它的發生機率，因為投資的本質就是這樣，我會做的就是這樣的事情，我為什麼要賭那顆未知的骰子？

「猜本身就是個錯誤」，就以嚴謹的5050凱利法來說好了，首先要先取得亂數表，或者寫一個「好的」亂數程式，並且在亂數日期做，嚴守停損。丟銅板本身就不見得是完全的5050了，這包含丟的方式、硬幣是否均質重等，所以必須使用亂數器而不是丟銅板，光這些就不能稱為一件輕鬆的事了。一個認真的策略需要經過多方面的充分準備，以我的角度，我會跟你

說，我自己的方法優於這一大段，當你已知準備的東西可以提升勝率賠率，遠超過5050時，那把頭腦僵化在5050的前提，就是一件沒效益的事。

假設你經過良好的策略優化，有效提升自己的決策勝率，那麼一項勝率一半一半的事件，便無法把你更為優勢的決策勝率套用在該項目上，換句話說，在賺賠比相同、50%勝率的狀況下，賭的期望值低於你的正常投資能力。相對來說，這本身就是一項負相對報酬的行為。做為一個散戶投資人，最大的方便就是靈活，不會對商品造成影響，自己無法事先確定的事，等到結果發布的第一時間再投入即可。

如果已經持有部位，可以考慮先出場，待結果發布後再投資，這樣既符合這項原則，也符合上面述及的實驗原則跟熟悉相關股票遊戲規則。舉例：今年的太陽能雙反案，美國初判及結果對股價的影響，還有重要經濟數據的公布。

我一直信奉除錯法，研究的一向是如何改進自己的下單模式，藉由規避錯誤來改善績效是我的核心價值。

大量閱讀，從事件中擷取關鍵資料，讓「交易事件化」

藉由思考十字，我們可以得知思考的脈絡，而重中之重的關鍵就在於尋找可能導致遊戲規則改變的Keynote，它可能隱身在法規、科技發展中，抑或是氣候變遷、地緣風險的戰爭或政治事件，要能掌握它，仰賴大量閱讀新知，並從中嗅出蛛絲馬跡。

以台灣前幾年為例，突然性停電總引發民眾對缺電的恐慌。問題根源在於台積電擴廠需奠基在充足的水電供應，特別是大量的電能與穩定的供電。而政府熱中的綠能，也許是乾淨的替代能源，供應卻不那麼穩定。從這段敘述，我們可以發現，關鍵在儲能與電網的供給需要提升，抑或是引進新的能

源，提供更多的供給。加上電動車的市占逐漸攀升，舊有電路難以支撐大量電動車與工業用電的同時需求，且日落後太陽能發電停止，供電減少，但需求仍處於高峰，導致供電更加吃緊，台電的分時電價因此將尖峰時刻後延至夜間。在以上種種前提下，拓展電網及重電工程這個之前不被重視的領域現已刻不容緩，也因而成為股市關注的熱門議題。

今時今日，台灣立足國際的根基在便宜的水電、充沛的高科技人力、科技業完整產業鏈的聚落效應及刻苦耐勞、樂於加班、工會不強、管理容易的民族性。台灣現階段的綜合科技實力體現在台積電這家世界一流的半導體公司之中。而台積電強盛的基礎仰賴先進製程與充足的電力，隨著製程日益精進，廠房一間一間地蓋，台積電成了一隻吃電怪獸，使台灣用電越發吃緊，前十年對核能的爭議也讓電力的國家政策逐漸轉向綠電，但是綠能發電本身具有不穩定性，太陽能看天吃飯，太陽下山後便無以為繼，風電的風場也有限，風的強弱與連續性也左右了發電穩定度，這些不穩定性增加了儲能需求，加上俄烏戰爭導致的天然氣供應危機，造成歐洲電價地獄，還有電網的老舊及新興科技聚落，這一連串的因素使得我國的電力設備更新迫在眉梢。

台積電董座劉德音擔憂台灣五年後缺電的一席話，促使台電啟動強化電網韌性建設計畫，而這計畫將在十年內投入5,645億元，截至2022年12月，已執行3,761億元，剩下1,884億元，續編專案計畫執行。[1]

台灣與電力相關的公司有士電、東元、中興電、亞力、華城、華新、榮成、台達電、中華電、康舒，因為對於電力需求的了解，我從2022年至今便投資了上述公司中的七家，下面以亞力為例，說明我如何閱讀資訊與決策。

亞力的股本為23.97億，2022年全年營收76.8億，具台電強韌電網計

1　https://ctee.com.tw/news/industry/767199.html

畫、布局電動車充電樁等題材，目前在手訂單超過 70 億元，相當於已掌握 2023 整年度的訂單。亞力取得台電強韌電網計畫中低壓開關訂單外，也供應高科技及半導體業擴廠所需的不斷電設備。亞力研發 160KW 直流快充電動車充電樁，提供充電樁器材設備給電動車充電樁運營商，跨足電動車充電樁領域，並投資充電站營運平台。[2]

　　下圖是我決策買進的紀錄：

2022年10月1日至2023年3月9日　1514亞力							
成交日期	交易類別	股票名稱	成交股數	成交單價	成交價金	手續費	交易稅
2022/11/08	融資買進	亞力（1514）	36000	26.9	968,400	489.00	0.00
2022/11/08	融資買進	亞力（1514）	14000	26.95	377,300	190.00	0.00
2023/01/10	現股買進	亞力（1514）	10000	32.3	323,000	130.00	0.00
2023/01/10	現股買進	亞力（1514）	10000	32.3	323,000	130.00	0.00

　　回推到 2022 年 11 月初，亞力當時股價僅 25 元，受 2022 年第三季不佳的市況拖累，從 35 元回落，當時它甫公布了 10 月營收為 800,822 仟元，月增 15.58%、年增 75.39%，根據當時已知的財報，2022 年第二季 EPS 為 0.66 元，其中 80% 為本業貢獻，而 10 月的營收比第二季營收最高的月份還高，用第二季的 EPS 乘以四季來約略估算，當時的本益比大約僅在十倍左右，而 10 月的營收又比第二季更好，想必會有相當不錯的第四季。這個時候，我便打開搜尋網站查詢它的相關新聞，以對該公司有更全面的了解，在對於電力需求有一定認知的基礎下，我認為在當下的價位持有是個好主意，便旋即買進，根據下圖，這個決策是否正確，我相信股價走勢圖已經告訴你答案了。

2　https://ctee.com.tw/news/stocks/810810.html

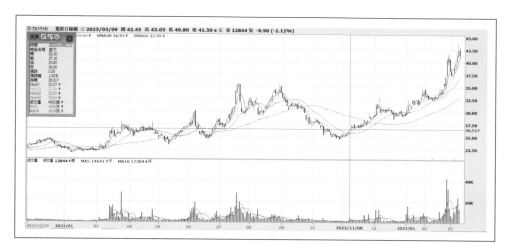

資料來源：XQ全球贏家

對於電力緊缺的觀察其來有自，一個現象的形成，總有諸多徵兆，並會衍生許多商機，看看下面這段新聞摘錄，你會想到什麼？

近期用電屢破歷史新高，本週亮出四天供電吃緊的黃燈……台電估計，汽電共生餘電原可售予台電約一四〇萬瓩，但今年均僅在三十到五十萬瓩，昨也僅發五十七‧一萬瓩；發電減少主因台電汽電共生收購價一度在二元左右，但成本已達四元以上……能源局已修訂汽電共生辦法提高收購價上限，將在下午四到八點夜尖峰時期提出較優惠費率，鼓勵業者發電；據了解，目前已提升到每度五‧八元…… 3

3　引自自由財經 2022 年 7 月 27 日報導，由記者黃佩君撰稿。https://ec.ltn.com.tw/article/paper/1530942

　　以上是我們節錄 2022 年 7 月 27 日自由財經的新聞，新聞中提及，夏季氣溫高，使得供電吃緊，且民間汽電共生減發，用電負載提高，經濟部將增 150 億預算以提高夜尖峰時段收購價，擬從每度 2 元調至 5.8 元。預估汽電共生餘電可賣台電 140 萬瓩，現僅 30 至 50 萬瓩。經濟部長王美花表示：「目前供電無虞，午間太陽光電可發到 500 萬瓩，超過供電 10% 以上。夜尖峰也會以需量反應、水力發電審慎調配。汽電共生部分，台電尚在與業者調整契約。」

　　如果你看完新聞就結束，這也未免太可惜了！這新聞傳遞了扎扎實實的資訊，藉由這些資訊可以嗅見商機，進而搜尋因此事件受惠的公司。

　　下面是大汽電 2022 年的營收狀況，我們可以注意到 7 月營收年增率大幅攀高，8 月又更進一步提升到 53% 的水準，配合上述新聞，莫非大汽電就是此政策的受惠者？

大汽電2022年至今逐月營收						
期別	營業收入 （千元）	月增率	去年同期 （千元）	年增率	累計營收 （千元）	累計 年增率
2023/02	289,353	17.24%	131,846	119.46%	536,159	90.70%
2023/01	246,806	-17.67%	149,300	65.31%	246,806	65.31%
2022/12	299,776	-2.11%	158,025	89.70%	2,861,008	43.21%
2022/11	306,234	-4.78%	153,511	99.49%	2,561,232	39.22%
2022/10	321,598	1.83%	168,927	90.38%	2,254,998	33.73%
2022/09	315,806	0.60%	184,100	71.54%	1,933,400	27.43%
2022/08	313,910	16.06%	204,000	53.88%	1,617,594	21.33%
2022/07	270,471	18.93%	208,086	29.98%	1,303,684	15.45%
2022/06	227,422	28.20%	222,278	2.31%	1,033,213	12.17%

2022/05	177,396	4.00%	159,705	11.08%	805,791	15.31%
2022/04	170,576	-3.45%	136,145	25.29%	628,395	16.56%
2022/03	176,673	34.00%	145,647	21.30%	457,819	13.61%
2022/02	131,846	-11.69%	113,256	16.41%	281,146	9.26%
2022/01	149,300	-5.52%	144,056	3.64%	149,300	3.64%

藉由公司網站介紹，得知大汽電的全名為大園汽電共生股份有限公司，主要從事汽電共生廠之經營、操作運轉管理及設備之維修、廢棄物清除及焚化爐管理等。公司設立目的在配合政府政策推廣汽電共生，以提升能源使用效率，並紓解國內供電壓力、改善環境污染，藉由汽電共生之發展，充足工業區內之供電，平衡尖離峰用電的差距。

耶，看來不就是它了嗎！抱持著這樣的想法，於是我進場買進了這家公司的股票：

2022年7月1日至2022年12月10日　8931大汽電							
成交日期	交易類別	股票名稱	成交股數	成交單價	成交價金	手續費	交易稅
2022/09/12	現股買進	大汽電（8931）	10000	31.4	314,000	158.00	0.00
2022/10/06	現股買進	大汽電（8931）	5000	30.95	154,750	78.00	0.00
2022/11/22	現股買進	大汽電（8931）	1000	36.8	36,800	18.00	0.00
2022/11/22	現股買進	大汽電（8931）	7000	36.95	258,650	130.00	0.00
2022/11/22	現股買進	大汽電（8931）	13000	37	481,000	242.00	0.00
2022/11/22	現股買進	大汽電（8931）	5000	37.55	187,750	94.00	0.00
2022/11/22	現股買進	大汽電（8931）	1000	37.65	37,650	19.00	0.00
2022/11/22	現股買進	大汽電（8931）	5000	37.7	188,500	95.00	0.00
2022/11/22	現股買進	大汽電（8931）	3000	38	114,000	57.00	0.00

在每季結束後45天內，上市櫃公司須公告上季財報（第四季含在年報內，於隔年3月底前公告，須注意的是，自今年起，將逐步提前到3月中公告）[4]。2022年11月初，大汽電公告了第三季的財報，由內容可以得知其毛

大汽電2022年財報				
期別	2022.4Q	2022.3Q	2022.2Q	2022.1Q
加權平均股數（千股）	122,255	122,255	122,255	122,255
每股淨值（元）	17.81	16.56	15.15	16.80
毛利率（%）	24.95	27.80	13.62	9.17
營益率（%）	19.32	21.83	8.19	3.09
稅前純益率（%）	18.54	23.49	7.93	2.85
稅後純益率（%）	15.08	18.77	8.48	2.28
營業利益（百萬）	179	196	47	14
業外利益（百萬）	-7	15	-1	-1
稅前純益（百萬）	172	211	46	13
稅後純益（百萬）	140	169	49	10
EPS（元）	1.14	1.38	0.40	0.09
負債比率（%）	51.13	54.85	57.65	53.46
股價淨值比	2.34	1.81	1.98	1.95

4　自2023年起，年報公告的時程將分三階段逐步提前到年度終了後75日內公告。金管會指出，為提升上市櫃公司財務資訊揭露的即時性，資本額100億元以上的上市櫃公司，2022年年報要在年度終了後75日內公告，即2023年的3月16日，首波施行有一一六家上市、三家上櫃共一一九家公司，金控公司與旗下的證券、銀行、保險等子公司，則全數要在75日內同步公告年報。實收資本額達100億元的公司自2022年起提前公告，實收資本額達20億元公司自2023年起公告，並自2024年起全體上市櫃公司均應公告。

利率大幅上升，且獲利幾乎都來自本業。閱讀到財報與營收，提升了我持有它的信心，截至2023年3月，大汽電的股價來到63元，距離我半年前買進的價格，足足翻了一倍，價格的走勢告訴我，這是一個正確的決策。

2022年11月16日，一則新聞引起了我的注意：

智慧電網概念股玖鼎電力（4588-TW）今（16）日公告，取得台電「低壓智慧型電表」標案訂單，總金額達13.49億元，將依分批生產交貨，貢獻營收與獲利……[5]

我從新聞中得知，玖鼎電力獲台電「低壓智慧型電表」標案訂單，且訂單金額逾13億元。根據新聞內容，玖鼎取得台電A組訂單金額約8.65億、B組訂單約2.44億及C組訂單約2.4億。

這時，我回去翻找玖鼎電力（4588）這家公司的資料，發現是個資本額3.89億、2022年1到10月營收僅有4.82億的小公司，2022上半年的毛利率約在35%。我馬上意會到，這筆訂單對這家小公司而言有多大。簡單計算一下，13.49億×35%=4.72億，雖然還得扣掉營運成本，但是這個標案本身就約當於2022年整年度營業額的兩倍，可以想見未來的兩年，它們的營運相當有機會蒸蒸日上。於是我隔天旋即買進，並且研究該標案相關的股票。

5　引自鉅亨網2022年11月16日報導，由記者林薏茹撰稿。https://news.cnyes.com/news/id/5013309

2022年9月1日至2023年2月28日　4588玖鼎電力							
成交日期	交易類別	股票名稱	成交股數	成交單價	成交價金	手續費	交易稅
2022/11/17	現股買進	玖鼎電力（4588）	2000	39.55	79,100	50.00	0.00
2022/11/17	現股買進	玖鼎電力（4588）	1000	39.55	39,550	50.00	0.00
2022/11/17	現股買進	玖鼎電力（4588）	3000	39.55	118,650	59.00	0.00
2022/11/22	現股買進	玖鼎電力（4588）	3000	36.3	108,900	54.00	0.00
2022/11/22	現股買進	玖鼎電力（4588）	2000	36.5	73,000	50.00	0.00
2022/12/12	現股買進	玖鼎電力（4588）	5000	38.8	194,000	97.00	0.00
2022/12/12	現股買進	玖鼎電力（4588）	5000	39.2	196,000	98.00	0.00

　　由於這是一家甫上興櫃交易不久的小公司，我對其認知也不多，因此初始僅購入些許，並開始尋找相關資料。我發現該標案針對2023及2024年更換的台電智慧電表260萬具招標，標案分成ABC三組，僅五家廠商具投標資格，共分食約70億元市場大餅，檢錄資料如下：

五大智慧電表廠得標情況	
廠商名稱	此次標案大約得標數量（萬具）
大同	70
康舒	60
中興電	50
玖鼎電力	50
斯其大	30

資料來源：經濟日報記者張瑞益採訪整理 https://udn.com/news/story/7253/6776081

玖鼎電力（4588）

股本3.89億，2022年全年營收7.15億。

獲得台電標案共三批低壓智慧電表訂單，合計訂單金額達到13.49億元。

斯其大（6648）

股本3.95億，2022年全年營收8.83億。

透過百分之百持股子公司華新儀錶參與台電「低壓智慧型電表」標案，取得A組訂單金額約6.5億元。

康舒（6282）

股本52.63億，2022年全年營收17.5億。

獲得A組訂單金額約10.30億元、B組約3.25億元、C組約2.74億元，總計獲得16.29億元訂單。

中興電（1513）

股本47.97億，2022年全年營收185.53億。

取得台電為期十年的強韌電網計畫，及民間企業超高壓氣體絕緣開關（GIS）182億元訂單，去年5月又接獲核三廠太陽光電及風力發電機組建置標案37億元，統包工程合計70億元，目前在手訂單從去年底250億元攀升至272億元，2025年底前訂單都不成問題。

大同（2371）

股本233.95億，2022年全年營收345.5億。

2022年底標得低壓智慧電表17.8億元、冬山超高壓變電所儲能案26.25億元後，再次贏得台電電網強韌計畫標案項目。

	玖鼎電力	斯其大	康舒	中興電	大同
標案金額	13.49億	6.5億	16.29 億	推估13億	17.8億元
股本	3.89億	3.95億	52.63億	47.97億	233.95億
標金／股本	3.46	1.64	0.3	0.27	0.07

　　由上表得知，玖鼎電力與斯其大公司規模較小，而玖鼎電力比斯其大得到更高金額的標案，顯得更有價值；康舒、中興電規模較大，大同則又屬另一個量級。在尋找資料的過程，我得知康舒與中興電有相當完整的電業布局，除了智慧電表以外，電網及電動車充電、儲能系統亦是其強項；中興電有著200多億的多項電力標案護體、嘟嘟房體系的充電樁布局；康舒已默默在充電槍領域設置完整的體系，剛經歷數年改善體質，只待一個發酵的契機；至於大同，碩大的體積讓這些項目顯得杯水車薪。我最終選擇投入玖鼎電力、中興電，並用股票期貨持有康舒，在2022年11月17日，它們的股價分別是40.15、55.4、30.05，而在撰文的現在，它們的股價分別是59.9、98.5、41.25，分別上漲了49%、77%、37%，上漲最少的康舒用股票期貨持有並乘上槓桿以後漲幅更高達273.8%！

　　以下整理重電相關公司資訊，供讀者參考，如果需要更多的資料，請上搜尋網站查詢。

中興電（1513）

　　重電事業群方面，中興電有約45%的營收來自台電，目前中興電生產的氣體絕緣開關GIS產品在345KV、161KV等規格產品合計市占率高達85%，在政府力推強韌電網計畫，十年投入金額達5,645億元下，中興電未來可明顯受惠，陸續再增新訂單，且由於需求旺盛，估計未來稼動率可從去

年的136%拉高至160%左右。[6]

大同（2371）

2023年1月底取得大安超高壓變電所345KV電力變壓器設備暨水冷卻系統設備案，總計19.3億元。[7]

東元（1504）

股本213.88億，2022年全年營收582億。

東元結合國際儲能龍頭Fluence，2022年4月以26億元，拿下台電龍潭超高壓變電所（E／S）儲能設備系統統包工程。

東元多年前併購美國知名的西屋馬達，從OEM跨足品牌，如今已經是美國工業用大型馬達的領先者。東元在電動車、充電設備、充電樁等領域皆有布局。

華城（1519）

股本26.11億，2022年全年營收77.5億。

華城2022年接獲台電強韌電網計畫標案，目前在手訂單超過50億元。

華城電機累積超過五十年專業客製化技術，扎根緊實並擁有四個現代化工廠，是國內產品線最完整、變壓器產品容量最大、電壓最高、最具規模的專業重電廠。

亞力（1514）

股本23.97億，2022年全年營收76.8億。

亞力具有台電強韌電網計畫、布局電動車充電樁等題材，目前在手訂單

6　https://ctee.com.tw/news/stocks/800717.html、https://money.udn.com/money/story/5710/6980199

7　https://udn.com/news/story/7252/6937729

超過 70 億元，2023 年訂單都不成問題。

　　亞力取得台電強韌電網計畫中低壓開關訂單，也供應高科技及半導體業擴廠所需的不斷電設備。亞力研發 160KW 直流快充電動車充電樁，提供充電樁器材設備給電動車充電樁運營商，跨足電動車充電樁領域，並投資充電站營運平台。[8]

士電（1503）

　　士林電機專注於研發及製造電力相關產品，汽機車電裝品、重電產品、低壓開關產品及自動化產品。其中重電領域可生產最高等級 345KV 1260MVA 核能級超高變壓器，產品供應國內外大型發電廠及公共建設、科技大廠，扮演著輸配電系統中的關鍵角色。

　　士電表示，2022 年第三季營收及獲利成長動能主要是來自重電事業，主因是台電汰舊、強韌電網計畫，太陽能電廠及儲能系統需求大。此外，產業擴廠需求增，因應 5G、半導體等科技廠設備及傳統產業工廠自動化需求，自動化事業工控產品需求增。士電每年供應台電電力變壓器等產品六萬台，強韌電網計畫助陣下，未來每年增三成出貨量。

　　用電力供應的問題延伸探討便能找到許多資料，後續則應用時間驗證想法的正確與否。其實電力問題不是一朝一夕可解，記得數年前就因台北大停電發現問題，但是真正著手解決問題所引發的商機卻是在這兩年才浮現。由此可知，從最初發現問題到解決問題，相對重要的時間點會是何時著手解決問題，以重電為例，就是政府發包重電工程的需求，而不是發現問題的那一刻，因為從發現問題到解決問題，可能歷時漫長，像是退休保險、長照與少

8　https://ctee.com.tw/news/stocks/810810.html

菲式思考

子化問題已經發現二十年了，至今未解，假若從發現問題就開始壓注，在還沒解決問題的途中，你可能就已經耗盡資金。大賣空的主角麥可貝瑞發現了次貸風暴的問題，也就是銀行浮濫放貸給沒有足夠還款能力的人。而美國當時的房貸制度，還款的責任最多僅至將房屋丟給放款單位處理，當房價低於貸款餘額，你只要拍拍屁股，跟放款方說：「這爛房我不要了！」它也拿你沒輒。這的確是個問題。麥可貝瑞手持募集的資金，開始壓注其違約交換CDS，也就是當其違約，你就能得到補償的一項類似買進 Put 選擇權的特規商品。他最終成功了，但是在發生的當下，他已經失去他基金買方的支持，並虧損連連，甚至不惜凍結贖回，以尋找他人生的救贖，如果發生的時間晚了半年，那麼他留下的可能只是無盡的悔恨。

麥可貝瑞必須趁早布局違約的原因在於，他手上管理一筆為數不小的共同基金，而其所看壞的東西，市場上甚至沒有對應的商品，因此他必須創造需求，說服銀行賣給他需要的房貸賣權。你不給點甜頭，銀行怎麼會上鉤呢？畢竟銀行也養了許多倚靠金融吃飯的人。但是企業大、部門多，總是有不同部門利益矛盾的時候，假設你是業務主管，年末績效還差一點點就能達標時，若天外飛來一筆能讓你爽領大額獎金、看似肥肉的業績，你能強忍著讓煮熟的鴨子飛掉嗎？我想大多數人都會選擇幹下這一票，先領這一大筆獎金好過年，至於問題？說不定根本沒事，或問題真的發生時，我可能也不在這裡了。

為了養出足夠的單位，麥可貝瑞花了不少時間及成本，過早布局險些讓他翻了跟斗，放眼你我，可能都沒有他那麼大的資金需要管理，那何苦為了部位的胃納量與流動性煞費苦心？與其創造特規商品，尋找適合的商品及衍生性金融產品對我們來說更為恰當，風險也小。反之，如果你的資金較大，但市場上的流通性無法讓你在可能的風險事件中，馬上取得足夠的部位，你

就該在事件發生前緩步提升針對該事件的避險部位，抑或是降低整體投資組合對該風險事件的曝險程度。

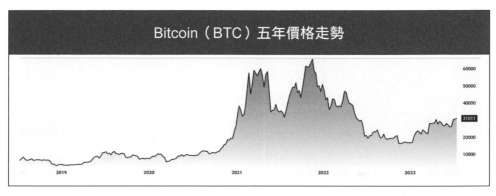

資料來源：TradingView

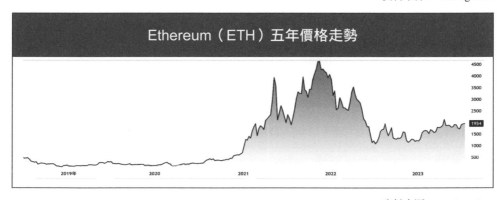

資料來源：TradingView

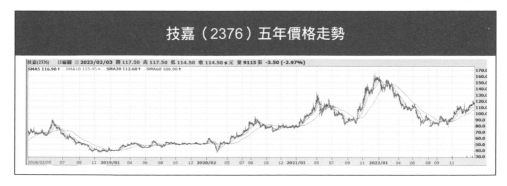

資料來源：XQ全球贏家

資料來源：XQ全球贏家

　　AMD去（2022）年11月時公布了RDNA 3架構的兩款旗艦新品，分別為 Radeon RX 7900 XTX 以及 Radeon RX 7900XT，兩者都在12月13日正式上市。AMD的CEO蘇姿丰指出，Radeon RX 7900 XTX 與 Radeon RX 7900XT 是業界第一批採用「小晶片（Chiplet）」設計的GPU與全新的AI加速器，效能與前一代同級產品相比皆大幅提升，電晶體密度也較RDNA 2提升了165%，使遊戲玩家更能充分享受次世代GPU設計帶來的效能及極致的遊戲體驗。[9]

　　撼訊是一家中小型的顯示卡廠，與技嘉、微星等雙面壓注大廠不同的是，其主要合作對象是AMD，因此「AMD出品顯卡的效能」與「AMD和NVIDIA同級產品相較之性價比」，成為撼訊顯卡能否熱賣的關鍵指標。

　　NVIDIA GEFORCE RTX 4090是這世代顯卡最強的性能猛獸，但是新的供電規格與相當高的能耗、排線的易熔毀問題、有史以來最龐大的體積，還

9　https://tw.news.yahoo.com/12%E6%9C%8813%E6%97%A5%E6%AD%A3%E5%BC%8F
　　%E4%B8%8A%E5%B8%82-amd%E7%99%BC%E8%A1%A8%E6%97%97%E8%89%A6
　　%E7%94%A2%E5%93%81radeon-rx-7900-xtx%E8%88%87radeon-065500371.html

有高昂的價格，成了讓玩家猶豫的因素。而 AMD 端出的旗艦顯示卡 Radeon RX 7900 XTX 雖然效能不及 RTX 4090，但是除了穩定的供電、能耗、合理的顯卡尺寸及優秀的性價比外，更支援新的 Display port 2.1 規格，這產品與 NVIDIA 的次旗艦 GEFORCE RTX 4080 相較，尺寸更小、更省電、效能相當，除了升級規格外，還更便宜！聽起來是不是很香？因此在發售前兩個月便成了注目的焦點，其於 2022 年 11 月發表後，於 12 月 13 日正式上市。我特別於下圖標示出 12 月 13 日上市的時間點，各位可以看看此次事件對撼訊股價造成的影響，自行判斷這類事件對股價是否有影響。

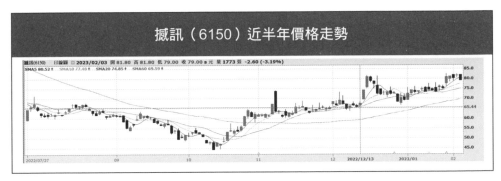

資料來源：XQ 全球贏家

供需、供需，還是供需

　　供給和需求是決定價格變化的關鍵因子，也是投資及交易最重要的觀察項目。我以餐桌上的胡椒為例，胡椒在中世紀時代曾是歐洲相當昂貴的香料，一克胡椒甚至能換一克黃金，對比現在奢華的餐桌現刨松露秀，當時能在湯上撒些胡椒就如同在食物上擺上金箔般尊爵不凡。

　　胡椒原產於南印度，在當地和其他熱帶地區都有著廣泛的種植。乾燥的胡椒粉是歐洲風格菜餚的常用香料，自古以來，胡椒就因其在調味與醫學上

的雙重價值而備受珍視。大航海時代以前，胡椒沿著絲路引進歐洲，但由於陸路攜帶的量有限，運程也相當漫長，在有汽車之前，運輸往往曠日廢時，因而得來不易，倘若你能在當時的歐洲嚐上一口加了胡椒的料理，就像土耳其網紅撒鹽哥親自為你烤好滋滋作響並包了金箔的威靈頓牛排，再撒上喜馬拉雅岩鹽，這粒粒粉紅晶亮的美麗結晶，經過他的手肘彈跳至美味的威靈頓牛排上，啊！這就是財富自由的滋味啊！

　　時至今日，胡椒已成為每個廚房必備的平價香料，胡椒的滋味沒有隨著時間過去而變差，讓其走入平價的關鍵在於改良種植致使增產，以及遠較中世紀時效率高上百倍的海陸空運輸方式。

　　胡椒的故事，說明了何謂物以稀為貴，商品價格的昂貴或低廉，未必與商品本身價值有正相關，胡椒增添食物風味的能力，古今差異不大，甚至經農業改良後，風味更佳，如果以價值來衡量，現代的胡椒可能較古代的胡椒更有價值，可是價格卻不是那麼一回事，論及價格變化，在沒有補貼等政策影響之下，市場供需決定了商品價格的高低。

　　供給或需求的微幅變化，可能對價格產生很大的影響。再舉一例：2020年，新冠肺炎疫情爆發，全球的航空、旅遊業大受影響，為了減緩疫情傳遞，許多公司都改採在家遠端上班的工作模式，而遠端上班節省的通勤時間，與航空旅遊減少節省下來的金錢，再加上因疫情導致的實體購物減少，催化了民眾在網路上大肆血拚，發洩對疫情不滿的情緒。雖然不能出國玩，但我可以清空我的購物車！而這些節省下來的時間與金錢，丟入網購之後，化成了對於紙箱跟運輸的需求。海運在過去十年間一直慘澹經營，2017年時，當時世界排名第七的韓進海運甚至撐不下去、宣告破產，供給減少後，剩下的航商才能從窘境中回歸供需平衡。陽明海運是由國營走入民營的企

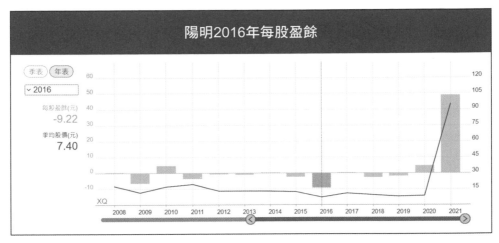

資料來源：XQ全球贏家

業，國營時代的沉痾，如同大象拖著沉重的身軀，積重難返的體制，使其多年來皆深陷虧損，在韓進破產前的一年，每股虧損甚至達9.22元，不可謂之不重。

　　韓進破產短暫改善了海運市場供需，連陽明這樣當時處於海運末段班的公司都能擺脫虧損，小幅獲利。然而，供給的少量減少，並不足以扭轉海運的命運，直到新冠肺炎席捲全球，為了居家工作需求而添購的設備，及原先由手提攜帶的各式商品，因航空旅遊減少而改走海運，這些琳瑯滿目的商品放進一個又一個貨櫃，如同模擬城市一般，在港口堆起一座座貨櫃山。2020年尾聲，股價長年盤旋在12至14元的長榮海運，年末拉了尾盤直衝40元，這一年，長榮的EPS是5.06元，較前一年的獲利足足成長了兩百五十倍。長年的大牛股，在短短半年間股價翻了三倍，航運獲利的最高點在哪裡？當時的我也說不準，唯一能參考的只有航商運價的報價，我無法得知報價會漲到哪裡，但是我能根據報價猜測獲利到哪裡。

　　2021年初，在前一年最後一個月拉出一波高檔的長榮，如同拉滿了弦

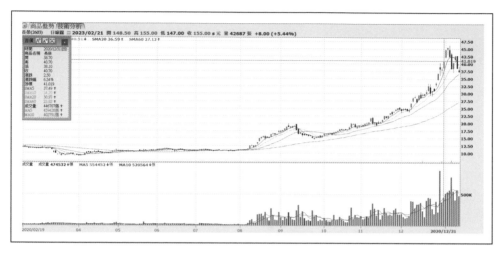

資料來源：XQ全球贏家

的弓，射出一根穿雲箭，而在射出之後氣力放盡，由45元跌落至30元，使得不少追高加大槓桿的人吃了大虧。槓桿是雙面刃，善用槓桿，順利的話，不但可以清空你的購物車，還能讓你的購物車升級變成敞篷車；但若遇到回檔，過大的槓桿也能輕易清空你的荷包。時間來到台灣時間3月23日下午兩點，一艘巨型貨輪受強風吹襲，橫置擱淺在蘇伊士運河的窄處，如同塞子一般堵住了瓶口，蘇伊士運河是歐亞之間重要的海運廊道，占全世界海運量的14%，一時的堵塞如能馬上排除，不至於造成太大的問題，但是這艘長達400公尺，由長榮海運運營的長賜輪因身軀龐大，難以自力脫困，擱淺了一日又一日，使得越來越多貨輪擠在蘇伊士灣。此時貨輪有兩個選擇，一是繼續等待，或是朝南經好望角，繞過整個非洲方能抵達目的地。不論是哪個選擇，航程都因此大為增加。更多的貨物、更久的航程以及更少的通運量，三個關鍵因子匯聚，點燃了運價狂噴的引信。

　　塞港起初幾天，大部分人還沒意識到這事件會在運價掀起多大的波瀾，股價盤旋在42元上下，此時的你如果深諳供需之道，就會明白這真是天上

掉下來的禮物！當別人還在做梗圖，嘲笑大排長榮、當個塞子的時候，你已經勝券在握。短短三個月，長榮的股價從40元直奔200元，坐上航運股揚起風帆，邁向偉大航道，立志成為航海王的水手們，在這一年內，股價飛漲近二十倍，配合有八倍槓桿的股票期貨，在此高歌離席、下船上岸，用一張張的船票，換了一棟棟的房子。6月底，我買下價格上億的台北房產做為今後的家。

花無百日紅，航運股的本質是景氣循環股，一時的絢爛終歸平靜，雖然報價還沒到達高點，但是高昂的運價能維持多久？投資人們產生了歧見，彼此盤算著。我買了房子，一起工作的夥伴也買了，短短的兩個月，我跟奇奇、DonDon三個人都添購了新家，我們的船票駛入了終點，用航運股的股票換了地契，這代表市場由全面看好，轉向部分投資人獲利出場，股票的供需改變了，需求減少代表想賣出的勢力壓過了想買入的勢力，就算此時運價仍持續上漲，航運股的獲利還在增加，但是股票的漲跌終究源自於買進賣出數量的多寡，當原來買進的力量轉成賣出，並不願再進場，那行情也到了末端。

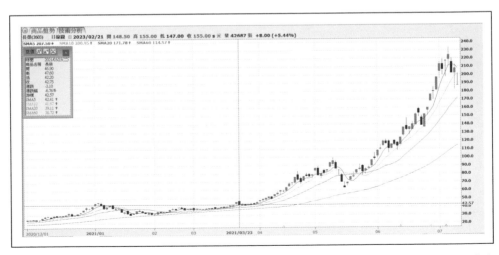

資料來源：XQ全球贏家

　　此時出現了一個有趣的現象，萬海航運的股價比起台灣的航運龍頭整整高了100元，萬海當時的股本是280.61億，營業收入151.92億，營收股本比是0.54，而長榮的股本則是529.08億，營業收入377.75億，營收股本比是0.71，長榮的營收股本比相較萬海更為優秀，兩者的每股盈餘、淨值及毛利率皆在伯仲之間，為何萬海的股價相較長榮高了60％？

2021Q2	6/30 收盤價	股本 （億）	營業收入 （億）	營收 股本比	每股盈餘 （元）	淨值 （元）	毛利率
長榮	197	529.08	377.75	0.71	7.98	34.28	51.4%
萬海	321	280.61	151.92	0.54	8.56	33.94	54.78%

　　供需、供需，還是供需！因為萬海的股本小，流通張數也比較少，因此一樣的購買力對股價的影響更為顯著，股本小的股票跟股本大的股票相比，波動往往更加劇烈。

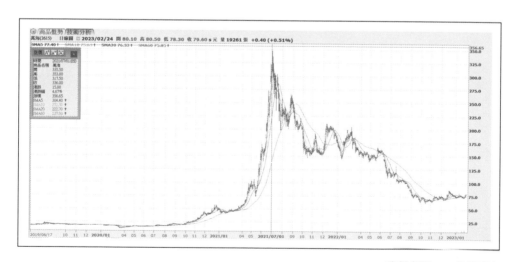

資料來源：XQ全球贏家

如果你問我，2021 年 6 月 30 日當天，長榮跟萬海，哪檔更適合投資？我會跟你說，都不適合。對於股票來說，產品的供需是一回事，股票本身的供需又是另一回事，特別是景氣循環股，到達景氣的高峰之後，必然面臨報價的巨幅下跌，因此只能視其營收及運價的持續力，走一步算一步，畢竟本益比這數字本身就假定了這獲利要持續幾年。航運是景氣循環股，今年與明年或後年的供需狀況都要視當時的市況而定，用本益比來衡量會有些問題。但如果硬要我在當時的這兩檔股票間做選擇，我會選擇投資長榮，因為兩者當時的價值差不多，可是萬海的價格比長榮貴了 60%。更好的做法是買進長榮，並且放空萬海當作避險。這做法需要配合一些槓桿再加上備用金，否則當走勢出來，其中一方被追加保證金，可是另一個商品沒有獲利入袋的話，資金的需求會很吃緊。

> 如果沒有股票期貨，又預期可能有很高機率發生融券不足的情況，選擇避險時，請考慮借券的方式。

理想跟現實總是存在落差，萬海當時的價格本身就有軋空的因子存在，若持有融券，有高機率會每天因融券不足被迫參與標借，負擔每日高昂的借券費，有時甚至高達數%，有些人會自己買進現股參與標借，以支付自己的標借費，但是得來的標借費還得支付綜合所得稅，付出的標借費卻無法從所得中扣除，真是參加也苦，不參加也苦，如果當時的萬海像長榮一般，有股票期貨，就能解決被標借的痛苦問題，在整戶保證金的制度之下，追加保證金的可能性也能因同向走勢而降低。如果沒有股票期貨，又預期可能有很高機率發生融券不足的情況，選擇避險時，請考慮借券的方式。

2021 年 Q2 季底，航運股走到了股價的最高峰，而公司獲利的最高峰在三季後才到來，隨後幾季，航運的獲利充實了營運資金，補充了淨值，逐漸由低淨值股票轉往高淨值股票，市場對航運的熱情不再，加上 2022 年景氣急轉直下的恐懼，讓它的股價與淨值因此交叉，有賺了盆滿缽滿的現金支

撐，股價終於又在2023年第一季找到新的平衡點，現在的航運股低於淨值並持有高現金水位，已成價值股，但是航運股終究是景氣循環股，過去的資料顯示，航運業多數時間的獲利如同雞肋一般，食之無味棄之可惜，如果希望股價再度風起雲湧，則需要觀察下次商品再度堆滿貨櫃的契機，畢竟現在都可以飛出國玩了，誰還需要用滿滿的商品填補自己空虛的心靈，再加上未來兩年跟著高運價下訂的新船下水加入營運，供需上難以再創疫情間的高峰。切記，凡事看的除了供需，還是供需。

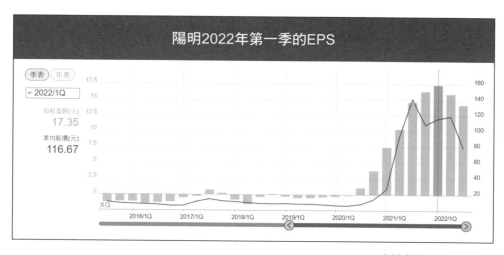

資料來源：XQ全球贏家

最終，股價形成的因素唯有供需二字：

- 公司獲利成長、配息增加，吸引基本面投資人買進，想買進的需求增加了，所以股價上升。
- 公司併購其他有獲利的公司，預期該公司合併獲利上升，吸引投資人買進，想買進的需求增加了，所以股價上升。
- 公司被其他公司併購，併購價格高於市價，吸引套利者買進，想買進

的需求增加了，所以股價上升。

- 融券強制回補，因為限期融券放空者需要在特定日期前買進，融券必須買進，想買進的需求有限度增加，所以股價可能上升。

- 公司經營權有異動的可能性，爭奪或守護經營權的股東有增加持股的需求，所以股價可能上升。

- 法說會後，市場研究單位對該公司的研究形成共識並調整評價，吸引投資人買進或賣出，股價隨之上升或下跌。

- 公司發行海外可轉債、海外第二上市或私募股票，降低原有股東之權益，原股東反稀釋決定處分，特定人賣出高價方買進低價方，賣出者大於買入者，股價下跌。

- 技術分析形成特定型態，吸引對該型態有認知的投資人趨於一致買進或賣出，力量大的一方導致股價上漲或下跌。

- 生技公司臨床試驗解盲不如預期，大量持有股票的投資人於市場上拋售，想賣出者遠大於買入者，股價大幅下跌。

- 特定大資金者手持鉅資，買進或賣出特定股票，導致供需失衡，股價亦隨之大漲或大跌。

- 冷門股有特定勢力介入或特定人推薦，想購買的投資人瞬間增長，如果原股東沒有拋售股票，那麼需求就大於供給，給予上漲的動能。

- 大股東因故在市場上拋售鉅量股票，供給大於需求，股價下跌，如因此跌破技術上的支撐與關鍵價位，吸引技術面投機者放空，股價再下跌。

- 破壞性創新到來，新興產業導致原有產業的沒落，原有產業失去利基，基本面投資者拋售持股，股價下跌直到公司找到新方向或倒閉。

　　由以上內容，都能看出股票供給或需求的多寡，決定了股價上漲亦或是下跌，而這些影響因素有短期、有長期，能掌握、了解這些對於股票供需流向的長短期關鍵因子，就能掌握投資致富的鑰匙。其中奧妙，端看你的聯想力與對公司、產業、規則，及其衍生商品了解的多寡。

　　一個產業需求的多寡，影響了在該產業耕耘之公司的稼動率，而增加的需求引發供需缺口，供需缺口導致價格上升，產品價格的上升讓公司整體獲利增加，公司獲利增加，則能吸引投資人買進，這中間的每一步，無一不與供需相關。

　　對此，如果你想從公開市場獲得超額報酬，請多加思考，並盡可能地尋找進而掌握影響供需與價格的關鍵因子。最後，我再用一個生活周遭發生的事例來說明供給與需求的增減，會造成價格多麼極端的變化。

　　有車的朋友們應該對競標車牌有所認知，最熱門的車牌號碼往往是8888，一輪競標之下，沒有個10來20萬是無法將它帶回家的，身為愛妻的老公，選用老婆的生日做為車牌也是很合理的，因此去年我的敞篷車到港時，我便用3000元的價格將老婆的生日牌標回家。過了一年，Tilla誕生了，我們需要一台新的休旅車以因應家庭需求，基於對新技術的支持與嘗試，我購入了一台電動車。

　　電動車的車牌與燃油車是分開的，由於電動車市售量仍遠低於燃油車，因此每個監理所僅開數十最多一百個車牌供民眾選擇，而標牌一次僅開放少數號碼供民眾標購。有了上次的經驗，參酌電動車牌較少的供給，我將車牌標購價上限訂為11000元。車牌標購共歷時三天，而11000元的上限僅在開放標購後一小時便被超過，驚訝之餘，重新擬了一個上限價格51000元，這對傳統燃油車的生日牌而言可謂天價！到了第二天，我競標的車牌價停在22000元，我心想大概就成交在這個價位了，還在為一個普通的生日車牌居

然要花我兩萬多元感到 overpay，沒想到到了最後一天競標的尾聲，截標前一小時，售車業務通知我，價格已到 52000 元！我的天啊，這是什麼價格！理性的我最終放棄了這個車牌，因為我知道，未來還會有新的供給釋出，不必在此時遷就這麼極端的價格，我同時瞄了瞄其他生日車牌此時的標價，從 3000 元到 53000 元都有，哇！竟然有一個生日牌標價比我正在競標的還高 1000 元！我旋即改花 2000 元選購不需競標的車牌，這個價格讓我覺得舒服多了。過了一個小時截標，我回頭欣賞最終結果，那個 53000 元的生日號碼最終成交在 202000 元！哇！如果我繼續玩下去，會不會我也得到類似的結果？這價格之高，著實讓我大開眼界！

　　會有這種價格，根本原因在於監理所刻意限制車牌的釋出量，且眾多地區監理所在同一時刻只讓一家開電動車牌標售的協同行為控制了供給，形成了短時間的孤門獨市，再加上電動車尚未大量普及，購買電動車的民眾很有可能不只有一台車，屬於高資產族群，願意花更多的錢在車牌標購。此時購買電動車的熱門車款，交車的等待期也相當漫長，以我購入的車款為例，距離我預訂已達一年半之久，一整船新電動車從貨輪上大量到港下，剎那間，新電動車牌的需求急速上升，當有兩個高資產人士看上同一組車牌，就算不是傳統的高價車牌，在一陣廝殺之下，也能造就不可置信的天價。這就是籌碼鎖定與供需造就的神話。

價格與價值

　　在談價格與價值前，我想先聊一個生活經驗，每年秋季正值蟹肥之時，饕客們魚貫驅車前往北海岸享受萬里蟹的美味。近年來，由於新北市政府投入觀光預算，逐漸打響萬里蟹的名號，當地餐廳的螃蟹售價也隨之水漲船高，饕客們到了北海岸，往往會發現價格與市區所販售的並無二致，手藝卻

可能跟市區飯店有些落差。為何如此？螃蟹的價值並未改變，卻隨著行銷預算的投入，引發更多需求，供給不變之下，價格自然步步高升。一項商品的價格高低，端看供給者為它形塑出什麼形象，而需求端又有多少、對供給者的價格形塑買不買單。是故酒商向你吹捧高年份儲酒的珍貴，倘若你自拍賣市場搶購了一組二次大戰時期便已製造的佳釀，價格想必十分驚人，但你若想不開將其開封，視其儲存狀況，其美味程度可能也會讓你懷疑人生——究竟我為何要花大把鈔票買下這瓶充斥著木塞味的老酒？唯一的因素就是你為推廣者的行銷預算買了單。這也是為何珠寶業者、房地產業者、奢侈品業者甚至虛擬貨幣及藝術品商要採取許多行銷手段，花費廣告費用和高昂的租金向你洗腦這些東西有多難得，唯有引入更多的需求，才能炒高價格，讓供給商及推廣者謀得其利。

了解價格與價值的差異，對投資至關重要。價格是市場上當前流通的共識價位，價值則是該標的本身內含物換算成價錢的合理價碼。不論是價格或價值，這個價位都會因為銷售方法或是估計方式的不同、每個人對「意義」的認知差異而有不同的結果。

我喜歡用鑽石或奢侈品來表達其中的不同。所謂「鑽石恆久遠，一燒就消滅」，許多女性都相當鍾愛這閃閃發亮的小石頭，鑽石是碳在高溫高壓之下形成的一種結晶模式，撇開許多人對它的喜愛，它的實際本質與應用就是顆超硬且透明的石頭。

一顆石頭值多少錢？

要看有多少人想要它，及它被形塑出來的形象而定。

與其他各色寶石各自擁有的元素不同，說穿了，鑽石的本質就只是透明的木炭，可是價格卻是雲與泥，為何？因為鑽石商花了上百年的時間與難以計數的廣告費用，向大眾行銷這顆小石頭，而這上百年的時間與難以計數的

廣告費用便成為鑽石內含的「無形價值」與「品牌價值」，你的另一半接受它的品牌價值，視為信仰，所以你替這顆透明的小木炭買了單。

為了給這顆小石頭標上更高的價格，鑽石商為其規格訂定了十分複雜的標準，藉以吹捧它的稀有。純淨無瑕的鑽石，代號是FL與IF，標榜它有多麼晶透無瑕，成色由D、E、F一路到Z，甚至混入各種雜質，讓其呈現不同色澤，顏色深淺亦是形塑它高昂價格的理由，這真是一門好生意！

此外，知名珠寶商還雇來手藝精湛的匠人，將一顆顆高昂的天然鑽石鑲嵌做成耳環、項鍊與戒指，並編列大筆廣告費用、租賃華麗的展示空間、採用高大上的銷售方式，建立鑽石的品牌價值，使原已所費不貲的小石頭價格又向上翻了幾翻。到了櫃上，看著標籤上的價格，我幾乎已經忘了它就是顆透明的木炭！而這就是它在市場上流通的價格。

如果珠寶商在節慶促銷，打了個折扣，變得稍微親民一點點，這依然是它的價格，表彰的是同樣一顆小石頭，不因為你是用正價還是折扣價買得而有所改變，只要你接受它的售價，付出真金白銀買下它，那便是它的市場流通價，不論是珠寶、藝術品、房產，甚至紅極一時的虛擬貨幣與NFT，形塑價格的方式都沒什麼不同。

現今因科學進步，得以模擬天然鑽石生成的高溫高壓環境，在實驗室裡生成鑽石成為一股新勢力，既能更加精準地生產無雜質的鑽石，也能任意添加各式成分，做成五顏六色的彩鑽。然而，即使這些實驗室鑽石有著更高的精度、更美的色澤與一樣的化學成分，價格卻只有天然鑽石的1/5或更低，為何？彩鑽完全符合天然鑽石標記的等級啊，這不是很不合理嗎？

因為它沒了鑽石商百年來吹捧的無形價值，你也可以稱它為商譽，或換一種說法——感覺。為什麼它比較便宜，因為它沒感覺。阿嬤、阿嬤，你怎麼都沒感覺？因為實驗室鑽石偷了我花了百年行銷的感覺，所以我不能讓你

覺得它有感覺。但是供給增加的影響確實存在，現階段紅寶石的價格已較鑽石來得高，這或許顛覆了寶石價值的傳統想法，但是鑽石就是碳，紅寶石則是剛玉，是貨真價實的真寶石，就稀有性來說，遠大於碳，隨著內含價值被重新重視，價格變得比鑽石昂貴就不是那麼地不可置信了。

對於信奉鑽石信仰的人來說，它有著極高的無形價值與高昂的價格；對視鑽石為木炭的務實男性來說，這些無形價值為零，價格更是難以置信地高。價格與價值的定義因人而異。

既然價值的定義這麼晦澀難懂，有沒有更好的計算方式？有的，假設你買鑽石就送你1萬塊，那這顆鑽石最少就價值1萬塊，這就是我們在證券市場上衡量公司淨值的方式。財報的淨值裡有一個項目叫作無形資產，通常就是用來形容前面所述的品牌價值，在企業併購時，隨著時間的演進與公司的內部整理，有些既有品牌可能逐漸沒落，就像前面所說的鑽石的狀況，假如鑽石的行銷價值不再被市場多數人所接受，其無形價值就會大減，而當公司需要打消這些泡沫化的無形價值時，就會造成財報上的虧損與淨值上的減損，因此在用淨值估計公司價值時，要注意淨值的組成成分，究竟是真金白銀還是無形資產。

證券與期貨市場與一般商品銷售方式最大的不同在於撮合的方式，證券市場上市櫃公開發行的股票採用集中撮合的制度，也就是想賣的人把規格統一後的證券或商品丟到市場上，讓其按供需自然形成價格，而一般商品則是個別銷售，不論多離譜的價格，只要找到買方、雙方合意就能成交。不同的方式，造就了不同的特性——證券與期貨更容易流通變現，而一般商品則是在市場上靜待有緣人。

由前一小節你已經得知，價格變化的原因來自供需，只要供需有所變化，就算是集中撮合制度下的股票，依然會出現相當極端的價格，出現極端

價格時，不要忘了衡量它的價值究竟是多少，才不會在價格中迷失了自己，慘賠出場。

下面我以瑞基海洋為例：

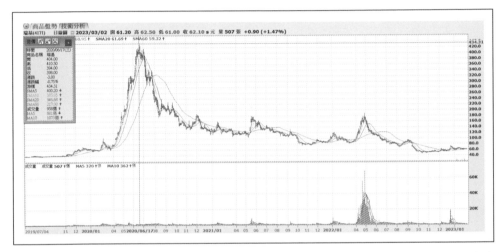

瑞基海洋是一家檢測商，主業原本是水產檢測，直到2020年新冠肺炎疫情爆發，檢測儀器與試劑瞬間成為熱銷商品，在短短半年內，股價從60元直衝400元，由下圖可以看出，2020年Q2，瑞基海洋的獲利有顯著上升，可是從這之後的EPS看來，它的獲利實在撐不起它的價格。

2020年4月6日，衛福部公布「因應武漢肺炎申請醫療器材專案製造之核准名單」，瑞基海洋新型冠狀病毒檢測試劑、自動核酸分析儀、萃取耗材組、試劑對照陽性組獲得批准，為台灣首個自主研發獲得批准的檢測。此訊息一公布，隔日瑞基便開啟了它的瘋狂之旅，由4月7日的85元一路噴到6月19日的420元，其中的因素就在於瑞基公司股票的供需不對等——想買的人遠大於想賣出的人。疫情下的恐懼心理，讓持有率先取得檢測核准的股票

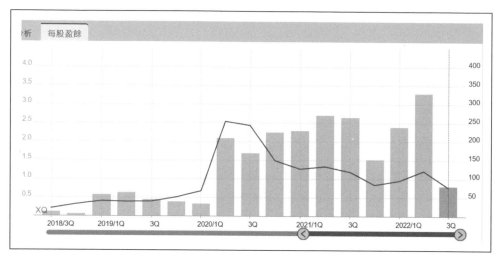

資料來源：XQ全球贏家

就像汪洋中的浮木一般，價格的上漲遠遠超過了銷售實質上能帶給公司的獲利數。

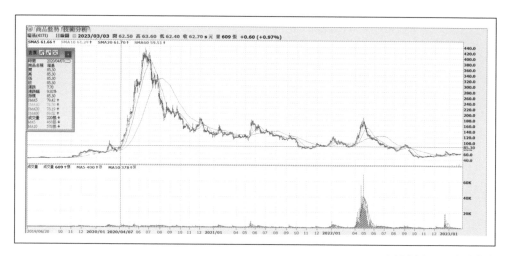

資料來源：XQ全球贏家

　　瑞基海洋位於台中市西屯區。透過嘉實XQ找出2020年Q2時的大額交易券商，發現其中第一名、第六名、第七名都位於台中市區，我們通常會將其視為地緣券商，也就是猜測其相當有機會為內部人交易公司股票的所在地。其中賣方第一券商於4、5月間密集賣出股票，回看當時的EPS，可視為賣在相對合理的位置，但離股價的高點還有相當距離，我猜想對於可能是公司內部人而言，當時的價位具有讓其出脫股票的充分誘因，也就是當下的價格已經偏離它所認定的長期價值，至於為何後續又噴到400多元，這就歸因於市場的不理性與瘋狂。情緒是一時的，疫情的需求也是一時的，相較疫苗，檢測的開發容易得多，隨著後續跟進者陸續進入市場，過於瘋狂的情緒終歸消散，當想賣出股權的力量大於想買入股權的一方，過高的價格終將回落它原始價值。股價能否維持，終究關乎公司價值是否有所提升。

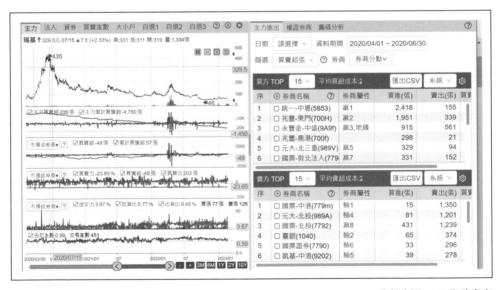

資料來源：XQ全球贏家

　　前面講了檢測，我們便來談談難度更高的疫苗。隨著疫情擴散，全世界都把終結疫情的希望寄託在疫苗開發上，不論美國、歐洲、中國，甚至台灣，都像田徑選手般，在這場疫苗競賽中衝刺。

　　高端疫苗、國光生技、聯亞生技是台灣在這場競賽中參賽的選手，其中高端疫苗及國光生技的股票在上市櫃中交易，而聯亞藥是聯亞生技的子公司，於2021年6月登錄興櫃，但要注意的是，聯亞藥並不是聯亞生技開發疫苗的主要子單位。新藥與疫苗開發總是幾家歡樂幾家愁，除了開發是否成功以外，相較競爭對手的效力、時程與推廣能力也是很重要的。2020年間，我們得知這三家將發展新冠肺炎的疫苗，市場因為一個「希望」而壓注在相關題材，當時台灣市場關於疫苗的解答就只有上市櫃的高端疫苗與國光生技兩家公司，我們可以看到這兩家公司在2020年間都有翻倍的漲幅，此時的股價應該拆解成它原先的價值加上賭一個疫苗率先研發成功並行銷國際的夢，就如同選擇權的構成是內含價值加上時間價值一般。而在這個過程中，國光生技在衝刺起步後，後繼無力，逐漸被對手甩開，研發進度落後、不如預期，以疫苗研發及銷售的角度而言，此時它們已經失敗了。也就是這個「希望」在落後的當下就已經破滅，國光生技依舊是那個沒有新冠疫苗的國光生技，此時它的價值就失去了對那個「希望」的溢價，但是市場上的股價是由眾人共同決定的，不是所有人都能清楚認知到此時此刻它們的美夢已經徹底瓦解，依舊抱持著這張破碎的夢的入場券，直到越來越多的人從夢裡醒來，丟掉股票，股價才逐漸回落。股票價格從高點後緩步下滑，但是夢的價值從疫苗落後對手的那一刻便已消散。

　　如果說國光生技的疫苗夢是個午休時刻的短暫美夢，高端疫苗的疫苗夢則是投入了夢想、熱情、政治觀點的春秋大夢。2021年間，高端藉由免疫橋接讓其疫苗上市，疫苗國家隊以此成形，台灣疫苗走入國際的夢想支撐它

的股價從100元直衝400元，高端疫苗的效力具有一定水準，相對於對岸的國藥、科興只有五成的效力，對於當時處在疫情爆發期而苦無疫苗的我們而言，可謂是一根浮木，政府向高端訂購疫苗，更將這股信心與熱情拉抬到頂點。平心而論，如果要我在國藥、科興與高端的疫苗之間擇一施打，我的確會選擇高端，原因與國族信心、政治取向無關，純粹是國藥、科興的保護力是國際認證的差，而高端的數據說明其效價相對於國藥、科興，可能是更好的那一個。

如果全球只有國藥、科興與高端三種疫苗，高端後來的命運就不至於此。可惜，國際間的競爭就是這麼殘酷，高端研發的疫苗在時程上慢於國際上的許多競爭對手，落後的速度使其無法趕上WHO開放的緊急授權大門。想一個現實的問題，如果一個有國際認證、效力相等的疫苗，售價甚至比你還便宜，那大眾有什麼理由去施打一個想出國還要重新補打三劑疫苗的選擇呢？想必是出於對國家的熱愛吧！熱愛國家沒有錯，但是你熱愛國產疫苗的心，並無助於將其銷往國外，而訂購的這批疫苗，許多直到逾期作廢，依舊乏人問津，說明了對於這國產疫苗的需求遠小於供給，一批疫苗都打不完，如何再訂購下一批？如果高端的疫苗是限量的奢侈品，想必這批限量品的價格在十年後會為之飛漲，可惜它不是奢侈品，而是疫苗，製造終了絕版後，迎來的不是成為夢幻逸品，而是只能報廢。

如同國光生技的翻版，高端編織了一個更大的夢，並且有實質銷售與獲利貢獻，但最終依舊是黃粱一夢。一次性的EPS入袋，隨著越來越多人的大夢初醒，隨著對股票供需的天秤再度倒向供給大於需求的一方，炒作出的昂貴價格不免俗地將回落到它本該有的價值。

至於聯亞藥，如果你連它葫蘆裡賣的是什麼藥都不清楚，那就無怪乎它興櫃第一天即為高點，興櫃不到兩年至今，價格僅剩下第一日的1/5。

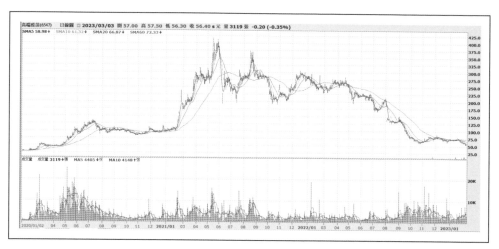

資料來源：XQ全球贏家

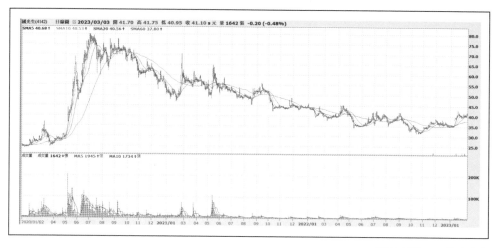

資料來源：XQ全球贏家

　　科斯托蘭尼老人與狗的論述解釋了經濟與股市的關係，套用在個股裡，公司的內含價值是那位牽狗的主人，價格就是那條狗。當主人坐著不動時，這隻活潑的哈士奇會在你周圍忽左忽右地躁動不已，但當你起身向前走去，

這條二哈便甩著牠的口水向前狂奔，直到伸縮牽繩用盡，或主人摔了一跤受傷停止，牠便回頭看看主人發生了什麼事，不論主人向左走還是調頭向右，活潑的哈士奇總是用著更為躍動的步伐移動，何時是最佳的投資時刻？就是主人起步的那個剎那，至於何時該結束這筆投資，也就是主人牽不動這條狗而摔倒的瞬間。若夢想控制這隻哈士奇，那我覺得你該做的事，是當個寵物訓練師。

重複做對的事——藉由多次練習加快流程，進化式快速推導

藉由前面幾段，你可以了解，關於投資這檔事，我是如何認知，以及如何藉由事件拆解出投資機會。你現在該做的事就是大量練習，由生活周遭開始，探詢潛在的商機，股市本身就是投資機會的縮影，你我的資本都有限，除非你出生在財閥世家，否則投入一個領域做門生意，可能已經耗盡資本，如果又遇到市場逆風、舉債失利，可能落得悽慘的下場，開創事業的風險很高，絕大多數公司都會在設立後的三年內倒閉，而證券市場上的上市櫃公司，能夠上市櫃，表示本身已經歷了大多數洗禮，投資風險遠遠低於盲目地創業，倘若遇到市場不利，你可以輕易地拍拍屁股賣出持股走人，昨天還在做餐飲，今天就改行當自動化設備商，只要你能找到對的商機，就能靠著加入正確的族群與公司得到報酬，當股東這門學問，遠比經營一間公司來得容易許多。

學習並非一朝一夕可成，投資也是，每一年、每一刻，隨時都有投資機會，只看你能不能尋覓並且挖掘出來，藉由一次又一次地練習，逐漸加速挖掘流程，達成由「A→B、B→C、C→D、D→E」，進化成「A→E」的快速推導、跳躍思考，本書中這一整段的論述，我稱為菲式思考。

菲式思考

總體經濟與地緣政治

　　就我的認知，總體經濟就是整個世界供需的展現，而區域經濟則是各地政經環境、國民知識水準、勞動意願交互影響所產生的結果。我沒有經濟系的背景，因此僅知各個經濟學理論的皮毛，沒有太深的著墨，而經濟學的學說不斷推陳出新，一路發展出古典經濟學、凱因斯經濟學、新古典經濟學、現代經濟學，卻又無法認定何者是完全正確的。對我來說，這些可能都僅是假說層級，所以按照自己對經濟的了解來解釋也未嘗不可。

　　對我而言，科斯托蘭尼的雞蛋理論具體闡述了經濟循環，簡單說，這是由供給、需求演化出來的路徑，我們以經濟成長為起點，一切經濟的起始都來自於需求，因為有了需求，為了衡量這個需求需要多少資源而產生定價；對有能力的供給者而言，這個市場價格是有利可圖的，於是他們想方設法增加供給，但不是所有的供給增加都能在一時半刻裡完成。以水果為例，市場上芒果正熱門，農夫便增加芒果樹的種植，可是從樹苗到開花結果需要時間，而長成的芒果樹也不會因為芒果不再受歡迎而停止結果，這個時間差就導致經濟循環。

　　在正常的經濟成長中，逐漸增加的需求刺激供給隨之增加，直到需求被滿足，得到新的平衡，若因意外事件產生額外需求，則會因為需求遠大於供給而讓價格迅速攀升，高漲的價格吸引供給者大量投入產能提升，甚至吸引原來沒有提供此項目供給的第三者也加入供給者的行列。隨著供給量的提升，如果沒有足夠有力的生產者組織調控產量，瞬間遠超需求的供給量將讓供給者陷入囚徒困境，彼此削價競爭，最終導致生產面臨虧損，直到價格低到能吸引更多額外需求，才能讓供需取得新的平衡，至此完成一個經濟循環。

　　在新的低價平衡時，生產者不見得能取得利潤來持續經營，為了減少虧

損，生產者必須調降生產的工作人力、減量消耗生產所需的資源，當供給減少而需求不變時，價格得以回升，過量的庫存隨著時間消化完畢，經濟又回到了正軌。但在生產者裁員以減少供給產品期間，失業者必須削減支出以度日，於是壓縮了日常消費，進而影響整個經濟。生產者資金管控不當將導致破產，破產產生呆帳，鉅額呆帳若超過銀行存款量，則銀行沒有足夠的財力支付給前來領款的人。如果銀行有足夠的賺錢能力，經過一段時間便能彌補此虧損，但存戶可能擔憂領不到錢，便爭相提領存款，導致資不抵債，銀行也宣告破產。一層一層的牽連，最終令整個社會都陷入困境。

經歷了 2008 年美國不良房地產貸款引發的全球金融海嘯後，大部分的監督管理單位如美國聯準會與各國央行都吸取了教訓，致力於避免最糟狀況的發生，在產生更大危機之前，便注資解決問題，這也是為何瑞士信貸的危機這麼快就得以解決。

我不是一個嫻熟的經濟數據專家，而是一個交易者，因此不太會利用經濟數據來主觀解讀未來，而落入令人失望的失準窘境。我更像是一個觀察者，藉由實時數據來了解宏觀的供需狀況，以判斷避險的比例，以及是否嚴重到需足額避險的程度。若想了解更詳細的經濟理論與經濟相關數據，建議閱讀專書，或在網路上自行學習，這裡便不再做更多的延伸。

另一個需要關注的是地緣政治因素，地緣政治屬於風險的一環，影響區域的國家政策與潛在的戰爭風險。身為一介草民，自然希望國泰民安、四海昌隆，但是國家領導人的想法不是你我能改變的，在民主國家，我們還能利用選票這個卑微又強盛的力量，但在極權國家或軍國主義國家，掌權者的權力欲望有可能威脅區域和平。

區域態勢升溫會產生幾個層面的影響，一來是有利害關係之國家軍費的上升，二來是工作人口的流進或流出，三來是其他國家企業對於風險地區的

投資意願。

　　國家軍費上升，可以直接推估受惠的軍工企業，但若國家稅收沒有增加，代表可能有其他項目被刪減預算，表示該預算關聯執行單位與企業將直接受影響。

　　在面臨戰爭風險的區域，富人會積極把資金流出，或至少尋求避險管道，並減少投資固定資產；其次，有能力的工作者會增加到海外就業，甚至取得他國國籍的意願。這兩者對國家來說都不是好事，倘若真的不幸發生戰事，將有更多國民湧入鄰近國家成為難民，戰爭地區的基礎建設也將遭受巨大且短期難以回復的破壞，直到戰事告終邁入重建，戰爭地區恐需花費十年以上的時間才能恢復往日繁榮。

　　最後是國際間對於地緣政治風險地區的投資意願，這取決於風險的高低、該地市場的大小、是否在產業中取得樞紐地位而定。台灣位居東亞地區太平洋島鏈核心，有個強大而有野心的鄰居，在地緣政治風險上堪稱亞洲火藥庫。而由於我國半導體產業具國際領先地位，並有十分優勢的科技聚落，在國際間具有難以比擬的戰略意義，現今國際科技業領導廠商多在近期增加投資台灣地區，這代表著經他們專業評估，及向地緣政治專家徵詢，認為短期內可能不會馬上面臨戰爭風險，但是國際局勢瞬息萬變，國家狀況與領導人可能隨時有變，若是我國在科技聚落的優勢地位不再，或潛在風險地區之領導人年紀增長，迫切尋求歷史定位，則戰爭風險將大大增加。

台灣未來之我見

　　台灣以中小企業立國，接著逐漸走向科技業，基於地狹人稠、教育水準高、人民勤奮與交通便利的優勢，在高科技人才的引領之下，以台積電為

首，逐漸發展出垂直、水平及地域性皆良好整合的完整科技聚落。這是台灣現階段最大的優勢，其他國家的環境難以複製，因而有矽島美名。如果你想在科技業創業，一日之內便能接洽拜訪所有上下游廠商，如在他國，可能費時一週也無法完成。加上受雇者配合工作時間的彈性亦強，薪資結構對創業者也相對友善，生產效率得以大大提升。種種因素，使得僅有兩千餘萬人的台灣得以在國際間占有一席之地。

　　台灣的風險主要來自區域安定性與人口結構。基於歷史因素，台灣與中國之關係成了國家安全必須考量之處，不同的政治體系與國策衝擊著台灣海峽的兩端，雖然現階段由於台灣的科技業樞紐位置，讓大國們必須衡量區域動盪是否損及該國利益，而間接確保了台灣的安全。但這個前提是大國間國力的平衡沒有太大變化，如果非民主陣營的國家實力大大提升，危及勢力均衡的天秤，其領導人又具有改變現行遊戲規則的充分理由，則台海危機將進一步升級。在此，我們必須謹慎觀察國際間的局勢與國力變化，想方設法維持科技業之優勢不墜。俗話說十年河東，十年河西，台灣現階段的優勢若無法持續，則將有可能在十年或二十年內遭遇重大危機。

　　台海區域安定性風險屬於短中長期中的中期風險，在十到二十年內可能發生，也有可能避免。但是現今人口結構變化導致的長期風險則將在二十年後到來。國家以民為本，工作人口的流失將讓企業無法得到足夠的高端人才，人口老化將成為壓垮國家的巨石，並成為野心者趁虛而入的利器。2001年後，台灣出生人口呈斷崖式雪崩，該年出生的青年學子即將在今年（2023年）暑假走出大學校門，步入職場，此後，企業很快就會感受到徵才壓力。如果是以碩士為主要徵才對象的企業，會在兩年後感受到這股徵才壓力。人口減少的洪流只會一年較一年嚴峻，除非能吸引足夠優質的外來人口，否則企業將出走國際或步入淘汰賽。

菲式思考

　　從企業生產力的角度來看，新進職場的人口數目不容樂觀；對數量漸少的新生人口來說，需承擔的壓力也更為繁重。少子化代表每一位青年人口家中都有兩位即將步入退休年齡的中老年人口。台灣人有奉養父母的風氣，除非父母有重大缺失，子女得不盡撫養義務，否則將面臨法律問題。加上我國引以為傲的健保制度，提升人均餘命的同時，也代表老年人口將耗用更多的國家資源與稅收，而工作人口的減少意味所得稅稅基減少，占稅收相當高比例的高科技業得不到足夠的工作人口，部分業務被迫移往海外，再一次打擊稅基。過去，多位手足共同撫養年邁父母；而今，獨生子女們面臨工作、奉養雙親，甚至還有子女的三重夾擊，如果雙親長輩未留下足額的資產與退休俸供自己退休用，則子女一人將肩負三人的生活開銷與照護；如果兩個獨生子女結為家庭，則他們將負擔六人份的開銷與照護，在時間與金錢皆有限的情況下，便有相當可能選擇不生育，雪上加霜的出生率，將使國家企業陷入無以為繼的負向循環。

　　改善此一無法迴避的問題的有效方式，首先就是得引入具工作能力的外來青壯人口，歸化成為國民並鼓勵生育，現在全世界都在搶優質人力，相較於其他具備文化與國力優勢的國家，台灣是否有更充足的誘因、更友善的政策，為能否吸納優質新移民的關鍵，台灣做為血緣關係優先於地緣關係的國民政策國家，擬定開放並鼓勵外來移民的政策實刻不容緩。雖然吸納不同國家、文化的外來移民確有其風險，引進多種族移民可能會降低台灣在國際間引以為傲的社會安全，不同宗教取向的移民融入也會是個需要重視的問題，偏偏國家人口數無法逆轉，只能兩害相權取其輕。

　　第二是廢止子女奉養父母的法律依據，雖然落實的可能性極低，卻是有效的方法。做為替代，更大的可能是不斷延後退休年限。我的父母可以在55歲時退休，年輕人則勢必要在七老八十時才能享有長輩在5、60歲便可獲

致的清閒。由於國人熱中房地產投資，現今老年人的資產遠高於年輕人，但因為政黨的選票考量，致使退休金政策改革不易，成為難以撼動的沉痾。台灣的退休金制度設計之初，利率、出生率皆遠高於現在，當時的國民平均壽命也低於健保帶來低價醫療的此刻，現今因為出生率逐年下滑，退休金提撥金額減少、支出增加，已陷入寅吃卯糧的窘境。許多年輕人進入職場工作，收入卻較退休族群來得低，還得提撥更高額的薪資比例給退休金制度以延緩失衡的時間點。如果沒有經宣告喪失行為能力，不論其是否健康、中風甚至實質失能，基於人性，退休人口手中握有的選票將為他們盡力看守自己的既得利益。最終只有兩個方向能解決現行人口制度的退休問題，一是減少老年人的數量，二是減少退休金給付的年限，要嘛是延後給付，要嘛是規定給付的年限上限。這個議題探討起來很殘酷，可是池子裡就只有這麼多魚，人比魚多，終究有人吃不到魚。現況看來，年輕人從出社會就被要求少吃點魚，但待他們老後，池子裡卻不見得還有魚。對了，我說的還僅是退休金，尚未述及長照的人力與金錢問題，在老年族群遠較青年族群富有的狀況下，讓有錢的老年人解決沒錢的老年人問題，比期待青貧族解決並喪失國家未來，前者是更為實際有用的觀點，讓高資產者多繳點稅，特別是針對房地產多加增收，能解決許多問題。然而，期望有利害關係的立委扼殺自己的財路，也許比期待青貧族支撐這個國家還要困難。

第三是開放安樂死，如前所述，要解決問題，要嘛是減少老年人的數量，要嘛是減少退休金給付年限，或將手伸向富有老人的口袋，開放安樂死就屬於前者。五年前，名主播傅達仁因身體狀況決心執行安樂死，治病花費許多心力與金錢仍功虧一簣，為了終結一切折磨，他耗費鉅資，飛往瑞士，才能順遂心願。對個人來說，接受安樂死的門檻著實不低，若台灣可以開放國內安樂死並以健保給付，對於整體健保的財務狀況來說，肯定是最好的投

資。它一次性地解決了長期不定額的醫療支出，能讓國家引以為傲的健保制度得以持續，其實是十分值得深思的。但是藥商與投資長照的勢力，以及他們的代言人勢必以人倫角度大力反對，反對的實質原因不是倫理問題，而是這將從根本影響他們的荷包。

　　上面幾個議題不只讀來沉重，我撰寫陳述時亦感到鼻酸，但這些問題不會因避之不談而不見，反而會隨著時間過去更加嚴重，因此在此寫下與讀者一同探討，期望在你我的共同努力之下，這些問題終有撥雲見日的一天。

新聞閱讀的小技巧

　　相信大家都聽過「看見新聞才買股票總是慢人一步」的說法，從前段也理解到我提倡大量閱讀新聞的重要。究竟股市新聞對投資有益還是有害，關鍵就在如何篩選出有用的新聞。

　　有用新聞的關鍵在哪裡？關鍵就在時效性！台股有盤後時段，但依現行制度，個股是沒有盤後交易的，大多數公司基於不影響證券市場的原則，多會在盤後進行公告，這意味著盤後發生到截稿時間為止的新聞都是具有時效性的。

　　隨著時代演進，以往的截稿時間都在午夜，而現在因網路盛行，提供了更快速的資訊流通環境，美股的重大訊息總會在台灣時間的凌晨兩點半左右公布，如果你閱讀的是紙本新聞，那就錯失了午夜截稿到早上中間的資訊，當你讀到紙本新聞時，離發生時間往往已經超過一天，也就失去了對應事件的黃金時刻。

　　所幸傳統的工商時報、經濟日報現在也與時俱進，在網站與手機app提供更即時的新聞，配合晨間的非凡財經新聞，便可以囊括大多數已知的事

件，但別忘了，新聞終歸是二手資訊，有賴記者閱讀事件或翻譯外電後，才把內容按照他的理解傳達於你。更直接的是閱聽一手資訊，也就是在第一時間透過記者會去尋找的資訊源，例如法說會影音，實地感受主講人表達的內容及語氣，如果僅是閱讀新聞，偶會發生不同媒體擷取不同的重點，感受不同，如果你閱讀到的片面資訊偏向解讀錯誤，那就難怪會覺得新聞無用了。

當然，你我的時間有限，不可能親自看遍全世界的一手資訊，看新聞依舊有一定的必要性與價值。不同時代有不同的做法，也許這當下正有人訓練AI以判讀全世界的新聞，如果訓練得當，量化以後勢必是投資的利器。而做不到的人，例如你我，我建議還是要將觸角伸長，過濾正確的資訊。你必須了解到，財經新聞中，總會有一些配合專欄，可能是由相關單位撰寫的，例如權證、房地產、合作分析師或其他付費得到欄位的單位，他們偏向解讀數日、數週，或數月前發生的事，有些甚至有特定的立場，我把這些資訊歸類於三或四手資訊。我認為，如果你閱讀的資訊量夠新、夠快、夠廣泛，那這些三或四手，還是你聽隔壁阿貓阿狗，抑或跟你不熟的董事長之類的五六七八九手消息，就沒有絲毫閱聽的價值，除非歷史資料與統計顯示這個消息來源是值得信賴且有用的。

關於新聞的關鍵閱讀與菲式思考這整個章節的應用，在此以星宇航空為例，看看如何將生活周遭發生的事連結到投資。

2022年9月29日，新聞報導我國邊境將全面解封，10月13日起，邊境入境旅客免隔離。航空業的業績成長自是可以想見、期待的結果，而規模相對較小、空運物流沒有吃到多少紅利而持續虧損的星宇航空，隨著國門解封，營收逐月大幅跳升，從10月的3.8億直衝到隔年1月的15億，公司何時可以獲利便成了眾人關注的焦點。

營收							
●月營收　○季營收　○年營收							
財報截止年／月	營業收入	月增率（%）	去年值	年增率（%）	累計營收	年增率（%）
2023/02	1,372,473	-9.88	64,481	2,028.49	2,895,373	1,567.13
2023/01	1,522,900	57.74	109,193	1,294.69	1,522,900	1,294.69
2022/12	965,477	55.64	96,829	897.09	3,362,135	322.45
2022/11	620,329	62.07	72,831	751.74	2,396,658	242.86
2022/10	382,746	34.95	68,853	455.89	1,776,329	183.67
2022/09	283,628	4.57	76,332	271.57	1,393,584	150.04
2022/08	271,240	31.27	66,197	309.75	1,109,955	130.75
2022/07	206,632		63,825	223.75	838,715	102.19
2022/02	64,481	-40.95			173,674	
2022/01	109,193	12.77			109,193	
2021/12	96,829	32.95			795,857	
2021/11	72,831	5.78			699,028	

　　2023年2月13日，星宇航空甫公布1月營收，媒體隨即刊載董事長張國煒談及公司營運狀況的新聞[10]：

　　星宇航空挺過3年疫情，把握報復性旅遊潮，今年1月營收15.23億元，月增58%、年增近13倍，不僅改寫開航以來新高，法人掐指估算，星宇單月開始賺錢

10　引自工商時報2023年2月13日報導，由記者邱莉玲撰稿。https://ctee.com.tw/news/industry/806497.html

了！接下來 2、3 月還有 228 連假出遊潮等，4 月星宇首航美國洛杉磯，下半年插旗舊金山，全力發展北美到東南亞轉運航網，法人估星宇全年獲利幾無懸念……

　　以上節錄自工商時報 2023 年 2 月 13 日的新聞，其中提到星宇航空挺過三年的疫情後，受惠於報復性旅遊熱潮，1 月營收 15.23 億，月增 58%、年增近十三倍，優於市場預期。星宇航空公關長聶國維表示，1 月已達到公司預算目標。法人看好二二八連假出國旅遊人潮與星宇新航線鎖定轉機市場等因素，樂觀看待星宇營收將快速成長，法人預估星宇今年獲利無虞。

　　由上文得知，星宇航空成功逆轉了虧損的趨勢，在 1 月可望繳出獲利的成績單，而 1 月僅是今年的第一個月，後市看俏，市場趨於樂觀。由下圖我們可以看出 2 月 13 日即是走勢行情的轉捩點。

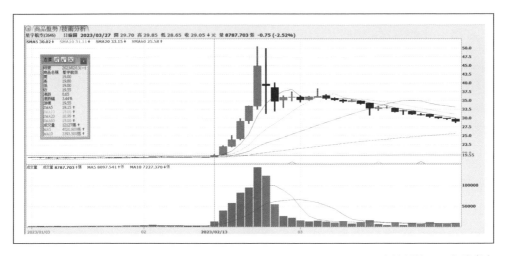

資料來源：XQ 全球贏家

菲式思考

　　星宇航空在興櫃交易，由推薦券商們根據自身有的庫存負責報價，而券商有的庫存遠較資本額要少得多，剎時間想買進的需求遠大於供給量，股價開始向上竄動，交易量逐漸放大，但此同時，由於星宇航空相當不幸地在疫情前不久才正式營運，疫情導致的市場低潮，逐漸燒光了公司的現金，在2022年Q2財報中揭示，星宇的每股淨值僅剩3.7元，除了本來就有些高的股價淨值比隨著股價上升而揚升以外，更重要的是，去年下半年可能持續虧損的星宇航空Q4末的淨值將比3.7元更低，Q2財報顯示，它們2022年上半年虧損了2.03元，以此內容推估，Q4末的淨值相當有可能僅剩2元左右，增資需求迫在眉睫。

　　同年2月21日晚間，星宇航空在公開資訊觀測站上傳了辦理現金增資的重大訊息，我將整篇內容參照原格式（也就是公開資訊觀測站每則資訊的發表形式），重製圖表。

　　隔日一早，經濟日報也報導了星宇航空現金增資的消息，從新聞中得知，星宇航空董事會於2023年2月21日決議將辦理現金增資，以充實其營運資金、改善財務結構，預計將發行普通股以不超過三十萬張為上限。以下節錄部分新聞內容。

本資料由　（興櫃公司）2646 星宇航空　公司提供						
序號	6	發言日期	112/02/21	發言時間	18:25:49	
發言人	聶國維	發言人職稱	公關長	發言人電話	02-27911000	
主旨	公告本公司董事會決議辦理現金增資發行新股					
符合條款	第 9 款	事實發生日	112/02/21			
說明	1. 董事會決議日期：112/02/21 2. 增資資金來源：現金增資發行普通股。 3. 發行股數（如屬盈餘或公積轉增資，則不含配發給員工部分）： 　　普通股以不超過300,000,000股為上限。 4. 每股面額：新台幣10元。 5. 發行總金額：新台幣3,000,000,000元整為上限（以面額計算）。 6. 發行價格：將於定價後另行公告，發行價格授權董事長於實際辦理前考量當時市場狀況訂定之。 　　預計募資金額不超過新台幣5,000,000,000元整為上限。 7. 員工認購股數或配發金額：依公司法第267條規定，提撥10%由本公司員工認購。 8. 公開銷售股數：不適用。 9. 原股東認購或無償配發比例(請註明暫定每仟股認購或配發股數)：發行新股總數之90%，由原股東按認股基準日股東名簿記載之持股比例認購。 10. 畸零股及逾期未認購股份之處理方式：原股東認購不足一股之畸零股，由股東於停止過戶日起五日內，逕向本公司股務代理機構辦理拼湊，逾期未拼湊或原股東、員工放棄認購或認購不足之股數，授權董事長洽特定人按發行價格認足之。 11. 本次發行新股之權利義務：本次現金增資發行新股採無實體發行，其權利、義務與原已發行之普通股股份相同。 12. 本次增資資金用途：充實營運資金、改善財務結構。 13. 其他應敘明事項： 　(1)本次現金增資案於呈奉主管機關核准後，授權董事長訂定認股基準日、現金增資基準日、停止過戶期間、原股東及員工繳款期間、特定人繳款期間及其他相關事宜。 　(2)本次增資計畫所定之發行價格、發行股數、發行條件及方式、資金來源、計畫項目、預定資金運用進度、預計可能產生效益暨其他相關事宜如未來經主管機關修正，或因法令規定及因客觀環境之營運評估而須變更時，授權董事長視實際情況全權處理之。					

星宇航空（2646）股價飆漲後，董事會昨（21）日決議將辦理現金增資，增資用於充實營運資金、改善財務結構，預計發行普通股以不超過30萬張為上限，若按此上限額度募資，即使當前星宇股價打五折，仍可募得約60億元⋯⋯ [11]

對於股東來說，增資是稀釋股權、降低每股獲利的事件，而星宇航空增資是為了彌補虧損，而非擴大資本支出以增加產出，這表示每張股票的價值很可能隨著增資而下降，再加上除了新聞所述及的本益比以外，沒述及的股價淨值比也到了相對危險的區間，回頭看前面的股價走勢圖，在2月20日達到股價的高點後，自此回落。由這個例子可以看出新聞事件、供需變化及基本面數據對股價的影響。

11　引自經濟日報2023年2月22日報導，由記者黃淑惠撰稿。https://money.udn.com/money/story/5612/6986605

多元配置，漲跌都能賺

　　根據我的個性、成長背景與所學所知，我選擇了多元配置、低成本槓桿及雙向投資互為避險做為我的主要投資方式。這源自於我出身在一個沒有太大容錯空間的環境，我沒有源源不絕的銀彈來為自己的過錯買單，因此我必須像下圍棋一樣，在棋盤上逐步勾勒出我的投資組合，以降低單一錯誤的風險。我的對手是市場，而不是圍棋大師，因此只要分散投資、不下重注，就不必擔心會因一子的錯誤，導致全盤皆輸。投資失利的人大多喜歡把投資當成井字遊戲般的賭博，享受著一個圈或一個叉就贏得比賽的快感，但是欲速則不達，如果可以蠶食鯨吞地用更高的勝率與賠率，為何要執著於單注對賭？如果你選擇的方式正確，這蠶食鯨吞的效益將快得遠超乎你的想像。

　　股票應用部分，包含了法人資料的應用、自我資金的分配，與合理的避險與調控。因為做多我認為未來前景看好，或認為股價未達基本價值的股票，但我又不希望裸露部位，因此必須找些我看壞的股票來平衡部位趨性。股票市場反應通膨，是種長期下來應該會逐漸上漲的東西，因此在部位上我傾向偏多操作。

　　我現階段的股票、股票期操作方式則是由自己選股，組成一籃子股票，可以將之視為由我自己當經理人的台股基金，但我同時會降低偏多的風險。此外，我也會放空自己看壞的股票，只是由於股票期貨資金需求低，所以我的避險部位，還有股票期流通性大的個股都會放在股票期貨上，做為優先考

菲式思考

量。所以在我做多一籃子股票時，自然也要找看來前景黯淡的股票避險。

　　至於這些多的股票，如果數據或線型與我的預估有落差，我便會砍出。遇到系統性風險時，我則是直接由最快的期權市場進出來取代這一籃子。對我來說，期權交易是日內當沖，股票與股票期貨則是以日到月的週期進行操作。畢竟我是看好這些只要我能夠在下跌時利用足夠的工具產出獲利來打消未實現虧損。當高風險時間過去，價格會逐步回穩，那我的多方部位依然還是相當值得擁有的。基於通膨與市場的常態，股價指數是長期向上的，那麼自己選擇的做多投資組合自然也該長期向上，這意味著做空比較趨向於中短期投機，或是發現產業趨勢改變時才會做的選擇。如果你還不是那麼了解適合做空的態樣，我想，持有正向部位對你的長期績效較為有益。

對我來說，期權交易是日內當沖，股票與股票期貨則是以日到月的週期進行操作。

熟讀相關交易制度與遊戲規則

　　身為一個認真的投資者，請務必熟讀你所要交易商品的規則，因為規則可以讓你發現、了解一些其他人不知道的事，取得洞燭機先的契機。

　　這點相當重要，但許多投資人卻忽略其重要性，你越熟悉交易規則，越能了解當特定事情發生時，你要怎麼做。舉例：股票市場中的增資，會造成股本膨脹，減少EPS貢獻，而認股權也會讓部分持有人認新賣舊，賺取差價，但對許多人的意義只在於是不是多了股票可以抽。另外，財報本身也是股票市場遊戲規則中的一部分，權證熟悉規則，你才能知道哪檔權證相對價格合理，還有造市規則，期權的結算方式是否在特定環境下，會對市場走勢造成影響，權值股買盤賣盤差一檔、是否在結算時間內差一分鐘差很多，這些才能讓你位在好的位置做投資，倘若足夠用心，靠著遊戲規則，可以找到

非常多有趣的非效率市場狀況。2022年虛擬貨幣由盛轉衰，Luna演算法穩定幣崩解、FTX交易所隨後也日薄西山，他們的失敗肇因於自己從玩家改當莊家，卻制定出有瑕疵的交易制度，導致其虛擬貨幣帝國瓦解，但FTX的失敗卻與創辦人佛瑞德（Sam Bankman-Fried, SBF）當初的成名原因無關，SBF能取得致富的門票，原因在發現不同交易所交易虛擬貨幣時的價差，並妥善利用，短時間便賺取鉅額資產，這便是熟讀相關交易制度與遊戲規則的最佳成功案例。雖然他最終因為個性的瑕疵與貪婪，在更大的賽場上栽了跟斗，但若他有更謹慎的態度與風控，也許崛起得比較慢，但當市場改變時，這些因貪婪而生的浮沫也不會消退得如此之快。

規則之重要

　　不論玩電腦遊戲或桌遊，獲勝的手段與根本就在規則二字裡，放眼各領域皆是如此，就像有些人調侃的，能賺大錢的方式都寫在法律裡了，而熟記法律規則所產生的專門職業，也就是律師，他們工作的一大部分便是在尋找法律間的漏洞，以及猜測、影響其他法律玩家的想法。金融市場也有其遊戲規則，那就是交易時間、發布資訊的行事曆及財務報告的呈現，如果你想在金融市場取得成功，熟悉這些項目就是你的要務，因此，快去學點會計吧！如果連一家公司的財務狀況好或不好你都無法看懂、無法正確評估現況，要怎麼成為專業的贏家呢？而融券回補日、除權息的多寡與其背景、股東會日期、該年度是否進行董監改選、法說會的日期、內容與營收公告，每項都是需要準備的，台灣市場的優點是透明度相對較高、資訊流傳快，讓數據跟法說會告訴你這家公司的狀況如何、新建廠房進度如何、市況與展望，如果你連這些都不知道，就像拿著沒削過的小竹籤上場搏鬥，你的競爭對手可是拿著長短劍，甚至機槍大砲的，妄想戰勝市場或對手，根本是緣木求魚。若想

求勝，請務必熟稔市場的各式規則與潛規則。規則的世界博大精深，放諸四海皆異，此處不一一表列，記得，不論你要玩遊戲還是要投資、投機甚至是賭博，熟讀規則就對了！

交易工具的介紹：股期、選擇權是我的主要工具，另有CBAS及股票拆解選擇權

我從不知未來在何處的失敗生科領域畢業生到進入金融市場工作，為何不是由眾所皆知的股市營業員起步，卻選了期貨端？因為當時的我認為證券市場已被充分挖掘，而期貨市場尚在成長，有較多機會。新的商品帶來新的機會，我正確地投資，交易由五位數小額資金日漸壯大，獲利較大多數人穩定且快速，關鍵就在了解這些新契機。

2013年，我自股票期貨獲利最多；2014年則是股期選擇權各一半；2015年則主要仰仗選擇權（我選擇權基本上是當沖）；2016年之後，隨著資金增加，股票期貨選擇多亦相對穩定，選擇權則受制於胃納量及SPAN取消，占整體份額逐漸減少；時至今日，我的選擇權年實現絕對金額仍然跟2016年差不了多少。其後又了解可轉換公司債資產交換（CBAS）與股票拆解選擇權，這兩者占我的投資比重不高，但仍是會涉獵的項目。至於權證，基於我對權證的認知，不想與券商權證部門對做，因此從來都不在我考慮的範疇之內。以下簡單介紹證券、期貨及其相關衍生性商品。

證券

證券分為普通股及特別股，普通股即為一般熟知的股票，將公司的所有權拆分成股票，視其股本，持有一股即代表占一家公司1／股本所有權的份

額。特別股則是有個別配息約定，並不具有表決權限的一種特殊股票。可轉債全名是可轉換公司債，為一種具有轉換成普通股權力的債券，在轉換前屬於債券性質，到期公司還款則消滅，若期間選擇轉換，則變為普通股，可轉債亦在市場上交易，股票名稱後面如果有中文數字，即為可轉債，例如良維的股號為6290，良維九即為良維的可轉債，股號62909。

證券的槓桿應用，最常見的為融資、融券、權證，其他的尚有借券、股票抵押借款（質借）、股票選擇權、可轉債選擇權，以下做個簡單介紹。

融資：跟證券公司借錢買股票，一般上市股可借六成，上櫃股可借五成，最長時間為一年半，利率通常為6%左右。

融券：跟證券公司借該公司融資客戶擔保的股票賣出，保證金約為賣出股票的90%，要注意遇到股東會、增減資、股息發放時，皆須在公告的融券回補日前回補，融券需支付券商一筆小額融券費，而能按日得到利息補償，但如果在你持有融券期間，你融券放空的券商之客戶大量賣出該股票融資股，則融券可能不足，會進入標借程序，視標借數量的多寡，最高可能一日需付股價的7%，不可不慎。標借分為證交所與櫃買中心兩處公告，請參閱附錄。

融資融券皆須注意維持率，**融資維持率**＝股價／融資金額×100%，融券維持率則是**融券維持率**＝（融券擔保品＋融券保證金）／股票現值×100%，整戶所有融資融券股合併計算為**整戶維持率**，如整戶維持率低於130%，則需補保證金，未補保證金則券商可沖銷掉你的融資券部位。

借券：借券是經由證券公司，向持有你欲借券之公司無融資普通股的股東，商借股票。由雙方議定借券方需支付的年利率，扣除證券公司處理費用（通常為議定利率的10至20%），給付給出借方，原則上融券回補日不需回補，但要視雙方議定之條件而定，出借方可call回出借之股票，現在在券商

軟體中，都能自行設定。借券需準備的款項為股票的140%，假設你借券一張100元的股票，需準備14萬，賣出後可以先拿回其中的10萬。**借券的維持率＝（擔保品抵繳總值－相關應付借券費用）／（出借標的證券市值＋應返還權值新股市值＋應返還現金股利）×100%**，原始維持率為140%，追繳維持率則為120%，借券不需馬上賣出，但如果股價上漲，遇到需補保證金，則按照借出日的收盤價做為計算標準，所以有可能遇到借券沒賣出，卻要補保證金的情況。

權證：是一種由不同券商發行，讓持有者在未來一段時間內，可用約定的價格買／賣股票的權利證。台灣券商多有權證部門，以營利為目的發行權證，台灣的權證多拆分成很小的單位，以包裝較高的內含費用，且溢價高於理論價格甚多。權證基本上是跟券商部門對做，就如同保險公司一般，你的獲利就是它的虧損，精明的你一定知道保險公司長期來說多是賺錢的，不然不會存活到現在，那權證會不會也是這樣呢？如同保險公司在防疫險上栽了大跟斗，權證偶爾也會出大包[12]，如果你對規則有足夠的專業知識，便有機會在權證這項商品上討到些便宜。若你想靠權證致富，代表有許多權證部門經理人將捲舖蓋走人，現行權證依然存活不墜，正說明了權證這種類保險部門在市場上賺了不少保費。

股票抵押借款（質借）：將你手中未融資的股票做為擔保品，向銀行或券商借出現金，通常上市股可借60%，上櫃股可借40%，維持率的計算為擔保品市值／已借款金額×100%，維持率低於130%亦須補繳保證金或追加擔保品，利息通常介於2至4%之間，較融資低，適合將欲長期投資的股票先行變現。現在部分券商不限用途借貸的擔保品抽換及借出速度都很快，且

12　相關新聞可見：https://www.businesstoday.com.tw/article/category/80402/post/202003310064/

展延上較不受融資一年半的最長期限限制，適合資金較多、非短期進出的人取代融資用，類似拿你沒有貸款的房子向銀行借錢。

股票選擇權：將股票拆分成價內選擇權的一種衍生性投資工具，可做多或做空，僅少數券商衍生性商品部門有提供，且需符合專業投資人身分方能投資。

可轉債交換選擇權（CBAS）：將可轉債債券票面價格以上的部分拆解成選擇權交易的商品，商品特性僅能做多，僅特定券商的債券部門有交易這項商品。

期貨

期貨交易所交易的期貨為一個標準化規格，約定好於特定日期交換商品的一紙合約，要注意其交割方式為實物交割或現金交割，實物交割的交割物即為該項商品，現金交割則是簡化成視約定交割時的市場報價，以差價給付。台灣期貨交易所交易之指數皆以現金交割為交割方式。

台灣期貨交易所交易的商品主要為**指數期貨**跟**股票期貨**，海外交易所尚有以實物交割的商品期貨。近年來，台灣期交所亦將期貨交易擴及盤後時段，但是股票期貨仍是以盤中（八點四十五分至下午一點四十五分）為交易時段。

期貨的特色在於，交割時會以現貨價格做結算，也就是在交割上，期貨會與現貨交匯，所以可以做為現貨的替代商品，保證金計算方式及槓桿也給予資金更大的彈性，台指期現在的槓桿約為十五倍，股票期貨則約為七‧四倍，期交所公告的保證金是根據市況調整的，會有一定的變動。台灣證券交易所交易的股票近兩千檔，但是須符合一定的市值及流通性條件才能納入股票期貨標的。現行股票期貨約有兩百餘檔，一口股期合約相當於兩張股票，

高價股另有小型股票期貨合約，規格是100股相當於0.1張股票。

選擇權：將期貨的買賣合約再拆分成履約權利的一種衍生性商品，類似保險保單的概念，根據看漲還是看跌，分成買權（call）與賣權（put）。你可以買進保單，取得履約權利；或做為保險公司，賣出保單賺取保費。根據買或賣權拆成買進買權、賣出買權，及買進賣權、賣出賣權共四種，加上不同的履約價格，一種期貨便能衍生出百種不同選擇權的成交方式。

台指選(TXON) ▼	台指選擇權現貨 15513.45s	▲93.48	+0.61%	台股指數近月 15463=	▲8	+0.05%						
買權Call						2023/04 ▼	賣權Put					
買進	賣出	成交	漲跌	單量	總量	剩餘30天	買進	賣出	成交	漲跌	單量	總量
1760	1800	--	--	0	0	◄ 13700 ►	18.5	19.5	19.0=	▼0.5	1	2
1670	1700	--	--	0	0	◄ 13800 ►	21.0	22.0	21.5↑	▼1.5	1	3
1580	1600	--	--	0	0	◄ 13900 ►	24.0	25.0	25.0	▼1.0	2	2
1480	1500	--	--	0	0	◄ 14000 ►	27.5	28.5	29.0=	0.0	14	44
1390	1410	--	--	0	0	◄ 14100 ►	32.0	33.0	33.0↑	▼0.5	1	5
1290	1310	--	--	0	0	◄ 14200 ►	37.0	38.0	38.0=	▼1.0	7	20
1200	1220	--	--	0	0	◄ 14300 ►	43.0	44.5	43.0=	▼2.5	4	23
1100	1120	1120	▲10.0	2	2	◄ 14400 ►	50	52	51=	▼2.0	9	36
1010	1030	--	--	0	0	◄ 14500 ►	60	61	60↑	▼3.0	9	67
930	940	--	--	0	0	◄ 14600 ►	69	71	70↑	▼2.0	1	16
840	850	--	--	0	0	◄ 14700 ►	82	83	82↑	▼2.0	2	64
755	765	--	--	0	0	◄ 14800 ►	96	98	97↑	▼1.0	1	39
675	680	--	--	0	0	◄ 14900 ►	114	116	113=	▼4.0	10	48
595	600	605	▲5.0	3	3	◄ 15000 ►	134	136	132=	▼6.0	1	17
520	525	520↓	▲10.0	1	3	◄ 15100 ►	158	160	158=	▼4.0	1	37
449	452	455↓	▲7.0	3	25	◄ 15200 ►	186	188	189↑	▼1.0	1	45
381	384	385↓	▲7.0	5	82	◄ 15300 ►	218	220	220↑	▼1.0	1	56
317	320	318↓	▲5.0	1	56	◄ 15400 ►	254	256	256=	▼2.0	1	209
260	262	260↓	▲3.0	2	43	◄ 15500 ►	297	300	300↑	▼7.0	1	57
211	213	209=	▲1.0	2	46	◄ 15600 ►	346	349	348↓	▼5.0	1	12
166	168	166↓	▲1.0	2	86	◄ 15700 ►	401	405	394↓	▼16.0	4	9
128	129	127↓	▲2.0	10	142	◄ 15800 ►	463	466	464	▼9.0	12	12
94	96	94=	▲2.0	12	40	◄ 15900 ►	525	535	--	--	0	0
68	69	68=	▲3.0	1	50	◄ 16000 ►	600	610	595↓	▼20.0	4	6
47.5	48.5	48.0=	▲1.5	1	32	◄ 16100 ►	680	690	--	--	0	0
31.5	33.5	33.0=	▲2.0	6	17	◄ 16200 ►	765	775	--	--	0	0
21.5	22.5	22.0↓	▲1.0	2	84	◄ 16300 ►	855	865	--	--	0	0
14.5	16.5	15.0	▲0.5	1	1	◄ 16400 ►	945	955	--	--	0	0
10.5	11.5	--	--	0	0	◄ 16500 ►	1040	1060	--	--	0	0
7.9	9.2	--	--	0	0	◄ 16600 ►	1130	1160	--	--	0	0
6.2	7.3	--	--	0	0	◄ 16700 ►	1230	1250	--	--	0	0
4.9	5.9	--	--	0	0	◄ 16800 ►	1330	1350	--	--	0	0
3.1	5.1	--	--	0	0	◄ 16900 ►	1430	1450	--	--	0	0
2.7	4.7	--	--	0	0	◄ 17000 ►	1520	1560	--	--	0	0
2.3	4.3	--	--	0	0	◄ 17100 ►	1620	1660	--	--	0	0
1.1	2.7	--	--	0	0	◄ 17200 ►	1720	1760	--	--	0	0
1.2	3.2	--	--	0	0	◄ 17300 ►	1820	1860	--	--	0	0

　　其實台灣期貨交易所亦有以股票為標的的股票選擇權商品，可惜造市造得少，流通性亦不佳，幾乎只有台積電有一些流通性，因此我只偶爾會在接近結算日時，交易台積電股選這項商品。

　　選擇權是一項需要許多專業知識的商品，以前業務員常常用賣出遠價外契約收取權利金的方式，教育不懂的客戶，但有些人覺得遠價外利潤太少，交易遠月雖能收取較多權利金，卻忽略了潛藏其中的市況轉變風險，如果你想凹遠月價外選擇權時間價值，務必理解這種做錯邊會腳麻，做對邊時利潤也不多的高風險選擇中有什麼潛藏問題。其中最大風險就是急跌時，由於波動性拉高，流通性降低。雙 sell 大戶可能被雙砍，有沒有看過盤大跌 call 漲停的，沒遇過代表你只知道理論，但還摸不透人性。可以去翻翻 2015 年 8 月 24 日當天的選擇權報價，市場極端時，不但裸賣方被砍倉，連價差單都不見得能逃過一劫，價差單可能 sell 方就先在芭樂價被強制抬走，最後留個普通價的 buy 方，還是虧，所以請避開遠價外遠月商品。因為盤中產生流動性風險時，雙方價格會遠超過價差，而在組合單中保證金被減收，此時保證金太少的就可能低於 25% 被砍單，其中一腳漲停另一腳沒漲停。

　　遠月選擇權是風險很高的商品，但偶爾也可能僥倖賺錢，即便如此，我仍選擇一週一週下，遇到市況有變，還有足夠的流通性出場，不至於在想出場時沒有報價。近年期交所針對遠月份及遠價外的選擇權皆加收保證金，也有為了修補市價單產生的問題，新推一定範圍市價單及其他措施。以上作為，使得這樣做的投資人數銳減，對於這些不明瞭潛在風險，最終賠光積蓄甚至負債的業餘投資人而言是件好事，但是期交所各項增加保證金及取消 SPAN 等保證金優化計算方式，也影響了選擇權的交易量與市場流通性，使得市場交易量停滯難以成長。

　　台指期跟選擇權（OP）的優勢不同，當 buy call、buy put、sell call、

sell put都能自由運用時，不論各種狀況，OP都能有合適的選擇。但是光buy call、buy put就有優於一般期貨的時間點，這需要計算隱含波動率（Implied Volatility, IV）或其他資料。

勝算稍高的押普通單，勝算高的押較多籌碼的單，沒出趨勢、短趨勢前，多觀察、盯緊盤。買方當沖長期獲利的人的確不多，決定走買方還是賣方當沖，要視隱含波動率高低還有自身資金多寡而定。

週選作賣方，結算日的波動大，所以OP買方當沖有其理由。持續五日連勝很難，但是把勝率提高非常有意義，如果加上資金控管，不讓虧損失控，並且合理地規律壓注，而不是虧損時加碼凹，方法正確的話，以個人來說，最大回測（Max DrawDown）顯著低於留倉。

關於週選，首先，時間價值損失最大的就是留倉的時間，所以買方當沖是相對之下損失時間價值最少的方法，既然知道時間價值損失，而且非盤中時間自己能掌握的程度低，那為什麼要留選擇權買方留倉？拚隔夜翻倍？我想這才是最傻的賭徒，因為賣方要賺的就是時間價值，凹隔日滿足賣方想賺的這條件，在沒資本的狀況下，賭隔日的不可控（雖然現在有歐台，但價差大啊，又幾乎只有價外才報價）因子，這才真的不聰明。要隔夜的選擇權買單，真正的價值就在避險，唯有市況有變，隱含波動率提升，選擇當一個留倉的選擇權買方才有其價值，畢竟選擇權本來就是為了規避風險而存在。

在我所擅長的商品類型裡，針對想要從10萬小資本開啟投資之路的小額投資人，我最推薦的合適商品是股票期貨，原因在於股票期貨有其槓桿特性，且獲利會直接轉入保證金，隔日即能應用，不用等到賣出才能落袋。靠著此一特性，若是做對了，不用出場就能有新的保證金，可以讓我在真的想出場時才出場，毋須為了實現獲利而出場。善用整戶保證金的機制，使用買進看好的A股期、賣出看壞的B股期之配對方式，降低整體部位方向性風

險，交易成本也較現股更低，還可以像買賣股票一樣，每天盤前盤後準備，以基本面、法人進出等資訊做為決策因子，在盤中花一點時間掛單即可，不一定要強制綁在座位上，較適合一般上班族。

但要記得，如果沒那麼熟悉股票期貨，盡量不要盤前掛單，也不要用漲停、跌停價的股票掛單法，你有可能因此成交在偏離市場價格的漲跌停價，特別是現今盤前試撮時段假單猖獗，如果你誤以為盤前試撮價會是開盤價而貿然下單，很容易吃大虧。若你熟稔此特性，且盤前即對特定股期有所定見，再考慮於現貨開盤前下單股期。

股票期貨當然也有不甚完美的地方，那就是胃納量較現股差上許多，在一個檔位的報價數遠少於現股，股期標的也僅約略涵蓋全市場股票數的15%。但對於小額投資人而言，在不需一次下大單位委託的狀況下，這個缺點便不是那麼重要，加上手續費與交易稅遠低於現股，甚至除權息也不會有衍生的稅務問題，眾多優點仍使它成為小資族投入市場的首選。我不推薦權證，因為隱含波動率，還有定價、造市等，對初入投資市場者相當不友善，是一個容易讓投資者吃悶虧的工具，不適合非專業投資者。

我是個不願意冒太多風險的人，也沒有足夠的背景底蘊容許我失敗，因此隨著保證金的充裕，槓桿使用率也逐漸下降，能睡個好覺是我現階段覺得最舒適的投資方式。我的中長期投資都放在雙向槓桿的模式，至於盤中當沖就很花精神了，我以前就喜歡玩策略遊戲，或經營遊戲，學生時也當過CS電競選手，所以現在算是catch and shoot高手吧。抓到符合自己的盤中進場條件就shoot，只是也不會過分下單，能出場的量一直是我相當重視的。盤中當沖的難度遠比中長期持有來得高，也相當累人，如果你想累積資產，我實在不認為盤中當沖會是最佳的方式，對我而言，盤中最有價值的是關鍵時刻的避險，我坐在位置上的關鍵原因在於，當市場有風險而我的部位沒有完

美互相cover時，迅速地投入期貨或選擇權避險部位，可以快速改變我的整體部位曝險狀況。至於什麼證券無本當沖，那是最危險的東西！比期貨保證金成本高、風險高，還會遇到軋空大賠標借、議借費用，鉅額虧損往往來得突然且超乎你的想像，面對無保證金的當沖，千萬要戒慎恐懼。

善用搜索工具，與時並進

　　工作時，如果遇到不懂的問題，或看到相關新聞想了解公司狀況，我首先會做的就是將問題或公司名稱丟上Google搜尋引擎，尋找相關資料。一家公司的沿革、業務生產項目、近況等等，都能在官網及近期新聞中得到解答。我不是經常主動call公司或拜訪公司的投資人，而是利用搜尋引擎備齊資料，看不懂財報上面艱澀難懂的名稱、內容，也會用同樣的方式找答案。如果你覺得我這本書寫得有點難，有些想深入了解的專有名詞與行業術語，那你也應該這麼做，書本的篇幅有限，勢必無法將所知全數說明透澈，中間的落差，有賴讀者主動補齊。學習善用搜尋引擎對投資事業是很重要的，而隨著AI風行，OpenAI發表的ChatGPT對話式人工智慧可以很大幅度地提升工作效率，向其詢問不懂的專有名詞，往往能得到不錯的回應，但人工智慧也有其限制，經其篩選的內容可能忽略了一些細節，且新舊資訊混雜，若想掌握較具時效性的資訊，我還是鼓勵你自行搜索，但是AI的發展不容小覷，早早學習使用將對你產生很大的助益。

除了拉高績效，也嘗試平滑化績效曲線

　　把10萬變成100萬，與從1億提升到10億，會面對不同的困難，前者的難度在於難以建立投資組合，後者則受市場胃納量此一重要因素所影響。純

論股票，10萬到100萬也是相當困難的，因為報酬率難以爆發，又有容易只做多的慣性，看到機會，亦可能資本不足無法掌握。像我的股票投報率年約有50%，看似厲害，但以10萬來說，也不過是在一年後將10萬變成15萬罷了。

有獲利以後，提升穩定度是最重要的事，我認為分散風險與降低整體市場趨向，是能提升穩定度的重要方式。像我的口袋裡面，可能有的策略有高勝率、高期望值，但流通性、胃納量與機會是其限制因子，無視這些限制，過分下單，反而會降低報酬；而有的策略可能勝率、期望值、報酬相對沒那麼高，卻有平穩化整體報酬的作用，並且有較大胃納量，能做為管理閒置資金的搭配。

最好的選擇就是在能顧及兩者的狀況下兼而用之，越能分散且降低策略相關性，越能平滑化你的曲線，並在投資上取得穩定。此外，也要妥善分配獲利，而不是一味投資在單一項目，這可能讓你一夕致富，也可能讓你瞬間歸零，投資是一生的功課，而不是急於一時。暴起暴落的故事時而有之，善用投資組合的搭配，獲取相對穩定但比大多數投資為多的報酬，可以較瞬間暴富有著更佳的身心靈平衡，暴起復又暴落的人生可能會讓你更快速地駛入人生的終點站。

投資是一連串實驗的過程

我是念生技出身的，所以我將自己對特定商品的看法視為一個假說，挹注投資則是進行對該假說的實驗，我會蒐集各種該特定商品看法的相關資訊，並嘗試回測是否能佐證這假說正確。

以股票來說，包括該股票產業的發展狀況、這公司是否具有優勢、是否有朝向一個趨向前進、技術線型是否符合自己假說的狀況、外資與投信等法人單位是否與自己的看法一致。

投資下去以後，一定要追蹤最新發布的資訊與狀況，並加以解讀，如果有程式能力，甚至可以進行回測，如果不具程式能力，還是可以藉由這樣的練習機制，在一段時間之後，取得一定數量的研究結果，看看自己的假說與佐證是否與實驗結果具有正相關。有，便持續執行；若沒有，就改變自己的研究方向。如果看法與佐證都符合預期展望，則最佳導入的時刻就在確認的第一時間，畢竟如果這假說是合理、正確的，隨著時間經過，會越發趨向認為的結果，但若是你的認知與市場現況氣氛不同，則不要過早投入太大部位，市場的價格走向不是你個人決定的，倘若你的研究領先市場太遠，當市場證明你的看法正確之時，有可能價格已經超乎你研究時的想像，如果在這過程中，你已投入太多，身心勢必受到煎熬，甚至在市場走向你的看法時，資金早已消耗殆盡，只能子然一身地看著市場證明你的想法，徒留怨懟。記得，發現市場開始證明你的想法正確時再快速大量投入，這才是資金運用的最高效率。

怎麼找到好的存股標的？

財報之重要

　　關於財報，我不是財務背景出身，也不具會計師資格，只在考取證券商高級業務員的過程中初步接觸，並在其後十餘年中逐步學習而有了淺薄的認知。在自知能力有限下，我只約略說明我認為的關鍵。如果不了解財報，我建議你進行較為全面的學習，財務簡表、財務比例表及綜合損益表要優先看懂，才能知道一家公司的真實盈虧，不被潛藏在未實現損益的虧損所騙。資產負債表與現金流量表也是需要學習的部分，雖然放在財務之後，但要了解公司的財務品質與安全，這些項目不可謂之不重。

　　好的存股標的有幾項特色，其中首重公司**營運的穩定性**，並且具有**正向展望良好的未來、穩定的配息政策**。市場不佳時，如果其營運不受市場狀況左右，那更是好的長期投資選擇。所謂的存股，意思是穩定、長期地投資該公司，想當然耳，成功關鍵便是找到符合上述條件的股票。穩定的配息政策能有效提振投資者的信心，但一家公司值不值得投資，還是要看其產業是否走出一個長期向上的格局，以及公司是否管理得當，如果這家公司擁有產品的訂價權，並容易被其客戶接受，那麼它就是一家值得長期投資的好公司，知名投資家華倫‧巴菲特便找到了符合上述條件的完美標的──可口可樂。現代也有個堪稱標竿的國際企業集團──LVMH，女人總為那些昂貴的皮包與小東西癡迷不已，就算年復一年地漲價，亦不減其對精品的熱情。

　　相對於巨型企業，如果你是中小資產的個人散戶，想在台灣股票市場上選擇存股，因為你的資金不大，不會遇到小公司塞不下鉅額資金的問題，能做的選擇其實遠比檯面上流行的金融股、電信股多上許多，金融股、電信股的特點在於它們是相對穩定的大型股，可以吸納比較多的資金。但若你的資

產不到數以億計的程度，則要知道，資金小的優勢就在於可以選擇市值較小的標的，市場上仍有許多較不為人所知的優秀公司，比起金融與電信股有更好的報酬，穩定性也十分優良，如果能將資金分散投資在這些較少人知悉、小而美的公司，長期來看，報酬的可期待性會勝過眾所皆知的金融股與電信股。

在學習投資的過程中，如果你選股的依據是財報，切記，未必適合套用在所有類型的公司。早年我還懵懵懂懂的時期，便在投資航運業、營建業、金融業及生技業時吃過虧，過了好些年我才了解，這些行業有其獨特性，與其他產業不同，當下的財報不見得能完整反映出來，需要特別提出以區別。我在本書其他篇幅會完整提到航運股市場價格領先財報的特性，現在我就來談談營建業、金融業及生技業在運用財報時的一些需注意項目。

營建業

營建股分為營造與建築業，營造業是下游的施行單位，建築業則是規畫、整合、開案銷售建築的公司，兩者特性略有不同。此外還有代銷公司，也會一併說明。

營造公司的經營項目主要分為住宅、商用、工業用廠房與公共工程，視其營業項目與組成會有不同。對營造業來說，砂石、鋼筋、水泥的成本直接影響了毛利率的變化，項目的景氣則關係到未來接案的多寡，這是比較能理解的部分。建築業也就是坊間常看到的建設公司，須以不同於營造業的方式解讀建築業——除了整體房地產景氣以外，建設公司屯地、開案的地點與落成入帳的時間、入帳的方式都會極大程度地影響到建築公司的獲利，必須就個別公司逐一檢視。財務報表只看得到過去的資料，假如一家公司今年有大案完工進帳，今年的財報肯定相當漂亮，隔年的殖利率也勢必會吸引一些資

淺投資人的目光，但如果這家公司大案完工後，後繼無力，只剩些許零碎的小案，該要如何維持未來的獲利？因此會以未來幾年推案量的金額、銷售狀況，除以股本來評估建築公司的獲利。此外，政策影響建築業甚鉅，投資此類公司務必注意政策風向與實行狀況。至於房產代銷公司，評估重點就在於房地產的景氣與資金熱度，是相對簡單的。以下以新潤興業為例進行說明。

新潤興業（6186）公司

股本15億，2022年全年營收24.9億。預期2023年至2026年，新潤興業在手完工交屋儲備量為355億元。[13]

財報				
期別	2022.3Q	2022.2Q	2022.1Q	2021.4Q
加權平均股數（千股）	149,986	148,508	136,536	136,536
每股淨值（元）	17.69	17.84	20.92	21.04
毛利率（%）	5.56	31.36	12.22	914.01
營益率（%）	-121.03	-3,481.56	-2,181.81	-405.15
稅前純益率（%）	-120.28	-3,409.77	-2,161.55	-450.97
稅後純益率（%）	-122.56	-3,568.56	-2,168.59	-424.10
營業利益（百萬）	-23	-44	-33	-12
業外利益（百萬）	0	1	0	-1
稅前純益（百萬）	-22	-43	-33	-13
稅後純益（百萬）	-23	-45	-33	-12
EPS（元）	-0.15	-0.30	-0.24	-0.09
負債比率（%）	85.61	84.78	82.17	81.61
股值淨值比	1.74	1.49	1.29	1.26

13　https://money.udn.com/money/story/5621/6874149

預計交屋時間	建案名稱	地區	總銷金額	備註
2022年	新潤心城	新北土城	28.4億元	2022年完銷並完工交屋
2023年 總銷金額達 70.8億元	明日莊園	桃園大園	12.5億元	2022年完銷 延至2023年Q1交屋
	新潤捷韻 A10一期	桃園蘆竹	8.4億元	2022年完銷 預定2023年完工交屋
	新潤捷韻 A10二期	桃園蘆竹	3.9億元	2022年完銷 預定2023年完工交屋
	新潤A5	新北泰山	25億元	預定2023年完工交屋
	新潤君頤	桃園中壢	21億元	2022年推出，穩健銷售 預定2023年完工交屋
2024年 總銷金額約 76.2億元	新潤心苑	新北淡水	9.3億元	2022年推出，穩健銷售 2024年儲備交屋
	擎天森林	台北南港	52.2億元	2022年推出，穩健銷售 2024年儲備交屋
	新潤麗蒔	桃園蘆竹	14.7億元	2022年Q3推出 2024年儲備交屋
2025年 總銷金額達 103億元	新知段	新北新莊	26億元	2025年預定完工交屋
	新潤青樺	新北土城	37.4億元	2022年Q3推出 2025年預定完工交屋
	新潤Double	新北林口	39.6億元	2022年推出，穩健銷售 2025年預定完工交屋
2026年 總銷金額約近 106億元	士科潤山	台北北投	約70億元	2023年新推案 新潤攜手甲山林集團打造
	板橋江翠D區 案	新北板橋	約36億元	2023年新推案

　　2023年，新潤興業預定有五大建案進入完工交屋期，分別為新北泰山「新潤A5」、桃園蘆竹「新潤捷韻A10一期」、「新潤捷韻A10二期」、大園「明日莊園」與中壢「新潤君頤」，總計總銷金額達70.8億元。

2024年則有台北南港「擎天森林」、新北淡水「新潤心苑」與桃園蘆竹「新潤麗蒔」三大儲備交屋建案，合計總銷金額約76.2億元；2025年預定完工交屋建案為新北新莊新知段、土城「新潤青樺」與林口「新潤Double」三大建案，總銷金額達103億元，統計2023至2026年期間，新潤興業在手完工交屋儲備量為355億元，持續穩健布局北台灣自住市場，中長期營收動能來源無虞。

一般會按照案量乘以最近一年的淨利率，再除以股本來推估每股獲利，以新潤來說，在手實現案量相當多，如果按照淨利率18%估算，就能大約猜測其獲利區間。但在2023年平均地權條例的預售換約新制下，新案量的銷售進度與價格不容太樂觀，尚未銷售的部分是否讓利銷售、讓多少、是否延宕推案，這些都會影響到個別建案的利潤，如果淨利率下滑，最終將實質影響到其完銷時的EPS呈現。

考量營建股時，如果用本益比或是配息率估算公司價值，請先想想，假設一家建設公司今年有高配息，但手中已經無案可推，未來獲利從何而來？即便眼前的本益比或配息率都十分亮眼，還是得多想想，不要迷失在過去的獲利之中！

投資營建股，請注意**房市市況及公司推案是否有斷層**，影響年度獲利。2023年7月，政院又拍板房屋稅差別稅率2.0（囤房稅2.0）草案，將過去每縣市皆能有三戶採自用住宅優惠稅率的房屋稅改採全國總歸戶合計三戶，影響所及最重的便是持有多戶跨縣市新古屋的屋主，也將影響新屋銷售，於多縣市銷售投資房的建商勢必受到衝擊，因為投資客將進一步縮手，預售屋不得轉售新制加上囤房稅2.0的組合拳將大大衝擊建商銷售，上市建商總太地產看壞房市未來，並於此更名富華創新以尋找新的獲利來源，更可嗅到房市基本面將大幅改變的味道，營建股推案量是一回事，銷售狀況與價格又是另

菲式思考

一回事，如果推案銷售不順，除了銷售期拉長、成本上升，賣不完也得支付更高的稅賦，最終為求結案回收現金，可能整案獲利與推案時預期落差甚大，在市況改變時須多加留意。

金融業

　　按其項目，金融業主要分為壽險及產險業、銀行業、證券期貨業，在金融業大者恆大之下，多數成為金控公司，也就是公司涉獵多數項目，其中最難理解的是壽險業，壽險業是「不賣就不算賠」的最好例子，財報每每顯示EPS都是獲利，可是股價卻像溜滑梯，原因藏在財報內的**未實現損益**與**淨值**上，因為獲利的都是實現損益，而虧損的尚未賣出，都在未實現。由於壽險業的獲利來源相當於先賣出商品收取金錢，而後提供可能不會發生的服務，經過專業人員精算後，相當於跟保戶低利長期借款，並交由另一批人來進行投資。拿別人的錢替自己賺錢，這聽起來是門好生意吧！但如果市場動盪，使得投資標的的價格下滑，就將產生大量的未實現損失。如果此時又遇到大額賠付，看來穩當的生意也會落入危機。此次美國矽谷銀行的問題就屬於財報科目產生的落差，它們購買了超長期的債券，不料美國短期內急遽升息，使得市場價格低落，當占他們客戶比例相當高的新創產業募資困難，需抽回存在銀行的資金，而銀行卻把這些錢停泊在因升息而市場交易價格達大幅滑落的債券，為了還錢，只好忍痛將未到期的債券以市場折價賣出，不賣就不算賠，越賣越賠，這不是很奇怪嗎？財報的列帳方式便是造成這個奇怪點的根本原因。金融業的獲利來源源自於資金的應用，因此財報與其他實業有滿大的落差，若要投資金融業，請務必對財報有更深的認識。本書不是會計專書，我也沒有相關背景，為防誤用，如要學習完整的會計及財報，請查閱相關書籍。

生技業

　　生技業不論健康食品或化妝品類，主要項目都可分為新藥、原料藥、學名藥及醫材，其中最獨特的是新藥族群。新藥分為研發新藥與新劑型新藥，其中又以純粹的新藥最為難得，因新藥研發是個漫長的過程，歷經多年臨床試驗一期、二期、三期到各市場上市，藥物推廣與行銷、市場規模與競品研發狀況，每每以年為單位在進行，在三期通過以前，以新藥為投資標的的投資人往往都只能「猜」，也許投資人樂觀看好，致使股價節節上升，一旦臨床解封慘遭滑鐵盧，股價瞬間便會腰斬再腰斬。2015 年，因投資人對解盲抱持高度樂觀態度，浩鼎股價由 200 一路衝上 700 多，2016 年 2 月解盲失敗後，又連續下殺到 400 方才止住，時至今日，股價只剩 70。如果你在高點時持有該公司，解盲失敗時忍痛止血，多年之後回頭看，你還算是聰明的，若因虧損而不捨得賣出，那可真成了浩呆了，呆呆地持有一家希望破滅的公司。如果考慮到新藥研發的成功率，**投資新藥類別務求不要過分單壓重注！**

如何避免砍在阿呆谷？

　　處理問題時，首重在發現問題的第一時間就著手處理，不要僅是觀望、期待狀況會走向對你有利的結果，在形成阿呆谷之前便解決問題，自然就不會砍在阿呆谷。如果你的多單部位較大，可以試著在遇到潛在風險事件前先撤退部分多單，保留較多彈性，或增加自己的空單，調整部位偏向。而黑天鵝發生時，優先用期權避險，晚點再處理庫存股票。因為用台股期權，可以利用回推市值方式，初估自己需要多少避險部位，還有相對於加權，有多少的波動性差額，你可以在最短時間取得相對應的避險，而不是慢慢出一堆雜七雜八的股票，掌握速度差可以為你的資金爭取妥善處理的空間。

　　先避險以後，利用有避險再慢慢減少自己的部位，觀察持股是否有繼續

持有的價值，若市場的動盪不影響其營運與獲利，本益比也在合理區間，我會繼續持有；如果不符合上述條件，我便會了結其部位。若市場波動大到我沒有時間一一檢視所有投資的公司，我一般的做法是稍微雙減，也就是因應波動性拉大，減少淨部位的數量。我的臨時增額避險則以日為單位，也就是因應當日市況，爭取調控部位時間，重新評估淨部位多寡，通常在有風險時能規避損失，而在反彈時能把淨資產增加一些。能夠這麼做，因為投資是我的全職工作，如果你有其他本業，我的做法對你而言勢必有實行上的困難，在減持部位與避險上，你必須比我更加果斷，畢竟你無法像我一樣，在盤中時堅守投資的工作崗位，而觀望將帶給你更大的損傷。

技術分析只是投資的一部分

技術分析對我而言的確不是最快、最即時的選擇，週期越長，反應資訊的時間點也越長。價量指標是即時資料，但若是用即時數據以外解釋便是落後資訊了，我個人認為，做為其他資料的佐證參考即可。太多人過分依賴技術分析，忽略其他東西能提供更多的資訊，例如**具體的數據**、政策，如果你能了解這些項目公布的時刻與解讀是否出乎預期，就能在技術指標之前判斷出正確的方向，讓技術指標的愛用者為你抬轎。我也會用到技術分析，主要是用來檢查型態，還有提升勝率、賠率。唯有出現極端非常理的量能變化，代表那當下的買賣方意願，足以觀察出供需變化，那時技術分析才是值得參考的重要資料，其餘時刻我僅用來確認走勢是否合乎我的預期。

在證券、期貨及其他衍生性商品投資的路上，一定看得到一種人，就是講技術分析講得頭頭是道，但是績效可能慘不忍睹，不見得是他技術分析學得不好，主要可能有兩個原因：一是只看技術分析，忽略其他資訊；二是心理層面不合格。

　　第一種問題在於走錯方向，認為投資就是看技術分析指標，很認真地到處報名付費課程，卻沒有學到更全面的資訊。影響技術分析指標的因素很多，特別是籌碼容易受控的冷門小型股，K棒真的是隨人畫。真的要看技術面，請著重於K棒本身的價量關係與型態，而不是過於繁複的指標，技術面適合當作參考資料之一，卻不是唯一資訊，建議要配合其他資料搭配使用。例如，如果你做的是咖啡，就要參考咖啡大國巴西的天氣；如果你做的是特定市場指數，一定要注意該市場的政策是否有變化。

　　第二種的問題在於，根據技術K棒進場，卻不是根據K棒出場（可能賺了一點點就出場），或當走勢與自己預測相反，且違背原先認知時，不停損反而錯誤加碼，導致長期來看賺小賠大，多數散戶總為了蠅頭小利而沾沾自喜，卻不願意在市場變化的關鍵時刻停損，甚至反向加碼，致使大虧收場。心態如此，就算把技術分析翻來覆去地學到精熟也還是沒救，不如多念點**心理學，學習以第三人稱的角度觀察自己行為的合理性，並且撰寫交易日誌**，詳實記錄造成自己虧損的原因。現在嘉實XQ的回測十分方便，如果你想了解各種技術指標有用與否，可以善用軟體回測，少走很多冤枉路。

多打必勝或勝率高、期望值好的仗，切勿孤注一擲

　　投資是一點一滴的累積，不要妄想能一步登天。何謂期望值好？最簡單的例子就是抽股票，抽一次只需20元加上資金成本，我曾經抽中一檔股票，上市當日開盤便賣出，立刻賺進10萬元，就跟中樂透一樣幸運，而且抽股票的中獎率比樂透高得多，還不用扣機會中獎所得稅呢！

　　另一方面來說，要提升投資期望值，就必須從研究著手，還要有夠快的資訊獲取能力。舉例來說，量化寬鬆政策會造成貨幣貶值，相對的也會讓貨幣計價資產上漲，在這個時候，你做多該項資產期望值，應該比做空高得

多。再舉例，2011年，太陽能由於供過於求，多晶矽報價直直落，網路都查得到每日報價溜滑梯，但很多一般投資者不知道這項資訊，此時做空將顯著地優於做多該類族群。2014年，美國頁岩油開放出口，供給量大增，雖然頁岩油新技術不是第一年了，但直到開放出口才真正撼動市場，當你知道這件事會造成基本供需改變，結果就很明顯了，當然有效並且的確會造成影響的內線也歸屬在這類別裡面。

不要孤注一擲，當你的勝率能達到六成、七成甚至八成，該做的就是穩定你的投資，別忘了，如果你有八成勝率，意味著有兩成敗率，孤注一擲重壓、all in，就會有損失風險。如果你能夠在八成的勝率下，將投資切成很多不同小項目，一個投資切成十個投資（最好相關係數低或負相關），較多的項目能讓你有較平滑化且相對穩定的績效，也能增進你心理層面的穩定與自信。凱利公式是計算最佳下注比例的公式，但是策略的勝率不見得都那麼穩定，建議應用時要打些折扣，考慮人性與舒適性因子。若想更深入了解凱利公式，請善用搜尋引擎與ChatGPT，如果你不會用，我先代你用，以下是ChatGPT提供的說明：

凱利公式（Kelly Criterion）是一個用於計算賭博或投資中下注或投資金額的數學公式，該公式基於期望收益和賭注之間的關係。其主要思想是在下注或投資時，應該將賭注或投資金額控制在某個特定的百分比之內，以最大化長期增長率。

凱利公式的公式如下：$f=(bxp-q)/b$

其中，f是最優下注或投資金額占資本的百分比；b是下注或投資的賠率；p是成功的概率；q是失敗的概率，即$q=1-p$。

　　例如，如果一個賭徒相信他有60%的概率贏得一場比賽，且賭注的賠率是2:1，即b=2，則根據凱利公式，最優賭注應為：f=(2x0.6-0.4)/2=0.4

　　因此，賭徒應將他的賭注設為其可投資資本的40%。

　　需要注意的是，凱利公式的應用需要一定的技巧和經驗，且對於高風險的投資或賭博，仍然存在損失的風險。因此，在實際應用中，需要根據個人風險承受能力和市場環境進行調整。

————————————————)X(————————————————

　　目前ChatGPT應用在數學計算上仍有其缺陷，之前版本的書中有誤，現已修正。若需要更詳細的凱利公式內容，請自行上網搜尋其說明與應用。

風險與避險

　　「世界上沒什麼事是真正的零風險，我們能做的是降低風險事件發生的可能性，與減少發生時的危害。」

　　以上是我想帶給你的觀念，天有不測風雲，人有旦夕禍福，開車出門可能會被飛機撞！好吧，開車太危險，換搭捷運好了，結果捷運會撞上高樓工程用吊架，於是你覺得陸路不安全，不如改開船，結果看了看報紙，發現開船也會被飛彈炸，最終憤而不出門，結果一陣地動天搖，家中瞬間夷為平地，真是出門有災禍，不出門也有難。上述事件都很誇張，卻也都是真實發生的事件，害怕碰上這些事件便裹足不前，也實在是過了頭，畢竟還是有飯要吃、人生要過。

　　除了人身安全，財務的風險亦無處不在。買國債、公司債都可能破產；將錢存在銀行，銀行可能倒閉；把錢放在身邊鎖在櫃子裡，也有遭闖空門的可能；就算建了個安全性十足的金庫，將錢鎖入其中，還是得承受通膨幣值

下跌的風險。

　　人生處處是抉擇，基本上沒有不具風險的選項，就算有，也代表那是個食之無味、棄之可惜的雞肋，為了不冒險而失去諸多可能性也顯得不智。因此，我們需要注重的是**風險報酬比與風險承受能力**，同時也要思考有什麼**替代性選擇**。根據交通部統計查詢網資料顯示，111年12月的機車掛牌數為14,390,626輛，汽車則是8,453,420輛，而死亡數分別是1,954人與272人，因駕駛機車不幸過世的人數甚至比行人還高上四倍，由此可知騎乘機車的危險性甚高，最大的風險是丟失生命。如果你想降低交通事故的風險，便可從騎乘機車改為駕駛汽車或行走搭配大眾運輸工具，當然另有一個將風險幾乎降為零的選項，就是足不出戶（前提是沒有飛機撞上你家大樓，也沒有汽車會撞進你家客廳），但是這選項未免太不切實際。

111年整體交通事故統計分析						
運具	111年1-12月		110年1-12月		增減	
	死亡人數	受傷人數	死亡人數	受傷人數	死亡人數	受傷人數
機車	1,954	389,269	1,808	373,064	+146	+16,205
汽車	272	23,725	284	21,998	-12	+1,727
自行車	247	21,131	240	20,312	+7	+819
行人	394	16,757	410	15,589	-16	+1,168
其他	218	48,005	220	45,341	-2	+2,664

資料來源：交通部統計查詢網

　　在前述例子中，同時間只能做一種選擇，非A即B，但財務上可就不是，財務上的每一塊錢都可以是一個選擇，因此，若你有金錢可以管理以供投資，防止它們集體消失的最好方式就是分散。如果不幸遇到意外事件，會讓

你的一個項目投資額瞬間歸零，則你投入在該項目的金額是資產的百分之百或百分之一，將會造就有雲泥之別的不同結果，若不學著分散風險，只要一筆錯誤的投資，就能讓你累積大半輩子的積蓄瞬間歸零。分散是必要的，至於要分得多散，除了降低投資項目彼此的關聯性外，符合自己能管理的程度也屬重要，如果分散到無力顧及的程度，也將降低你的資金效率。為了方便管理，現今我使用電腦輔助，同時間持有約兩百個投資項目，就為了降低單一項目的胃納量風險，過去我也是從十個、二十個、五十個一路攀升，為了穩定並肩負無後援的壓力，分散投資便是我除了績效以外一直在努力的事。

至於避險，就像安全帽、安全氣囊與安全帶一樣，你花了錢、按時繫上，事故發生時，便能降低事故造成的傷害。至於保險，能保的僅有財務與心理上的負擔，卻不能針對身體上的痛苦起任何作用。所幸在投資上，你僅需考慮財務層面的事。投保的關鍵思維是以少額保費，換取緊急時刻的保障，因此必然選擇槓桿型商品；期貨、選擇權提供了方便的避險選擇，除了在緊急狀況時增加避險部位以外，我也常態性持有看壞的公司、產業的反向期貨部位，這些部位可以在市值上沖銷我持有正向部位帶來的整體性市場風險，這也是我十年來一路都能過關斬將、一路前行的祕訣。

拓展交易策略

投資獲利正循環的起點，就在於找到一個有用的投資策略。然而，你發現的有用策略是否有足夠的再現性、夠多的機會、足夠的胃納量、穩定的績效、是否隨著市況改變而持續有效？針對以上問題，只要有一個答案是否定的，你就該尋找新的有用策略，做為穩定投資績效的手段。

具體可以從不同的交易時段、不同的交易商品、不同的交易方式此三種

方向著手。同商品不同交易時段，可以讓你的同一份資金具備更有效率的應用方式，例如我自己應用開發在台指的程式，初始僅在日間盤中時段交易，並在接近盤末時間時出場，如果能應用在盤後時段，我就能將這份資金重複利用。撰寫本書期間，我也的確加以修改，將原先僅用在盤中的程式，增加了盤後版，以同一套資金運行。

　　增加不同的交易商品，此法適用在胃納量有限，或想提升整體績效穩定度的狀況。例如我投資的早年階段，股票期貨的流通性非常不好，常常有些想交易的股票期貨，其報價往往在最貼近股票市價的只有一兩口，而其餘的報價則又離最接近價格一大截，因此養成了我分散不同股票期貨標的投資的習慣。畢竟在流通性不好的狀況下，進場已經是問題，想在結算前出場，更是個令人頭痛的大問題！為了減低這個問題的潛在傷害，我選擇不同的股票標的與方向，做為股票期貨交易的方式。近年的股期流通性較十年前好上許多，因此有些當沖交易者會著墨在具有較大交易量的股票期貨上，股期當沖成本遠較現股當沖來得低，也不會有被軋漲停，產生額外的大筆議借問題，是個相對明智的做法。但由於我在投資初期便擔心績效穩定度問題，而將觸角伸向選擇權，經小額測試半年，確認其穩定性無誤後，便納入自己的投資組合之中，之後部分演化成我對整體部位的避險方式。而因為在同一時段難以兼顧觀察大盤與專心個股，我選擇觀察大盤，對個股期貨當沖的著墨因此較少，以中期投資為主，養成在盤前盤後做個股功課，盤中快速執行計畫後便專注在大盤的習慣。自此我也演化出不同的交易方式，奠定我投資方式的根本。

　　在資金更加充裕以後，我將手伸向股期沒有，但具有投資價值的股票上，早年我在PTT股票板知名的投資鮮活─KY（當時還叫F鮮活）就是這時候的產物。2020年，我跨足了以前不接觸的生技領域，2021年開始用程

式輔助選股，並在今（2023）年開始我的程式交易運用，這都是我在拓展交易策略的實踐。

處處留心各種事件的影響

　　做為一個專業的投資者，仔細推敲生活周遭發生的事或新聞，就能尋覓出可以投資的蛛絲馬跡。從超商冰淇淋的熱銷，導致全家與統一超的股價差距大幅拉近這件事來說，拉近的過程本身就具有投資的機會。諸如此類的機會充斥你我周遭，就像最近 AI 迅速流行，讓 NVIDIA CEO 黃仁勳大喊人工智慧的「iPhone 時刻」到了！如經推敲確認相當有可能成為事實，未來前途光明，業績蒸蒸日上，那投資在直接關聯的公司自然是明智的抉擇。除了在生活中不經意接觸發現以外，往往也可以在**重要展覽、產品發表會、法說會及公司或同業公司發布的重大訊息**之中嗅見這些機會。可以在展覽及產品發表會尋覓有機會或可能意外熱賣的商品；法說會往往是業績發表會，並會就市況、展望及公司未來做明確說明，此外還有重要的 QA 時間，如若有破綻，或內容有更加詳細的補充，往往就在 QA 中流出，可見其重要性。法說會是了解公司近況的重要管道，畢竟大多數人，包括我，並不會也無管道私訪公司，比起市場上真實性未經驗證的流言蜚語，公開的官方內容豈不實在得多？市場上的諸多流言，除非來源是已知且經得起考驗、值得信賴的，否則不妨當作是茶餘飯後閒聊的話題就好，畢竟除了不知道已經傳了幾手的消息外，市場上也會有特定人刻意放出虛假資訊，企圖影響市場，好增加特定公司的股票熱度與流通性，以便拋售自己手中的一大票股票，因此，聽到小道消息時，請謹慎思考並查閱相關及同業公司資訊，切莫一味相信。

　　而除了法說會的簡報以外，會內發言者的表情動作、語氣與信心，也是法說重點的一部分，觀察其較難以掩藏的真實感受，緊繃或自在、談笑風生

表情愉悅抑或是嚴肅而謹慎、舉止輕浮不專業或者認真看待自己的發言，以此做為輔助，搭配簡報與QA內容，或許也能得到些許弦外之音。

公司重大訊息大多會公告在公開資訊觀測站，包括製藥公司臨床試驗的成功或失敗、公司的併購與被收購、公司營收與財報、是否有處分資產獲利或遭鉅額罰款等重大事項，以上每一項都會對股價產生影響，因此追蹤公司的重大訊息是一件繁重但又相當重要的工作。

區分本業與業外收入

一家公司的獲利來源可以簡單區分為本業與業外收入，查詢公司財報時，可以從綜合損益表內得知其概貌，營業利益＝營業毛利－營業費用，即為公司本業的獲利狀況，不屬公司控制的其他公司股權、匯兌或廠房買賣衍生的收入或損失則屬業外部分。以下以東元的綜合損益表為例說明。

東元(1504) 綜合損益表-季表				
期別	2023/1Q（合併）	2022/4Q（合併）	2022/3Q（合併）	2022/2Q（合併）
營業收入毛額	14690	14828	14589	14313
營業收入淨額	14900	15058	14816	14544
銷貨成本	11271	11597	11476	11203
營業成本	11271	11597	11476	11203
營業毛利	3629	3461	3340	3340
聯屬公司已（未）實現銷貨利益	0	-1	0	0
已實現銷貨毛利	3629	3459	3340	3341
營業費用	1932	2138	2026	2054
推銷費用	1057	1198	1071	1107

管理費用	610	592	668	654
研究發展費	266	310	285	283
其他費用	0	0	0	0
預期信用減損（損失）利益—營業費用	0	38	2	9
其他收益及費損淨額	0	0	0	0
營業利益	**1697**	**1321**	**1314**	**1287**
利息收入	124	101	64	37
租金收入	37	40	41	36
權利金收入	0	0	0	0
股利收入	24	25	355	737
廉價購買收益	0	0	0	0
違約金收入	0	0	0	0
預期信用減損利益	0	0	0	0
沖銷逾期應付帳款利益	0	0	0	0
補助收益	0	0	0	0
其他收入—其他	96	189	17	23
其他收入	280	354	476	833
處分不動產、廠房及設備利益	0	0	0	0
處分投資利益	0	0	0	-2
外幣兌換利益	0	-33	141	53
透過損益按公允價值衡量之金融資產（負債）利益	556	0	0	0
按攤銷後成本衡量之金融負債利益	0	0	0	0
避險工具之利益	0	0	0	0
資產評價利益	0	0	0	0

金融資產減損迴轉利益	0	0	0	0
資產減損迴轉利益	0	0	0	0
賠償收入	0	0	0	0
買回公司債利益	0	0	0	0
停工損失	0	0	0	0
合約損失	0	0	0	0
賠償損失	0	0	0	0
處分不動產、廠房及設備損失	7	4	0	0
處分投資損失	0	0	0	0
外幣兌換損失	23	0	0	0
透過損益按公允價值衡量之金融資產（負債）損失	0	-72	246	427
按攤銷後成本衡量之金融負債損失	0	0	0	0
避險工具之損失	0	0	0	0
資產評價損失	0	0	0	0
金融資產減損損失	0	0	0	0
資產減損損失	0	0	0	0
買回公司債損失	0	0	0	0
其他利益及損失—其他	-237	-172	-160	-129
其他利益及損失	289	-137	-265	-503
利息支出（不含租賃負債）	42	25	38	31
利息支出—租賃負債	17	20	19	19
負債性特別股股息	0	0	0	0
財務成本—其他	1	0	0	0
財務成本	61	45	57	50
採權益法之關聯企業及合資損益之份額	-20	12	80	1

預期信用減損（損失）利益	0	0	0	0
除列按攤銷後成本衡量金融資產淨損益	0	0	0	0
金融資產重分類淨損益	0	0	0	0
營業外收入及支出—其他	0	0	0	0
營業外收入及支出	**490**	**184**	**234**	**281**
稅前淨利	2187	1505	1549	1568
所得稅費用	444	381	307	396
繼續營業單位損益	1743	1125	1242	1171
停業單位損益	0	0	0	0
合併前非屬共同控制股權損益	0	0	0	0
其他損益調整項—非常項目及累計影響數	0	0	0	0
合併總損益	1743	1125	1242	1171
確定福利計畫之再衡量數—不重分類—OCI	12	95	0	0
不動產重估價之利益（損失）—不重分類—OCI	0	0	0	0
指定按公允價值衡量金融負債信用風險變動影響—不重分—	0	0	0	0
待售待分業主非流資（處分群組）直接相關權益—不重分—	0	0	0	0
透過FVOCI衡量權益工具投資未實現評價損益—不重分	6867	4025	-1608	-2102
避險工具之損益—不重分類—OCI	0	0	0	0
採權益法認列關聯企業及合資其他綜合損益份額—不重分—	2	-11	1	0
其他綜合損益—其他—不重分類—OCI	0	0	0	0

與其他綜合損益組成部分相關之所得稅—不重分類—OCI	0	3	0	0
不重分類至損益之項目—OCI	6880	4106	-1607	-2102
國外營運機構財務報表換算之兌換差額—可重分類—OCI	-45	-352	1080	153
待售待分業主非流資（處分群組）直接相關權益—可重分—	0	0	0	0
透FVOCI衡量債務工具投資未實現評價損益—可重分類	0	0	0	0
避險工具之損益—可重分類—OCI	0	0	0	0
採權益法認列關聯企業及合資其他綜合損益份額—可重分—	0	0	0	0
其他綜合損益—其他—可重分類—OCI	0	0	0	0
與其他綜合損益組成部分相關之所得稅—可重分類—OCI	-21	-99	188	48
後續可能重分類至損益之項目—OCI	-24	-253	892	106
合併前非屬共同控制股權綜合損益淨額—OCI	0	0	0	0
其他綜合損益—OCI	6856	3853	-714	-1997
本期綜合損益總額	8599	4978	528	-825
歸屬母公司淨利（損）	1635	1005	1083	1021
歸屬非控制權益淨利（損）	108	119	159	151
歸屬共同控制下前手權益淨利（損）	0	0	0	0
綜合損益歸屬母公司	8289	4911	349	-974
綜合損益歸屬非控制權益	310	66	179	149
綜合損益歸屬共同控制下前手權益	0	0	0	0
每股盈餘	0.78	0.48	0.51	0.48

加權平均股數	2109	2109	2109	2109
發放特別股股息	0	0	0	0
常續性稅後淨利	1193	1057	1489	1599
庫藏股數—母公司	0	0	0	0
庫藏股數—子公司持有母公司股票或其他	30	30	30	30
庫藏股數（母持及子持母）	30	30	30	30
稅前息前淨利	2248	1550	1606	1618
稅前息前折舊前淨利	2720	2020	2040	2066

　　公司本業的營運狀況，可以從兩個數字看出，一是透過表中的**營業毛利／營收**，了解公司毛利率的變化，也能用**營業利益／營收**得到營利率，這兩者較上一季與去年同期是否有所增長，是解讀公司本業狀況的重要關鍵。一家公司可能有許多不同的產品，根據競爭程度的不同與難度，給予不同的定價，因此不同產品線會有毛利率高低之分。藉由法說會的公司說明，可以得知個別產品線的現況與未來展望，也能由這些產品在公司營收占比的變化，再加上是否有新產能的投入，推測未來幾個月營收及季財報的變化。在控股公司及以重要轉投資為獲利母體的公司之外，判斷是否值得投資某公司時，其本業的營運狀況變化，乃是基本面中具根本性的決定因素。

　　業外收入就複雜得多，最重要的是區分其為一次性的收入或持續性收入，如果誤將一次性的收入（例如賣廠或政策補償）當成長期收入來計算本益比，那可就犯了大錯了！有些業外收入可以在財報公告前便估計，例如該季匯率變化對持有或收取外幣較多的公司會造成較大的匯兌損益，如果是境外公司，除了要考慮不同外幣相對的漲跌外，最後還要參酌台幣兌美元的升貶，才能猜測出大概的結果。如果是以外銷為主的廠商，遇到台幣大幅升值

便會侵蝕掉獲利；反之，引進國外商品來台銷售，賺台幣支付美元的代理公司，台幣升值便會讓公司以更好的匯率換成美元支付給國外廠商，省下來的成本便成了獲利。其他能事先估計的包含轉投資非控制股權公司公告的配息、金融資產（如基金）的市值變化、資產活化與參與應賣等，這些都能在財報正式公告前概估出數值，至於精密與否，則需要充足的資料蒐集及經驗。而獲利實現與否也涉及到會計科目，歸類在單季EPS還是僅在淨值中變化，會影響市場觀感，畢竟不是所有投資者都專業到這個程度，許多經驗尚淺的投資者僅會參酌EPS，我在初學投資時亦曾犯過類似的錯誤，由衷提醒各位，務必注意這些細節。老話一句，想要了解財報的奧祕，請多進修財報相關書籍，財報是了解公司上季成績單的共通語言，如果下課鈴響交了卷，你卻看不懂如何批改，又怎能得知哪位學生表現更為突出呢？

有些投資人與全職研究員花了許多時間，將公司相關資訊與財報細節研究透澈，我的選擇則是抓重點，符合這些重點的再進一步研究，但比起會計師與精熟者，我還差得遠了！畢竟光台灣市場就有近兩千檔股票，按照我分散的方式，時間再多也不夠用，精度與廣度孰輕孰重，端看你的選擇，但如果你看到財報就打瞌睡，只想看看線圖就敷衍了事，就無怪乎多數僅鑽研技術線的散戶，成了提供超額報酬的背景人物。

如果你想了解法人們都如何解讀財報，不妨蒐集並閱讀市面上流傳的法人研究報告，看看領薪水寫報告的職業工作者會如何解讀、重點又是什麼。多學、多看，了解法人們的語言後，你才知道葫蘆裡在賣什麼膏藥。

轉投資的計算方式

公司規模越大，越會走向集團化經營，包含垂直整合、水平整合，也有

可能轉投資其他公司，而了解關鍵轉投資公司對該公司的貢獻程度是一件很重要的事，舉例來說，在寫書的當下，從 XQ 基本面分析的轉投資項目裡，查詢到勤益控持有龍德造船 19,882 仟股，此時龍德造船於興櫃的股價是 89.7元，相乘後得出 17.83 億，這是此刻勤益控持有龍德造船的市場價值。而勤益控的股本是 20.3 億，17.83/20.3 × 10=8.78。由此得知，這個轉投資在此時此刻約當占勤益控股票價值每股 8.78 元，假設龍德造船股價上漲 10%，那麼對勤益控股價合理的貢獻是 0.878 元，近期龍德造船股價波動較劇，市場上也許沒那麼快發現龍德造船與勤益控之間的關係，因此初期勤益控跟漲幅度較少；但是當眾人皆已知曉後，倘若在這當下，勤益控上漲了 2 元，可以假定為本業有所成長、其他轉投資有所獲利、追回前幾天尚未足夠反映的漲幅，或是市場過度追捧，超估了龍德造船上漲對其貢獻。

勤益控前身為勤益紡織，因應時代變遷，逐漸轉型為投資控股公司，造訪該公司網站[14]，可以查詢其重要轉投資沿革，這些轉投資若有在上市櫃或興櫃流通，便可以估計其市場價值。以勤益控財報所列之轉投資表為例，重要轉投資如上海商銀、復盛應用科技以及龍德造船，都有在市場上公開交易與報價，我們皆可以用此方式衡量這些轉投資對勤益控的貢獻。

用上述方式，可以簡單查詢到直接的轉投資關係，可是對於組織架構較為繁雜的公司，其轉投資項目可能列在子公司甚至孫公司下，資料搜索就要多花一些時間，由標的公司的大股東清冊、董監持股一層一層回推，是屬於較為繁雜的工作，幸而善於寫程式的算利教官有將這些資料寫入其 i-stock 資料庫中，利用其公司上市櫃公司轉投資（反查）功能向上推，可以輕鬆地找到它們的關聯性。

---

14 https://www.gtm.com.tw/milestones/

2022年第三季勤益控財報所列之轉投資						
轉投資事業	投資幣別	投資成本（千元）	持股股數（千股）	持股比例（%）	帳面價值（台幣）（千元）	會計原則
GTM (Asia) Investment Holding Ltd.	台幣	1,469,150	0	100.00	981,646	權益法
三商家購			200		7,230	FV 變動
上海商業儲蓄銀行			12,769	0.29	628,220	綜合公允
台泥循環能源科技			1,110		9,209	FV 變動
台灣閎鼎亞洲貳有限合夥					32,525	FV 變動
京華-中民控股			4		1	FV 變動
京華一永利地產			6		8	FV 變動
京華一佳兆業健康			38		10	FV 變動
尚鵬汽車股份有限公司	台幣	5,700	380	10.00	4,792	權益法
尚騰汽車	台幣	65,000	6,000	25.00	103,568	權益法
凱勤能源	台幣	8,000	800	40.00	8,487	權益法
富邦金融控股			16		799	FV 變動
富邦金融控股甲種特別股			400		24,040	FV 變動
復盛應用科技			3,000	2.29	547,500	綜合公允
勤投投資股份有限公司	台幣	100,000	32,100	100.00	497,279	權益法
勤益國際紡織	台幣	41,233	4,815	96.30	13,125	權益法
勤德	台幣	320,538	106,000	100.00	3,632,749	權益法
新光金融控股甲種特別股			398		15,423	FV 變動

達和貳創業投資	台幣	60,000	6,000	8.57	62,365	權益法
達昌創業股資股份有限公司	台幣	80,000	8,000	7.27	80,011	權益法
達駿創業投資	台幣	185,600	18,560	39.22	199,707	權益法
霈方國際			50		2,437	FV 變動
龍德造船工業	台幣	235,523	19,882	20.29	356,179	權益法

龍德造船2023年2月之董監持股			
職稱	董監事	持股張數	持股比例（%）
大股東	勤益投資控股(股)	19,882	20.29
大股東	克守創業(股)	15,662	15.98
董事	行政院國發會-毛振泰	7,687	7.84
董事長	黃守真	6,495	6.63
董事兼總經理	黃守龍	1,805	1.84
董事	林芷芳	1,451	1.48
副總經理	江清華	1,029	1.05
副總經理/財會主管	林信雄	111	0.11
董事兼副總經理	董適光	37	0.04
其他	蔣來富	37	0.04
其他	周孟蘋	17	0.02
副總經理	蔡明宏	5	0.01

　　計算包含了價格模型的建構、（套）利潤的計量、事件的影響估算。在股票部分包含了營收的利潤估算，毛、營利率的趨勢變化，合理股價的可能區間。

選擇適合自己的投資模式

　　人誕生於世，誕生的地點不同、時間不同、背景不同、環境不同，個性也不相同，而上述每一項都影響了投資這件事，因此除了複製成功者的經驗、了解其成功的原因與背景以外，分析解剖自己所在的時空環境、自身個性，並調配適合自己的投資組合，也是成功的關鍵。

　　以我為例，我在進入證券期貨業工作以後，單身的我幾乎將所有的時間都投入在掌握市場資訊，因為了解市場也是當時我的工作，我就像一塊海綿，從無到有地吸收了市場上的知識水分，這說來簡單，但也代表著我在正確的時間（年輕且單身）、地點（可以主動及被動地得到證券期貨相關資訊），亦投入了許多的時間成本，歷經失敗並且歸納自己與他人失敗的態樣，將其記錄下來後，整合出屬於自己的投資方式與邏輯。

　　按照我的標準，想必有許多人受限環境，無法打造我所謂適合工作的環境，但難道這樣就不能投資了嗎？不，你只是不能用我的盯盤方式做盤中交易，卻可以為自己量身打造適合自己的交易模式。以下我將探討如何評估自己適合的投資方式與節奏。

先學著規避常見的失敗方式

　　在討論投資模式之前，必須先了解如何建構一個好的投資規則與SOP。大家應該都從生活周遭聽過散戶多數賠錢的論調，要如何形塑成功的投資方

式，得從投資失敗的原因談起，因為投資策略的改良本身就是一個除錯的歷程，透過檢討錯誤，增進自己的投資效益。以下將我已知的失敗因素列出並逐項探討，期許閱讀本章節能讓你少走些冤枉路。

常見的失敗方式包含：

- 過度交易
- 過高的交易成本
- 過高的槓桿
- 過長的交易時間導致專注度下降
- 逃避自己已經發生的錯誤
- 資金壓力沉重造成的精神緊繃與流動性吃緊
- 對交易商品的規則與邏輯知識不足
- 資訊取得落後市場
- 未做充足準備即貿然交易
- 對自己認知不足、過度自信或過分寬容
- 聽信他人意見或市場小道消息

前述項目有的淺顯易懂，有的牽涉廣泛，而規避錯誤是相當重要的環節，以下便逐一說明投資路途上可能會犯的錯誤。

過度交易

所有交易都有交易成本，而過多的交易將侵蝕你的資本，多數有效的策略都有其進場時間與頻率，在非策略有效期間進場，期望值將低於有效策略，除非你是投入大量資本與設備的專業搶帽客[15]，否則同項商品交易次數

15　現代的極短線交易已進入電腦程式自動化時代，搶帽客通常利用電腦偵測，並投資高額的費用在網路架設與主機設置地點，多數架設在交易所的同棟大樓內。

越多，通常代表符合特定策略才下單的比例越低，而在人為操作有虧損的環境下，多數人會想著要凹回來，結果就是越下越多、越錯越多。因此，下單前請確認符合自身的策略邏輯再進場。

過高的交易成本

　　有的人習慣打電話給營業員當沖交易，台灣證券交易的手續費牌告價是0.1425%，證券交易稅是賣出時收取0.3%，雖然現行當日沖銷證券交易稅減半，但你真的相信當沖大戶贏家會用牌告價支付手續費嗎？就我所知，如果是用牌告價下單，幾乎所有的當沖贏家便不再是贏家了。期貨交易稅是十萬分之二，雖然來回收取，但是十萬分之四對比0.15%，差距高達三十七・五倍，倘若證券與期貨有同樣標的的商品，嘿嘿，你就知道選擇哪一種更為明智了吧？

過高的槓桿

　　過高的槓桿是讓人短時間內破產的最好方法，虛擬貨幣交易所與槓桿交易商盛行時，有部分甚至提供百倍槓桿，他們的目的就是透過一點點波動，清空你帳戶裡的每一分錢。當你對一個交易機會有高度把握時，略為增加槓桿可以提升你的獲利，但是世上沒有百分之百成功的事，說不定台北盆地哪天也會下雪。所以在使用槓桿時，請額外準備足夠的備用準備金，槓桿是方便資金調度的工具，但過度的槓桿將是你人生財務的殺手。

過長的交易時間導致專注度下降

　　人不是機器，一定會累，就連機器都會當機了，更何況是有血有肉的我們。如果你熱愛讀書，讀到茶不思飯不想，那也只是一時的事，如果每天都

茶不思飯不想，恐怕會餓死。像我，以前很愛打電動，但打久了就會想吐、腰痠背痛、肩頸痠痛，而專注的交易，就像金融界的電競一般，反應速度與思緒流轉至關重要。電腦長時間跑高度運算都會過熱了，大腦亦然，能專注的時間是有限的，專注度下降後，你的績效也會隨之下降，更容易犯下寫在告示板上、明令不該犯的錯。交易是一條漫長的路，今天失敗了，可以隔日再來；但是過長的交易時間，有害你的身心健康，何況市場上的成交量與交易機會，並不是時時相等，就算現在是國際化的社會，一天能交易二十三小時，但你不是蕭薔，不能每天只睡一小時！寫下你的交易時間表，交易時間表以外的時段，做做其他事吧！這讓你有更好的績效，也有更豐滿的人生，如果真的放不下部位，請嘗試讓電腦為你分憂解勞。

逃避自己已經發生的錯誤

　　曾經有個人叫作小智，雖然他不會抓皮卡丘。但是他有個大祕寶！小智是個拿到兩個碩士學位的高材生，但他犯了個錯，他無視自己的過錯，選擇硬凹，於是這個錯誤雪花滾出來的雪球，越滾越大，最終斷送了自己的職涯。

> 交易上，對於已犯的錯誤，最該做的就是止血，了結錯誤的部位，檢討過錯並重新開始。

　　交易上，對於已犯的錯誤，最該做的就是止血，了結錯誤的部位，檢討過錯並重新開始，就算是我，虧損也是家常便飯，不是所有時刻執行的交易都那麼地正確，但是我會正視它、改善它！有一種投資股票常犯的錯，叫作不賣就不算賠。不賣就不算賠，加上槓桿，相當於是個破產combo技，中一次破產一次，當你發現你的決策錯誤時，第一時間就了結錯誤的部位，相較於擺著看看，往往是更好的選擇。

菲式思考

資金壓力沉重造成的精神緊繃與流動性吃緊

　　倘若今天交易用的是你明天的吃飯錢，一旦虧錢，明天就沒飯可吃，在這種前提下，往往肩負輸不得的壓力，進而招致不只明天，甚至一整年都沒飯吃的結果。正確的交易該在正確的時間與機會下進場，在進場理由失去時出場，唯有這樣，才能長時間持盈保泰，若因資金需求而出場，並不是基於策略，自然無法達成正向循環。日常開銷與投資交易的資金必須分開，不可混為一談，你可以不投資，但你不能不吃飯。

對交易商品的規則與邏輯知識不足

　　我再強調一次，規則非常重要。以證券來說，包含增減資、融券強制回補日期、是否可以當沖、借券可借及下單額度、開放融資的條件、可轉換公司債的募集與轉換價格、GDR第二上市的計算及稀釋比例、處置股的態樣及分盤方式，還有開盤、盤中、收盤及盤後分別撮合的方式，這些都是相當重要的硬規則。假如你買進一檔股票，計畫現股當沖，結果稍後想賣出時，發現居然無法賣出，這樣便產生了大問題，你可能需要到處借款，負擔短期高昂利息，或甚至違約交割，欠下一筆更大的違約金。是否了解相關細節，確確實實地影響了你的風險與績效。

　　有硬規則，自然也有軟規則，其中包含營收公告的期限、財報公告的期限（金融股的期限又有所不同）、生技股的解盲規則、重大事項的停盤等，針對可能發生在一個期間內的事情做好準備，也將有助於提升績效。

　　商品邏輯建構的正確性亦十分重要，例如增資的本質是用稀釋股權的方式募資，而不是讓你用折價買入股票的機會，私募相對於鎖定籌碼，對小股東而言更重要的是被迫稀釋股權；可轉換公司債接近到期時，公司的現金部位是否足夠償還，或是否有動機拉高股價，藉以讓可轉債轉換成普通股，這

樣公司就不必用現金償還；本益比顯示的是過去一段時間的數據，而非反應現況，因此更為重要的是預估當下及未來一年的數據結果。這些都是所謂的商品邏輯。

上面談及證券市場的部分，而期貨重要的則有交割方式（現金或實物交割）、開收盤的時間點、結算進行的方式、合約的規格與計算，每一項都是相當重要的規則，必須熟讀。

而以證券為標的之ETF，最重要的就是替換的規則、時間與權重了。

資訊取得落後市場

你總是收看電視上招募會員的證券投顧節目，藉此了解股票資訊嗎？如果內線算是第一手消息，發布公開資訊是第二手消息，股價走勢及新聞是第三手消息，那等到投顧老師在電視上演給你看，到底該算是發給會員的第四手，還是連會員都不是的你的第五手消息？資料的發酵都經過這麼多手了，如果你還認為這是新知，你肯定是資訊落後市場的那一個！

要如何取得領先或即時的資訊呢？我認為，了解產業趨勢與即時商品的報價，至關重要，與其把時間耗費在落後資訊上，不如將時間投入正確項目，必定有助於改善績效。

未做充足準備即貿然交易

做每個決定前，你是否都做足了準備，並經過謹慎思考？

或你才剛接受徵召，領了鋼盔及兵器，連新兵訓練都沒做，就被派赴戰場做砲灰？

交易與做買賣生意沒什麼不同，如果開店需要做人流考察，針對欲出售的商品做客源分析與鄰近同業狀況分析，進行交易前也該當如此！從交易的

決策、交易當下的環境,皆須做足準備。

　　交易決策是勝負的關鍵,正確交易,長此以往才能帶來利潤,而不明究理的交易,也許一時間能為你賺進幾把鈔票,但是交易成本就像賭場裡的水錢一樣,如果你不能掌握高機率或高賠率賺錢的態樣,這些水錢終將掏空你的積蓄。給你一個明智的建議──切莫沉迷在短線交易,相較短線,長線交易有著更高的勝率與更低的交易成本,除非你身經百戰,並有足夠的信心及證據支撐,否則請遠離短線交易。

　　何謂對交易當下的環境做準備?例如現在的我是個未滿一歲小嬰兒的爸,假如我工作時需要監控市場變化,而嬰兒不定時在旁哭鬧,我必須離開位置前去安撫,抑或是我需要安靜思考時,環境卻響起高分貝尖銳的吸塵器聲,這些狀況都被我歸類為不適合工作的環境,因其會打斷工作時的連續性與專注度,因此我致力於排除這些問題,這也是工作的一部分。

> 交易日誌就是反映自己投資狀況最真實的明鏡,正視它、思考它、解決它,有朝一日,你也能成為投資大師。

對自己認知不足、過度自信或過分寬容

　　要成為一個成功的投資者,務必在投資時保有理性,並且定時審視自己的投資狀況。我在金融業工作的路途上,看過不少虧損的案例,他們的共同特點就是故意或不知道回顧檢視自己投資狀況的重要性,掉入過度交易或不賣就不算賠的陷阱。其中有些人可能知道自己的不足,但是為了心靈上的舒適,他們選擇逃避,對自己的虧損視若無睹、充耳不聞。逃避不會讓你的績效變好,也不會讓你賺錢,遇到問題,正視它、思考它、解決它!從這些案例中,我體悟到製作自己交易日誌的重要,特別在本書中花了一個章節的篇幅加以說明,我誠摯地希望,讀完本書以後,你能立刻開始撰寫你的交易日誌,從中覺察你的交易問題,交易日誌就是反映自己投資狀況最真實的明

鏡，正視它、思考它、解決它，有朝一日，你也能成為投資大師。

聽信他人意見或市場小道消息

　　市場上諸多流言蜚語，有真有假，有即時也有落後資訊，除非你能確認訊息來源是否真實可靠，否則無視它會是個更好的選擇！人的思考有個誤區，倘若你聽信市場小道消息，買賣股票，即便因資訊正確賺了錢，你可能也不知何時是最佳出場時機，或者只賺了點蠅頭小利，便急於出場、沾沾自喜，再四處探聽有沒有類似的好賺機會，到頭來只賺了那麼一點點。但若碰上消息不正確，或誤信市場刻意流出之假消息，因為進場決策來源不是自己，抱持著僥倖的心態，在結果不如預期的狀況下抱股持續觀望，或致力於尋找對自己有利的消息，忽視不利的資訊，最終會在有心人有計畫性的出貨下，賠掉大部分本金，栽了個大跟斗！交易市場是人性的試煉場，不要輕忽遇到騙子的可能性！馬多夫曾坐上 NASDAQ 主席之位，最終因龐氏騙局身敗名裂；台灣投顧史上亦有多位「名師」在投顧節目害人不淺，即便他們最終被判刑，身陷囹圄或潛逃出境[16]，你失去的金錢還是有如掉落的頭髮一樣，回不去了。切記！對市場消息務必保持謹慎的態度，不要把市場消息奉為投資圭臬！

> 對市場消息務必保持謹慎的態度，不要把市場消息奉為投資圭臬！

主動投資？被動投資？

　　判斷自己適合主動投資還是被動投資，除了評估自己對市場了解的多寡以外，最重要的是你有多少時間管理。現今 ETF 投資已是顯學，市面上亦有不少人推廣，如果你的時間極為有限，選擇範圍較廣的指數型 ETF，長期看

16　相關新聞請見 https://news.ltn.com.tw/news/society/breakingnews/4014199

來，是個還不差的選擇。掌握通膨的原則，對抗通膨最好的方式是「打不過就加入它」！只要選取對象夠廣泛，通膨漲價總少不了你投資項目的那一份；加上會定期更新持股清單，可省去自己不少麻煩！如果你的目的是對抗通膨，溫和地增進自己的資產，為退休做準備，那廣泛型並全球化布局的ETF是你的好選擇，而區域型或國家型的股票ETF，如台灣知名的0050（全名為元大台灣卓越50指數股票型基金），則需要對該地區或國家近期的狀況有更深的了解。若再分切到更細的子項目，例如近年發行之各種電動車ETF，除了要仔細檢視其成分外，也得知道，針對細產業的ETF，其針對通膨的抵抗性較差、深受產業循環影響，若之後因產業更迭，或遇到破壞性創新，也不是沒有全軍覆沒的可能。如果你計畫以ETF做為自己的主要投資計畫，務必注意這個部分。

用ETF式的投資或許對退休計畫有一定的幫助，但若想靠它致富，則是相當困難的，畢竟在同等的投資報酬率下，倘若你的小資金取得了20%報酬，同時採取同樣投資方式、持有億萬資金的富豪也取得了相同的報酬率，這代表你與他們的距離只會越拉越遠。ETF本身的優勢是胃納量大，也就是能吸納更多的資金，但這同時也代表著，投資ETF對於大資金的意義更為顯著，而對於較小規模的資金來說，不是最有效益的方式。因為資金小，對於商品流動性的要求更低，而在這些不符合大型ETF要件、納入持股清單的中小型企業中，常常可以回測出更高的報酬率，如果你想透過投資脫貧致富，尋找規模相對小，但有高報酬率的標的，就是你不能錯失的投資選擇！

> 如果目的是對抗通膨、溫和地增進自己的資產，為退休做準備，廣泛型並全球化布局的ETF會是個好選擇。

相對於廣泛全球化投資型ETF的省時，主動投資就是一個花時間，但有機會讓你的資金呈飛躍式成長的選擇（同時也有可能讓你摔落谷底），是成功或失敗，差異就在於你知識的累積是否足夠、有無即時汲取市場新知、能

正確判讀與歸納結果、是否具備穩健理性的投資心態。以上所列項目在在都需要花費許多的時間與精力投入，就像職業運動員一般，你練習的頻率直接關係到比賽表現與成績數據穩定度。如果你夠年輕、有學習的動機與興趣，並且在生活費之外，尚能切分出屬於投資的資金，最重要的是有足夠的時間可以投入，那我認為你不妨學習主動投資。

　　以我來說，基本上我是全時投入在投資這份工作中，在營收財報旺季，我一睜眼便開始工作，到了晚上休息時，有時看了看時間，甚至已是凌晨一點或三點，不可不謂累人，所幸投資工作就跟所有企業一樣，都有淡旺季之分，因此我能在營收財報季之間的空檔與年末稍事休息。隨著年歲漸長，家庭事務亦隨之增加，逐漸難以繼續維持原本高強度的工作模式，因此提升工作效率與分時管理越發重要。

分時管理

　　投資的世界是殘酷的，別忘了時間就是金錢，是最寶貴的資產。人生而平等，雖然出身不同、資產不同，但一天都一樣只有二十四小時。對於投資的準備，我們有著相同的基準點，如何善用及規畫時間，變成了最重要的課題。

　　可初步將時間分類成盤前、盤中、盤後三個時段，其中，盤中時段與多數上班族的工作時間重疊，不是人人都可以參與、關注，但是盤前盤後的準備是一樣的，只要能夠在盤前盤後做出準備結果，提前預約下單，就算盤中無法親自看盤，依然可以完成許多事。我的本業工作是個交易員，盤中時間也是我主要的工作時間，我的盤中工作以投機及避險為主，而真正的投資工作其實是在盤前及盤後完成，盤中做的只有執行。因此，如果你能預約下單，或者委由程式交易，就算你是個老師、公務員、工程師，或從事其他不

菲式思考

便在盤中下單，甚至不能使用手機的工作，你依然能夠在上班之前與下班之後進行你的投資工作。現在這個時代，要靠薪水達成人生的夢想絕非易事，要嘛你有個富爸爸，要嘛有著絕佳的 idea 並且創業付諸實現，要嘛你就必須在投資的路上追求卓越！

以下以我自身為例，說明我的分時管理原則。

盤前時段

盤前準備

每天早上盤前，我會大約花一小時準備，當成是盤中工作的暖身項目，我稱這一小時為「黃金一小時」，盤中時段長達四個半到五個小時，是勝是敗，與這黃金一小時的準備是否充分息息相關，此時幾乎便已決定了八成。

這段黃金時間，我必看經濟日報、工商時報及電子時報，聽非凡晨間新聞，也看看前一日或當日是否有收到什麼重大的研究報告，此外也會注意前一天道瓊、S&P、NASDAQ、費半的漲跌幅、摩台收盤價，另外就是台股 ADR 狀況、與台灣企業相關的公司股價變化及前一日原物料報價。讀完這些資訊後，我會再觀察外資投信買賣超數量占股本比例（我現在都使用 XQ 選股中心的功能完成這個步驟）、是否有內部人移轉股票、是否有 GDR 或可轉債完成定價，看完這些及前日的盤後工作，我基本上已經決定好當日要做的事情，換句話說，如果盤中不便下單，我便會在盤前預先掛好這些預定要執行的委託。

看了最新美股收盤漲跌狀況後，要特別注意美股尾盤及盤後有沒有什麼顯著變化，由於 Fed 常常都在台灣時間凌晨兩點到四點間（夏令時間差一小時）公布會議結果，美股的財報亦在盤後發布，而有時為了避免意外事件過分影響市場，也會選在尾盤才發布訊息（就像台灣金管會的新政策等多會在

台灣盤後的下午時段發布），所以美股盤後股價的變化可能較收盤價有較大的漲跌幅。同時間掌握代表資金流向的匯率變化，也可以讓心中有些看法。緊接著回到晨間新聞的部分，以前我會在通勤時一邊收聽財經新聞，看看當日各條目是否有值得深究的項目，並仔細閱讀，看見有興趣的新聞，就利用手機軟體翻找財報及近期相關個股新聞，以上事項，我都能在大眾運輸工具上完成。

開盤前置準備作業

真正的開盤前置作業，從早上八點韓國開盤便開始了，韓國的走勢對我們具有相當的指標意義，主要因素在於韓國是台灣科技業的主要競爭對手，了解韓國盤前走勢，讓我對當日台灣開盤有所推敲。但是就如同台積電占台股權重相當高一般，三星也占了韓股指數很大的比例。三星是一個相當大的企業集團，其半導體部門是台積電的主要競爭對手，記憶體部分則是市場龍頭，因此在判讀三星的價格變化上要格外小心。如果因為半導體良率與製程落後導致市占下滑，使得三星股價下跌，對台灣而言是利多；但若因景氣向下循環，而使其商品報價下跌、銷售不振，在全球化的影響之下，台灣也無法置身事外。因此，如果盤前韓股相較國際盤的變化較大，或走勢與之相反，我便會看看三星是否有什麼樣的利多，亦或有什麼問題。

日本則因為深受日圓匯率影響，我比較沒那麼看重，但是觀察其與美股、韓股漲跌幅是否接近，亦是判讀當日市場連動性的參考指標。台灣的開盤時間點在日韓開盤後一小時，有些時間可以觀察其變化。八點過後，我會將這些盤前準備的參考資料，消化後再進行投資工作，利用這些時間閱讀報紙（現在手機app很方便）、利多利空訊息、研究報告之外，也得趁此時清清腸胃。

開軟體測試連線並開啟校時軟體，時間點的正確，對於分秒必爭的我而

言是相當重要的事，若因為一兩秒的差距而錯過開盤，對我來說真的得不償失！決定是否要買入賣出股票，到了八點半開放委託，一定要在八點四十分前測試是否登入完成、憑證是否逾期、送單及確認報價、開好計畫要委託的下單匣、查詢委託是否正常並刪除不必要的掛單，再看看需不需要上廁所清腸胃。等到八點四十三分，期權停止委託單刪除後，才正式開始決定自己的期權掛單，此時距離期貨開盤只有兩分鐘，若沒有事先拉好下單匣並決定好委託，在這緊張的時刻必定兵荒馬亂、手足無措。

盤中時段

　　早上八點半至十點之間，真正專業的投資者、投機者肯定非常忙碌，會在這段時間檢視各種行情變化：盤前讀個股研究報告，與國際、國內有關事件；開盤前倒水、上廁所、推算各商品可能價格；盤中更需要緊盯盤勢變化同各國開盤及匯率變化。

　　台灣市場期貨的開盤時間是八點四十五分，股市現貨則在九點。九點前，市場上存在著大量的假掛單，這些假掛單存在的目的，一來是影響現貨市場的開盤價格，或干擾市場上其他投資人的決策，二來是影響股票期貨或指數期貨的盤前走勢，三來則是測試市場的預先掛單狀況，對於持有大量股票的大額投資人來說，市場流通性成為他是否能快速拋售手中股票的關鍵因子。假掛單也能掩飾其真正意圖，例如某股票前一日停盤開重大訊息記者會，宣告重大利多，而隔日盤前卻發現有大量試撮量預估成交在跌停，除了有人計畫倒貨之外，亦有可能是特定人利用現先賣同步掛買進及賣出，在市場上恐嚇想要買進該檔股票的競爭對手，讓他們減少委託數量，以避免成交超過自身財力部位，但這些假賣單會在開盤前幾秒消失得無影無蹤。

　　近年來，台灣現貨市場的委託增加了市價單這個項目，使得遊戲規則有

了重大的改變，市價單的特性在其成交順位優先於限價單，在沒有市價單時期，對於想買進預期會漲停的股票而言，盤前委託的筆數成為整日自己能成交多少量的關鍵；引進市價單之後，由於市價單限於盤中委託，因此除了開收盤依然用盤前委託比拚幸運抽股票樂透以外，比拚誰能送出盤中的第一筆市價委託到交易所，成了一場軍備競賽，能送出這筆單的便能後發先至，卡位搶進九點到下午一點二十五分丟出來的賣單，如果是有重大利多、可能多日漲停的股票，能率先在開盤第一價成交後的第一時刻丟出一筆499張的掛單到交易所，成為大戶鑽研的法門，甚至會為其投入鉅資以求縮短這微秒的差距。從這事件本身，我們可以看到規則的重要，規則本身是公平的，但你要加入這場「公平」的競爭，需要投入相當高的成本，究竟這新規定是對大戶或對散戶有利，我不敢妄下定論，但是當遊戲有了新規則，身為無法改變規則的我們，只能接受它、熟悉它。

　　盤中時段，我會著墨在我有做盤前盤後功課的股票，如果想購買的張數比較多，在盤前一次丟出委託，勢必疊高自己的開盤成交價，尤其股票期貨的流通性比現貨弱得多，如果想要買進足夠的數量，分批買進才是安全且必須的。而除了自己原先計畫就要買賣的股票以外，我也會特別檢視不同族群的走勢動態，及公開資訊觀測站是否有臨時公告值得注意的訊息，從電子、金融、非金電及櫃買等四個大項，到各個細產業族群，我都會注意當日走勢，從這些指數的變化，我可以即時得知市場資金的流向，而櫃買通常較加權市場更為敏感，如果櫃買市場突然有巨大的波動，而加權市場尚未反映，我也會思考是否需要避險。

　　股價指數與個股最大的不同，除了個股的波動通常大於股價指數外，大概就是權值比例大的個股影響股價指數甚鉅，因此有可能發生指數與個股走勢不同步的狀態。以台灣50股價指數來說，按照2023年1月31日的資料顯

示，其台積電的持股比例高達47.89%，而第二名的鴻海占4.55%，光這兩檔便超過了半數，假設台積電跟鴻海股價漲停，而其他四十八檔成分股跌停，最終在指數上顯示微幅上漲。此時你若沒有持有台積電或鴻海，境況想必落得悽悽慘慘、滿臉豆花，這就是指數相對於整個市場來說，呈現失真狀態。因此除了單看指數以外，觀察不同族群產業的變化及整個市場的漲跌比例，亦是每天盤中需要做的工作。

我的早盤工作大概會持續到十一點半，而在中午時刻稍事休息，因為十一點半到下午一點為陸股的休市時段，台灣市場的交投亦相對清淡，但在市場震盪較劇烈的期間，或十一點後國際盤勢突然大幅下殺的時刻，中午我也會用期貨替自己持有的現貨部位規避風險而努力。

十一點半左右，我會用搜尋引擎搜尋關鍵字「標借」，分別連到證交所及櫃買中心網站，觀看當日的標借個股清單，倘若名單上有我持有的個股，我便會打電話給營業員參加標借，標借時間至十二點十分截止，並會在十二點半公告結果，如果標借個股清單有個股標借數較前一日大幅增加，標借費用也會隨之增加，甚至標借不足，一日的標借費用最高可達股價的7%，不可謂之不高，雖然對我而言，這所得可能僅占一年收入的零頭，但是猜中所得的樂趣遠比數額本身更有趣，如果猜中一檔持有的股票當日標借可能不足，甚至一通電話能賺進數萬元，總會讓我開心片刻！但請記得，唯有持有現股並完成交割，才能參與標借，如果你是以融資買入，或將個股抵押借款，就不具備這個猜價格賓果遊戲的機會。

而在下午一點後的尾盤，才是後半盤面的精彩時刻，往往會有一個新的波動，這可能肇因於機構法人的進場、基金的調節與每週三的週選擇權結算，及每月第三個星期三的月期貨及月選擇權結算。而每年2、5、8、11月份的MSCI指數調整，及諸如0050、0056等大型ETF調整，亦會在尾盤影響

股價及指數的走勢，對於這些可能影響指數變化的因子，我都會在盤前及盤中即時觀察市場上受影響個股的走勢及成交量，並於最後一盤公告前推敲計算其收盤價格，如果較前一盤有顯著的變化，我會將其納入決策的因素，當尾盤收盤價可能偏離原價格太多時，亦會用隔日開盤收斂的角度，做個股隔日沖銷的參考。

　　現貨收盤時間為下午一點半，而期貨為一點四十五分，你以為到了一點四十五分，盤中時間就結束了嗎？幾乎是，但你忽略了興櫃交易到下午三點、上市櫃個股在下午兩點半還有最後一次盤後交易，如果盤中交易有些不足的地方，或現貨收盤後有公告新的營收或財報，我會在盤後交易做最後的努力。直到盤後交易結束，才算真正結束當日的盤中時刻。

盤後時段

　　盤後時間比較長，所以可以比較悠閒，我首先會做的就是更新我的交易紀錄，並記錄重要事項，這可以提醒自己以後不要犯一樣的錯誤，並累積成就感，看看這個曲線是不是能讓自我感覺良好一番。

　　另外必提的就是，每月10號以前，我會「每日」看盤軟體看最新新聞的方式，及股票營收的月增、年增率變化（每檔都掃描過，只針對重要的閱讀歷史資料及分析），季報則是由截止日往回推十五日，每工作日進行這樣的工作，檢視EPS與財報、看法人對大盤買賣的狀況、自己重要持股的法人買賣狀況、期貨的外資大盤留倉變化與狀況。

有多少時間做多少事

　　我的溢酬來自於資料的蒐集、判讀與正確的決策，這些都是經年累月耗費時間投入換取得來的。一個人的投資哲學來自於經驗的累積，如果你沒有

時間了解投資的細項，定期定額投入分散式ETF是個可以的選擇，只是這個商品沒辦法幫你帶來巨額財富，也不能逆轉你的人生，只能幫你簡易地累積人生的所得，並藉由內建的更換成分措施來汰弱留強，在高整體規模與預告調整方式下，勢必不是最有效率的方式，但切分之下的單位小、相對親民且接受度高，在你懂得如何應用手中的金錢之前，在物價會逐漸通膨的背景下，將錢放置在非槓桿型廣泛ETF是一種選擇，但要注意專精於特定產業的ETF只能視為一種選股，只是選的是產業，因此當該產業供需市場有所變化時，會產生根本的變化，而不像以整體市場為成分的ETF，能追隨經濟趨勢，並因產業更迭而調整成優勢的類別。槓桿型的ETF則隱含在極端行情下的下市風險，組建槓桿時，也容易產生許多投資人不知的換月損失，因此不適合做為長期投資的選擇。做為一個專業投資人，且具備我自己的交易本業，我選擇自行組建投資組合，在發現市場產業變更的第一時間就能處理抽換投資，並且在衰弱的產業上避險以降低整體部位風險，在台灣市場的規則下，避險部位的取得相對比較困難且需經驗，投信組建投資組合也會相較自然人有更多的限制，這是我自身的投資組合能優於市場的根本原因。

　　以上是我的時間管理策略，根據我的狀況與能力做為分配的基礎，我從20幾歲開始我的投資之路，在單身沒有家累時，如果工作環境允許，自然有更為充分的時間投入投資這門人生課題。別忘了，這終歸是屬於我的時間計畫，如果你無法照做，也別灰心，可以從中擷取你所需要的，或直接根據你自己能用在投資的時間分配投資組合。如果你真的沒時間也沒關係，長期投入指數型ETF是個省時的策略，只要避免反向、槓桿型與特定族群的ETF，盡量選擇成分股多集中在龍頭產業，並會篩選進出更新的全球型或非衰退地區型ETF。但請記得，如果你想靠投資過得比一般人更好，那麼學習主動投資的眉角就是重要的課題。

第4章

建構屬於你的
交易室

工欲善其事，必先利其器：
交易系統的架設

　　想要怎麼樣的交易系統與設備，端看你的需求而定，以我為例，我的工作是個研究員、交易員，也是自己的資金管理者與風控者，而這其中設備要求最高的是交易員，因此我用交易員的標準來建構自己的交易系統設備。

　　交易員需要的是什麼？交易員需要的是大量的數據、資料與圖表，傳統上是由許多的螢幕架上下堆疊而成的螢幕牆構成。我的螢幕也從雙螢幕一路增加到許多，但是隨著科技的進展，現今的4K解析度螢幕已經能顯示四個Full HD螢幕的可視範圍，也就是跟十年前相較，一台螢幕已經能取代以前四台螢幕的資料量，所以可以精簡螢幕數。我認為現今的交易員設備低標是兩個4K螢幕，但是不宜超過40吋，因為大尺寸平面螢幕的邊角會比中間出現角度差，不易閱讀。一個48吋4K螢幕約等於四個24吋FHD螢幕，但是少了螢幕架的角度微調，在邊角位相當難以閱讀，螢幕上方也容易反光。因此，不建議使用超過48吋的螢幕。同時，曲面螢幕也優於一般平面螢幕。交易員相當於金融領域中的電競選手，因此高刷新率也能較一般60Hz有些許的幫助，並選擇可以旋轉、上下左右調整螢幕角度的款式為佳。人的可視範圍上下較窄、左右較寬，視線移動水平亦較垂直輕鬆，因此在螢幕的擺設方面，不要過高，切勿大幅抬頭才能觀看，以避免職業傷害。（參考配置圖請見彩色附錄。）

　　主機的選擇以穩定為第一要務，其他的需求包含CPU多工處理與較高的記憶體（現今的標準低標是32GB RAM，較輕度的需求最少也要16GB RAM）、能輸出多螢幕的顯示卡，及支援wifi的主機板或外接無線網路卡，同時最好能分開報價主機與下單主機，並在報價主機安裝下單備援系統。有線網路仍是最佳的網路訊號來源，但必要時，手機網路也能在有線網路訊號異常時提供緊急支援。以我自身經驗測試，台灣居家網路的架設，中華電信相對有線電視網路封包表現與延遲狀況都較佳，相信我，你不會想體驗下單時封包遺失的感覺。無線鍵盤與滑鼠的使用可以提升桌面的整潔與操控，其中藍芽滑鼠的更新率較為緩慢，下單建議使用有USB發射器的無線滑鼠，使用上也務必注意電量，適時充電與更換電池，以避免關鍵時刻無法控制你的部位。使用一般電池款式須注意電池漏液的可能性。我愛用無線鍵盤與滑鼠，但是隨時都準備了有線的備用。如果你想規避停電的風險，可以加上UPS（不斷電系統），或是插在緊急電源插座上，大樓若設有備用發電機，停電時仍會供電。記得，不只主機，螢幕、網路設備也得插在緊急電源插座上，交易才能真的不斷電。另外提醒，UPS只能短暫延長使用時間，有一種內建電池的電腦叫作筆記型電腦，能延長的工作時間比UPS長得多，至於緊急使用網路，手機網路還是很方便的。

　　業界的交易員容易有的職業病是眼壓過高，以及腕隧道症候群，許多知名交易員都受眼疾所苦，所以眼睛的保健至關重要，不論你是否近視，交易時請配戴抗藍光眼鏡，並且將螢幕調整成低藍光模式，夜間也需注意背景光源不要太暗。眼睛是一個交易員的生命，眼睛過度消耗，相當於交易生命的終了，工作之餘也請適當休息，稍微放鬆活動眼睛。鍵盤滑鼠請務必用有一定厚度的滑鼠墊，並使用人體工學座椅，記得調整手部扶手至與桌面接近之高度。

　　軟體部分，值得注意的是，我每安裝一套新設備，必定會下載NTP clock校時程式，並開啟置於畫面中醒目可視的位置。對於一個交易人而言，規則是最重要的事，不論開盤、收盤與結算，關鍵數字發布時間點可謂分秒必爭，幾次錯過開盤時間點都讓我惋惜不已，因此養成了這個習慣。看盤部分，我同時使用數個不同券商及嘉實來源的XQ系統，因為要看的資料繁多，造成其龐大的負擔，若集中在一個XQ系統開啟的話，容易拖累整台電腦的速度。因此我將看盤警示及下單的系統分開，無論如何，保持下單環境的暢通是第一要務。除此之外，我同時也使用精誠資訊的DQ2與自行撰寫的excel DDE做為輔助，在股票方面，除了觀察自選股以外，我還會觀察大型權值股的變化、國際間的指數動盪（特別是中美日韓），及台幣匯率的走勢做為參考指標，如果其中項目突然產生顯著變化，我心中的警鈴便會響起，提醒我更加積極地調控手中的部位及避險。

　　最後是程式交易的部分，我建議最好用獨立的電腦來跑程式交易，除了程式交易必須的軟體以外，不要再開非必須的軟體，以降低意外當機或資源不足的可能性。但最重要的還是關閉系統自動更新，Windows系統設定之自動更新可能在深夜時段，如果沒先設定好，自動更新時你用來交易的電腦仍持有部位就重新啟動，勢必無法順利完成該次進出場，如果恰巧遇到大行情會後悔莫及，這是一個新手容易忽略的小事，卻可能因此產生致命的後果。

做自己的經理人：製作交易日誌

　　我從2013年末開始製作我的交易日誌，原因是幫學生社團講課，那時我往回建構了2013年按日期的平倉損益變化，並繪製圖表。之後，我便逐日記錄，並針對值得記錄的事件，寫下自己的成果與心得。製作交易日記，我認為最重要的是記下虧損的原因，並且避免之後再犯類似錯誤。我在金融業服務的前幾年職涯中，有一個客戶讓我印象深刻，他每個月都會交易，交易的量不少，會賺會賠，但總的來說是賠錢。我觀察了他一年多，眼看他虧損100多萬，適逢自己的投資已經逐漸步上軌道，於心不忍，於是約了該客戶來公司，讓他親眼看看自己的損益。想讓他藉由了解自己，並提供較佳之方法，改善其交易行為。但是那個客戶看完損益，發現自己虧了那麼多錢，當場決定停止下單……好的，現在他已經立於不敗之地了！如果他有做交易日誌，就能更早發現自己的損益狀況，可以在虧損尚少的階段，就發現問題，不用等到虧損數字難以彌補才壯士斷腕。

　　製作交易日誌最重要的是延續性，也就是讓這個習慣可以維持。有些人會針對每一筆交易進行檢討，但我認為這樣過於耗時，有點不切實際。因此我的方式是按照每一日的未實現變化與實現損益並陳，且分帳戶填寫再加總。接著會視當日有無值得記錄之事項，包含數據、當日市況、操作心得與執行狀況等為主要撰寫項目，藉由寫下文字敘述，將之銘記在心，並供日後檢視。

　　製作交易日誌的目的與關鍵就在於去蕪存菁，留下好的習慣，不好的做

菲式思考

法則不要再犯，藉由一次次地練習與撰寫，逐漸了解自己的交易狀況與心態，將自己自交易者的角色抽離，而能用更客觀的角度檢視交易成果——身為經理人的自己，去檢視身為交易人角色的自己，工作效率如何、是否合乎工作準則。經過長久的記錄，將好習慣內化為工作SOP。步上軌道之後，知道什麼是正確的行為，便不用再撰寫交易日誌，只要記錄不正確的部分即可。即便決策正確，有時難免會發生沒有帶來正向報酬的結果，此時也能透過撰寫交易日誌抒發你的情緒，告訴自己如何做會更好，或是下次也應該這麼做。

　　以下擷取我的交易日誌做為範例，你可以參考，並做出屬於你的版本。

日期	單日損益	累積損益		當日檢討
20160908	6178	10294316		
20160909	111169	10405485		當沖op虧30000 -_-, 獲利主要為群聯出場
20160910	-2236	10403249	-265	為了1點的價差，沒出場，導致最後一盤當沖虧損37000
20160912	29550	10432799		當沖賺11萬5
20160913	99291	10532090		下殺時低點在跟人聊天沒馬上平倉，獲利少10萬，看到V轉沒進場做多，雖空單獲利出場，卻沒有賺到對應的上漲機會
20160914	123612	10655702		早盤太認為會下跌。上漲大波段不賺反虧，後來再下跌尾段賭太大，當沖最後僅獲利22000，宏達電認列獲利
20160919	231216	10886918		未積極追單，看到有利潤，但因為原來基本單已高，沒有在九點超強時加單，太早把尾單出掉違背原來想法後又沒積極進單，導致後來想下逆勢單，回虧10000，當沖獲利164000
20160920	46180	10933098		

236

日期	單日損益	累積損益		當日檢討
20160921	175196	11108294		當沖賺50000，中間拉升受影響沒有追單少賺很多，尾盤也受影響太早出，下反單獲利減損
20160922	-162955	10945339	-266	一次下太多不同單，又有特定想法，還要布局股票，沒有按照觀察的結果馬上了結大獲利部位轉成大虧，後來又忍耐不住再次下單造成虧損，多虧50000，耐心很差，後面幾個單都有賺錢機會卻都搞到虧錢，很不應該，沒把錢當錢，失去警覺，結果就是虧錢
20160923	-53328	10892011	-267	不想上班，硬上，導致虧損，不應該，這兩天心態上太偏多，一直被洗，遲疑沒馬上出場，出場都太晚太差，導致不應該的虧損發生
20160926	-108254	10783757	-268	開盤方向策略正確，可是卻因為前兩天的錯誤情緒導致沒抱住，八點五十九分時遲疑沒空，後來空時遇到反彈，進場又錯誤加碼到部位一次，導致壓力過大，大虧！最近下期貨壓力太大，應該改下選擇權，期貨單下6改4，常常下單到超過心理帳戶導致虧損，這三天太差，期貨多下的部分虧損34000，分心處理股票也有影響，最大的重點是期貨下太大
20160929	-93739	10690018	-269	當沖獲利90000，但只是彌補聽皇奇週一夜間亂喊的虧損，又因為觸控板多下，導致多虧20口，共虧183000
20160930	-12078	10677940	-270	系統有問題造成自己下單出場遲疑，一直在看是否有問題，獲利時沒順利出場，虧損時沒有馬上轉空，導致今天虧損，最近很糟，跑太遠吃飯，沒堅持尾盤要回來做單的原則規則，失去尾盤向下行情獲利機會

日期	單日損益	累積損益		當日檢討
20161003	159496	10837436		美律太早全部平光⋯⋯-_-
20161004	29120	10866556		
20161005	147538	11014094		
20161006	-90174	10923920	-271	
20161007	-21800	10902120	-272	
20161011	310702	11212822		早盤系統有問題，因此進場太晚，下跌時虧損，規避下跌風險的避險單太早全部出清，實非必要
20161012	100480	11313302		網路設備有問題，早盤因此用手機下單下錯單，意外多賺一點運氣錢，今天有些機會沒把握到，尾盤拉抬時沒積極搶進，但大致合理
20161013	-388670	10924632	-273	碩禾認賠出場38萬，早盤果斷出場，如果碩禾尾盤出場，損失為多36000
20161014	34984	10959616		大立光被騙，損失10000，因為這個損失，不服氣，導致期權當沖賺到預期以後沒馬上出場，轉虧，上櫃轉跌時壓跌回收部分，但是因為避險單不足，導致今日庫存大虧20萬，本週當沖獲利44萬，但扣除庫存，只賺10萬
20161017	-195668	10763948	-274	被台積電騙了，在不該下多單時下多單，導致原來能賺的盤變虧，後來看到訊號反手以後受到影響，再反手在最低點，由0萬→-6萬，變成-15萬，前面沒做好，後面太想扳回損失最終面臨大損失，尾盤又衝動下太大，12口虧27000，不該這樣，儒鴻正確出場，避免虧損15萬
20161018	4710	10768658		網路問題影響到損益，不爽又影響到尾盤策略，虧損-23000

日期	單日損益	累積損益		當日檢討
20161019	243558	11012216		最後一盤太想做多，因此太早下單，在現貨還沒拉到獲利點位前就進場，導致進場就虧損，尾盤損失8萬，當沖約賺140000
20161020	-49152	10963064	-275	期貨停損按不下去，心態不好，尤其在看到台塑大漲以後，選擇權還是比較適合自己，賠10點時沒停，20點時沒成交，最後賠30點
20161021	-9620	10953444	-276	
20161024	-20904	10932540	-277	股票期貨虧炸！70000
20161025	45119	10977659		

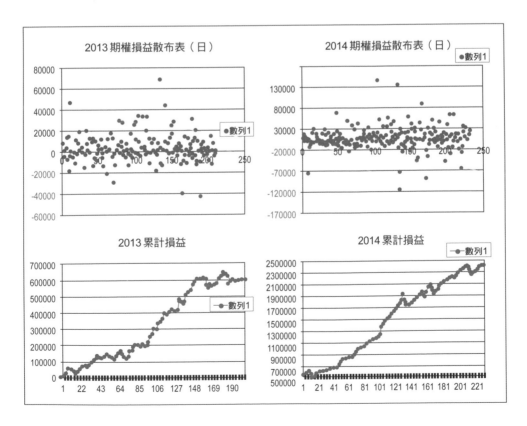

239

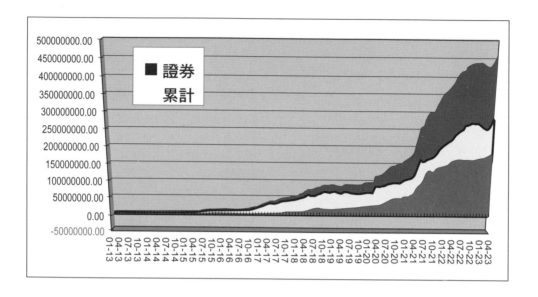

別相信任何人，直到你回測

　　電視、書籍雜誌、網路文章分享的投資方式有成千上萬種，各種千奇百怪的投資方法是否真能帶來獲利，相信是投資人心中共同的疑問。長期來看，許多方式確實是有正向展望的，但許多投資人琅琅上口的指標的確也不太適宜。鑑別其優勝劣敗的方式就是親自實測……你不會真的這麼想吧！在實地試驗以前，有個更好的方式叫作回測。以前，回測並不容易，資料來源的蒐集、策略的撰寫、程式語言的學習，每一項都是門檻；而隨著軟體的演進，以往相當困難的事，到今日已變得簡單。我們上一篇寫的製作交易日誌，就是一個以自身為標的的回測，而這習慣我也持續了十幾年，數據的堆疊與歸納，可以讓我了解自身的狀況，與投資策略的有效性，但這只限於自己過去使用的方法。

　　要如何在不傷及既有策略的績效與穩定，以新方法為自己的部位尋找更大的胃納量呢？那就要靠新策略的撰寫與回測。「好鳥枝頭亦朋友，落花水面皆文章。」不論坊間傳說還是知名投資者的策略，都可以加以回測。以我來說，由於我缺乏程式寫作能力，也沒有相關背景，而傳統上使用 MultiCharts 的回測偏重於技術面，對於基本面與籌碼面較為不足，因此接觸後，我選擇了嘉實 XQ 系統做為我的回測工具。我特別喜歡看一位「發財橘子」寫的文章，他是業界資深前輩，很有研究熱忱，任何時候突發奇想，只要 idea 回測後相對有效，就納入自己的選股原則，而很多相對有效的 idea 堆

疊在一起，就可以做成能實際應用的策略，例如基本面的改善、營收的上升、股價突破新高的趨勢、存貨周轉率的上升、地緣券商買進，或是融券回補的日期，抓住一個核心概念，加以優化，並尋找導致虧損的態樣，將之去除，就能提升獲利的期望。其實這就跟人生一樣，去除不良習慣，便朝更好的未來邁進一步。策略的回測就跟棒球或足球經理遊戲一樣有趣，著手測試，就有如進入精神時光屋，令人樂此不疲，而手上可用的策略也隨之增加。

好用的策略具有以下特性：

1. 合理的勝率。

　過低的勝率會導致績效延續性變差，我的原則是不要低於55%。

2. 較低的MDD（Max Drawdown。帳戶淨值從最高點的滑落程度）。

　越高的MDD也代表著，極端狀況下，你的資金損失率會有多高。

3. 每年都要是獲利。就跟你每天都要吃飯一樣。

4. 不要有數年的停滯期。否則策略還沒賺錢，你的荷包就已經空了。

5. 過濾樣本性太小或與市場規則不符者。

以我在XQ選股中心建構的策略為例，我的策略勝率介於56至90%，高勝率的策略往往交易次數會較少。使用這個回測系統以來，我已經建構了七十條策略，並且應用在實戰中，而我會在每年農曆新年停盤期間，檢視過去一年策略運行的成果，並決定是否揮棄。總有些高勝率是基於巧合所致，實際應用的成效卻不如預期，當評估後，部分條件的合理性較弱，我會選擇放棄該策略。

在我撰寫本書期間，嘉實又為XQ軟體發表了新的建構式策略系統——量化積木，藉由將各種因子選取堆疊成進場及出場條件，不需寫程式即可建構出符合因子投資各個邏輯的各式策略，對於將主動投資各項法門有系統的

檢核與回測，更是大大降低了進入的門檻。如果你像我一樣，將所有決定投資買賣進出的因素皆視為啟動因子，並主動地管理投資組合，我誠摯地希望你可以使用該系統回測你的管理方式是否有用、加入其他因素會不會有進化的空間。長期來說，多因子策略顯著優於單因子策略[1]，但若要以人力手動檢核多因子策略，往往力有未逮、難以貫徹，這就是電腦輔助派上用場的時刻，動動手指點選，不需花費高昂的成本，聘請工程師維護，甚至自己也不用精熟於撰寫程式，如同 AI 的盛行將改變人的工作模式，模塊化的因子投資也會大大地降低投資的知識門檻，盡早投入，便能在試驗的過程中，快速改善自己的投資決策。

1　Blitz, D., & Vidojevic, M. (2019). The characteristics of factor investing. The Journal of Portfolio Management, 45(3), 69-86.

程式交易與 AI

　　寫書期間，我與這世界都經歷了很大的改變：我正式走入程式交易的領域；就世界的角度，ChatGPT盛行，正式宣告AI時代的到來。

　　從我2008年退伍以來，已經過了十五個年頭，開始在市場上小有名氣至今也過了十年，這期間，程式交易始終不曾在市場上缺席，而我做為一個主觀交易者與投資人，在早期便透過Multicharts對程式交易有所了解，並曾試著撰寫運行。那是個台指還沒有盤後交易的時代，我當時撰寫的程式以海外期貨為標的，而台灣連線海外交易所的傳輸時間差就可能造成落後市場的結果；加之受限於Multicharts架構，只能在技術面上琢磨，由於自己主觀交易的穩定性高於海外的程式交易，加上我並非軟體工程師出身，不擅長程式語言，撰寫較為吃力，因此逐漸捨棄這個部分。但我的心中仍種下一顆種子，程式交易有一定的限制，但未來AI普及以後，如果能夠訓練一個AI來代替我執行交易，整個世界的金融市場勢必為之改變。

　　兩年前的過年前夕，好友抄底王告訴我，市場主流看盤軟體嘉實的XQ系統已經內建了股票基本面與籌碼面的資料庫，可以經由點選的方式，組合出投資策略，一經接觸，覺得煞是好玩，就像在玩策略遊戲一般，於是我整個過年期間都浸淫在開發選股之中。過了一個新年假期，我的手上多了十幾個可用的策略，供自己選股參考。又過了一個月，我便將其投入在自己實際有在下單的決策系統。

到這裡為止，都還只能稱得上是程式輔助決策，我把程式輸出的結果記錄下來，並手動key進買賣下單匣，我對程式交易一直有些陰影，因為一個錯誤，便可能瞬間將你的帳戶保證金清空，我看過太多因程式錯誤，導致成交在異常的價格，瞬間造成鉅額難以彌補的虧損。我戒慎恐懼，把下單的最後一哩路放在自己手裡，手動抄錄寫下程式運行的結果，並在每日晚間輸入隔日的下單委託之中。

但是人一定會犯錯，而且比系統更常犯錯，我常常將選股結果輸入試算表，但在轉輸入下單匣時漏key，或者現股、融資或融券輸入錯誤，族繁不及備載，儘管如此，開發至今也完成了近百個選股邏輯，丟出近兩千筆委託單到市場上，過了兩年多，我發現程式輔助選股的確有其功效，畢竟人的時間有限，難以專注在上千檔股票與期貨之中，但是透過撰寫邏輯，電腦可以從即時資料庫中快速撈出符合條件的結果，透過不斷回測，我了解到包含基本面毛利率、營利率變化量化之後對股票投資的實際影響，也認識到投信選入與釋股對其行情變化比我想像的影響更大，甚至股東會、融券回補等之前被我認為是鄉野奇談的選股原則，都透過回測不斷地顛覆我的認知，這就像對著木樁練拳的葉問，你這招出拳如何，木樁都如實反饋給你。

程式選股擴大了我的視野，讓我擅長的小池塘成了個湖泊，但機械性地key單也蠶食著我有限的時間，每到晚上，我便要提醒自己坐上工作桌，將程式輸出的結果寫成紀錄，並一筆一筆地寫入委託之中，過了兩年，孩子出生，時間變得更少，還真的有點累。為了讓未來有多一點時間可以陪伴家人，我踏入了程式自動下單的路。

會讓我這麼做的關鍵因素是，我發現XQ系統內建有足夠的風控條件，可以降低異常時的傷害，而近年改制的一定範圍市價單也降低了偏離合理價的風險，加上台指期有了夜盤交易，人的精力是有限的，但是電腦的運行輕

易地突破時間與精力的圍籬，只要微軟不要在半夜偷偷更新你的電腦，那有個程式幫你看顧市場真的是有很大的幫助，前提是你必須充分地回測，了解自己程式的邏輯是否合理，或只是眾多機會巧合聚集在一起。寫書的過程中，我的程式上線了，上線的第一週，我便數次改良，從程式選股到自動交易，花了我兩年時間；第二支程式花了兩個星期；我如廁時滑手機閱讀了一篇文章，靈光一閃，花了一個晚上便讓第三支程式完成上線，如今它們都順利運行，突破學習曲線後，這些程式都帶來了更大的助益，與更多的時間，此時，我可以大聲地說，我除了是一個知名的主觀交易者與投資人，同時也是專業的程式交易者，這對沒有學過微積分，也沒有學過C#或Python等程式語言的我來說是一件相當不容易的事，我相信就讀生技領域的我可以，如果你有心、有想法並且願意付諸實行，肯定也能做得到，現在的XQ系統大大降低了程式交易的門檻，並有著豐富的資料庫，不用煩惱到哪邊抓資料，也能簡易地透過點選便設好風控，對於程式語言陌生的你我而言，這不啻是最大的福音！

　　從初次接觸到實際上線，我花了十幾年才建置好程式交易的系統，但是在許多海外的交易所，早已是程式交易的天下，程式交易並不是新東西，但是寫書當下正紅的ChatGPT對話式AI在繪圖AI引入生活後不到一年便席捲全球，讓你不得不正視它的存在，ChatGPT快速整理，並能協助撰寫程式的功能大大加速了程式開發的流程，在很多方面來說，AI的盛行都將造成天翻地覆的影響，你我都僅是市場上角落的一粒沙，而在我撰寫文章，抑或是你正閱讀本篇的同時，數以萬計的開發者正在試圖使用AI，暴力地抽樣資料庫。工業革命讓傳統手工業式微，1839年發明了世界上第一台相機，過了一百餘年，數位相機取而代之，但數位相機不過風光十個年頭，就被智慧型手機的相機功能取代。也許不久的將來，AI也將改寫投資的方式與規

則，所有的超額利潤都將被 AI 囊括大半。投資始終來自於人性，這也是知名投資人有機會洞見其他人所沒發現之事，進而得到超額報酬的原因。金融海嘯發生在 2008 年，那時的 AI 尚未如此盛行，十五年後的現在，AI 日益蓬勃，隨著時間過去，還會更加進化，當市場上大多數的因子都被納入大數據中回測並以機率判讀，先行者將有優勢，隨著加入者日眾，過去投資的獨門妙法將逐漸失效，這有可能是不可逆的趨勢，如同我對通膨的看法，打不過就加入它，個人無法阻止通膨，但是我們可以利用通膨為自己創造利潤。我對 AI 的態度也是如此。如果你沒有加入 AI 輔助的行列，當你主動投資卻輸給 AI 的一天來臨時，最終還有一招將使你不至於敗得一塌塗地，那就是加入指數型 ETF 的行列，雖然你沒辦法打敗 AI，也放棄了超額報酬，但是起碼能拿回屬於你的那一份不落後於指數、能對抗通膨的報酬。如果你想要有其他選擇，我認為使用 AI 輔助增進你的主動報酬績效、撿拾因規模而被 ETF 排除，但十分精良的小公司，套取不被巨鯨看上，但對個人來說十分足夠的微小利益，是在時代巨輪下能逆勢而上的方式。

　　為了完成本書的回測章節，我交給公司同仁家逸一個任務——回測四百多個策略向我報告，並將結果重點摘錄在本書之中。家逸花了一個月的時間測完這四百多個策略，在跟我口頭報告以後，我興起將其收錄在本書的念頭，便擬定大綱，要其撰寫回測的心得，也就是你們看到的回測章節。本章節條列分明、敘事清晰，實屬佳作，不知你是否看得出來，這是協同 AI 完成的內容，隨著時代變遷，AI 進入生活可能是工業革命與網路革命之後，又一大轉捩點。為了紀念這個時刻，在本書中留下紀錄，以茲紀念，相信過了幾年以後，時代又會有很大的改變，讀者可以依此思考，有什麼是會受到破壞式創新的顛覆，希望讀完本書的你，能有屬於你的答案。

建構屬於你的投資組合

　　看完本書，你應該可以了解我是如何處理資訊、管理自己的投資，你何不也嘗試建構屬於自己的投資組合？

　　關於建構一個投資組合，我有幾項建議：

1. 如果是以股票構築，我建議最少要有十個不同的標的，其中同領域的不要超過三個，當投資組合符合此一要求，才具備基本的分散風險功能。

2. 如有餘力，建議思考三種不同的投資方式，組建投資組合。

3. 逆風時該如何處理？是否有合宜的避險手段或自然避險？如何降低市場風險？

4. 投資組合專款專用，如有獲利或配息，扣除獎勵性質的花費後再投資。

5. 善用金錢的時間價值，不要長時間閒置資金。

6. 一定要定時檢核自己的投資狀況，遇到符合進出邏輯產生持有項目的增減時，也要確實執行。

　　如果你有100萬的積蓄，便能完整測試上述建議；如果僅有50萬，選擇標的時，就必須剔除較高股價的股票；若你僅有2、30萬，甚至10萬，請將標的鎖定在有股期的股票上，利用股票期貨組成多空雙向槓桿，是你可以考慮的選擇，畢竟我當年只有10萬本金，也這麼一路走到今天，千萬不要因

為資金少就選擇內含費用率高的項目，例如權證，權證需付出高昂的時間價值，買賣的價差也隱含了相當高的成本，新手投資人不可不慎。

如果有時間，我會在我的粉絲專頁上，以100萬為範例，替我的女兒建構一個示範的投資組合，並適時更新，看看這顆新種子在二十年後能長成什麼樣的大樹，想必這也將是一種人生樂趣吧。希望二十年後，寶島的美麗依舊，而你我還能安然地在這片土地上快樂地生活。

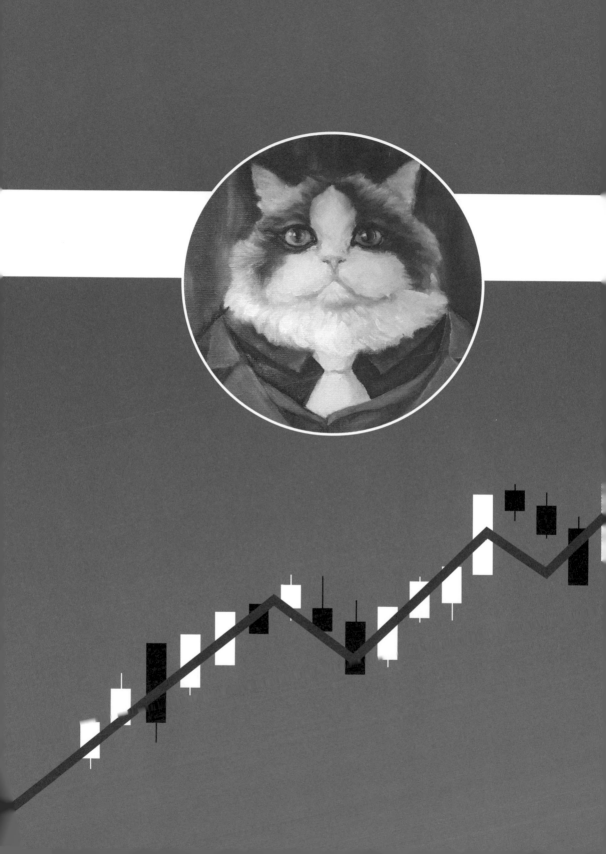

第 5 章

嘉實XQ內建策略之回測與探討

菲式思考

　　誠如我述及，我與XQ的緣分從我進入業界時便已開始，自十餘年前，XQ便是我投資時的利器。嘉實資訊的李總有著豐富的業內經驗，是個樂於鑽研的研究員與開發者，根據自己的需求，讓軟體逐漸走向專業化、程式化、模組化，隨著時代的更新，XQ已不僅是看盤軟體，更可用於研發策略與回測。幾年前抄底王跟我分享了XQ的選股中心功能以後，我便花了整個春節連假的時間，寫了數個選股策略，其中大多數使用至今，我每天晚上將其打開，跑程式將結果剔除掉與前日相同者，輸入到券商版XQ進行委託。2022年，嘉實資訊主動聯繫我，希冀合作。有鑑於我長時間使用的經驗，深知其對投資的輔助十分有益，為此開了公司，接下承銷XQ軟體的業務，將我自己在用的功能一併推廣給廣大的投資者。

　　由於多年來不停研發與精進內容，嘉實XQ內建了數百種策略，從基本面、技術面、籌碼面等多方面都有做出些策略做為範例，這其中內容繁多，如果初次使用，想從其中得到成果，就像大海撈針，因此，我做了個企畫，交代公司同仁花費一個月時間，回測其所有策略，並以會議方式報告成果，由我逐項審閱，留下印象較為深刻的策略，給予優化方向後，由公司同仁續行改良，做為訂戶之回饋，並收錄至本書中，讓讀者思考這些策略本身的優勢與改良方向，做為自身之參考。這些策略的因子雖非我所做，但有部分經測試後成為我撰寫自用策略的方向與底蘊，投資工作繁雜，但憑個人之力終究僅占冰山一角，透過這些回測，我了解了自己對市場的假設是否正確，也將原先意想不到的方向納入投資方式之中。

　　以下內容採用的是嘉實XQ企業版內建的策略編號，解析策略內容並提出部分改良方向，這個改善的結果僅是個框架，並未完美優化，目的是讓你了解該如何透過量化，調整自己的投資方式。如果你有使用嘉實XQ軟體的權限，不妨將其匯入後，再加入自己的見解，嘗試改良優化，可望有更好的

結果。如果你尚未有XQ個人版與企業版的經驗或權限，可以上xq.com.tw
下載試用個人版，或至敝司粉絲專頁www.facebook.com/PhoThinking洽詢企
業版購買。如果你想使用個人版，不妨輸入推薦碼「@PHCEBUS」，今後
我們與XQ有關的服務與相關活動皆會以向我們洽購嘉實XQ企業版與在個
人版輸入我們推薦碼的使用者優先，而更深入的資料將可在企業版客戶限定
的臉書服務社團中看到。

XQ桌機個人版推薦碼輸入步驟

1. 開啟桌機版軟體，登入後自上方主功能列選項「設定」→點選「我的
   權限」。
2. 在會員資料「推薦人優惠碼」欄位中，輸入推薦碼「@PHCEBUS」。
3. 也可以在付款結帳時，再輸入推薦碼「@PHCEBUS」。

XQ手機app推薦碼輸入步驟

1. 開啟XQ全球贏家app，點選「功能捷徑」。
2. 進入「功能總覽」，頁面往下找到「系統功能」中的「我的優惠
   碼」。
3. 點選「綁定其他人的優惠碼」。
4. 上方欄位輸入推薦碼「@PHCEBUS」。

　　當你決定使用量化方式投資，別忘了多做些不同時間帶、不同邏輯的策
略，以達分散之效，此外，也別忘了，只有運行中的資金會帶來損益，閒置
的資金是無法帶來獲利，並會降低整體部位年化報酬的。

本章主要由菲想資本的工作同仁們製作完成，謝謝同仁們的努力，讓本書內容更為豐富。

為什麼需要回測？

評估交易策略

回測可以幫助股票交易者評估交易策略的有效性。透過回測，交易者可以根據過去的市場數據，對自己的交易策略進行測試和分析，以了解其在不同市場條件下的表現如何。這有助於交易者了解其策略的強項與弱項，並做出必要的調整，從而提高其交易系統的整體效率和獲利。

節省時間和精力

回測是一種自動化的交易方法，因此可以幫助交易者節省時間和精力。與手動回測相比，使用自動化回測工具可以更快速、更準確地分析大量數據，從而讓交易者專注於制定更好的交易策略。

減少風險

回測可以幫助交易者減少風險。透過回測，交易者可以了解在不同市場條件下，股票交易策略的表現情況，從而避免不必要的風險。此外，回測還可以幫助交易者測試不同的交易策略，以找到最適合自己的交易方式，減少潛在的風險。

檢測數據的可靠性

回測可以幫助交易者檢測數據的可靠性。在回測中，交易者可以使用歷

史數據來測試自己的交易策略，並透過比較回測結果與實際交易結果，檢驗數據的準確性。這有助於交易者在進行實際交易時做出更明智的決策。

提高交易者的信心

回測可以幫助交易者提高自己的信心。通過回測，交易者可以在沒有真實交易的情況下測試自己的交易策略，並根據回測結果做出調整。這有助於交易者了解自己的策略在不同市場條件下的表現情況，並在實際交易時更加自信和鎮定。

對我而言，如果有一些新的想法，透過回測可以馬上得知想法的可行性，如果可行，就繼續優化並提升至實戰程度；如果不行，也可以從回測中學習，找出哪些因素導致無法獲利，從而去除這些因素，提高獲利機會。不斷地去蕪存菁，長期下來，你就會知道，在什麼樣的情況下出手，期望值最大。

如何開始回測？

透過XQ的學習地圖，相信大家對選股中心的基本操作都有一定的了解，接下來要談的是怎麼開始回測。

本文就以月營收為例，第一個要考慮的會是營收究竟重不重要？如果重要，為什麼重要？

簡單來說，營收就是提供公司股價未來的成長動能，那為什麼有些時候公布營收，隔天股價卻開高走低呢？

不妨思考背後的原因。

　　舉例籌碼面來說：是否有人預先得知即將公布的營收狀況，搶先進場？這時候可以透過XQ籌碼模組觀察近幾日有沒有分點在營收公布前連續大買。若有，在營收公布後大量賣出，短期內造成賣壓豈不就屬正常現象？

　　又或者你覺得營收表現算是好的，但法人卻覺得不如預期，這就是為什麼社團要每週貼出法說會資訊，有時公司法說會會透露一些訊息，你可以透過後續的營收，驗證是否有達到預期。

　　以上只是簡單概略地提一下營收公布可能會造成股價短期劇烈變化的因素。

　　回到正題，為什麼營收長期以來仍被視為重要指標？

　　答案就隱藏在問題裡：週期。

　　請問各位，當你根據營收超乎預期而買入一間公司前，是否有想過持有的週期會是多長？此時建議透過XQ選股中心的回測系統來進行回測。

　　先新增一個策略，選擇月營收月增率、月營收年增率都大於20%（圖1）進行回測。

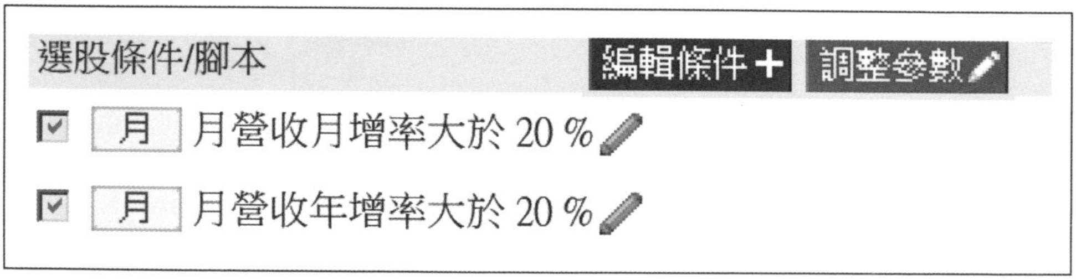

選股條件/腳本　　　　　　　編輯條件＋　調整參數✎
☑　月　月營收月增率大於 20％✎
☑　月　月營收年增率大於 20％✎

圖1／資料來源：XQ全球贏家

　　日期選過去五年，頻率選日，同時最大進場次數勾起來，最大持有時間選擇一天，進出場價格都選下期開盤價，交易費用選擇0.2%（預設手續費三折）（圖2）進行回測。

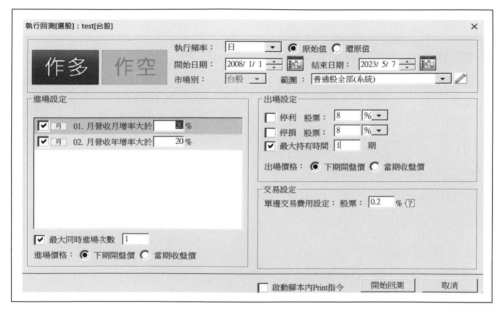

圖2／資料來源：XQ全球贏家

得出圖3，這時候按下圖3的重新回測，把最大持有時間改成六十日（圖4），再按下開始回測，可以得到圖5。

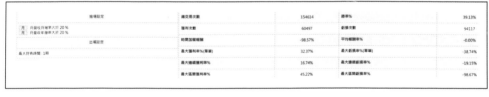

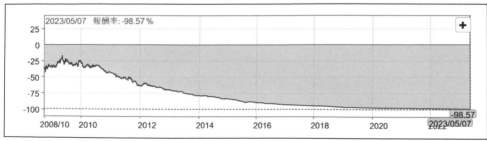

圖3／資料來源：XQ全球贏家

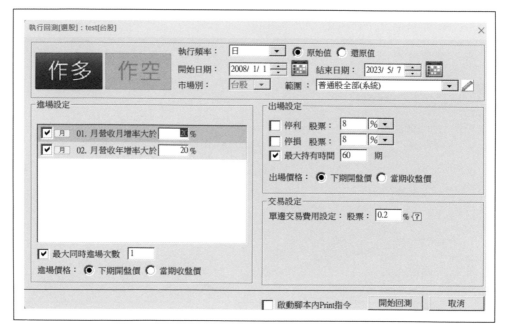

圖4／資料來源：XQ全球贏家

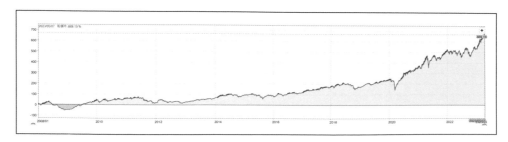

圖5／資料來源：XQ全球贏家

我們可以發現，圖5相對於圖3，

1. 只需要13091次交易次數就能表現得比154614次好。

2. 勝率顯著提升。

3. 最大區間虧損漸少很多。

4. 回測圖跑出來線性很多。

綜合以上，對於營收MoM&YoY>20%這個策略，六十天比一天績效會好非常多，這就是有效的策略優化過程。

一個實戰策略形成的五個步驟就是觀察、假設、撰寫腳本、回測、調整。

我觀察到菲比斯很重視營收，便自己思考背後原因、假設一些條件，再來就是撰寫腳本（XQ有很多內建因子可以直接套用）、跑回測，根據得出的結果，思考哪裡可以優化並做調整，到最後，終將發現，所有可以用於實戰的策略，都是按照你過去的經驗（不管是主觀發現，或是優化策略過程中發現的關鍵因子），一點一滴累積，長期下來，可以讓自己的思考更加全面。同一個策略，菲比斯可能看一眼就有十個調整想法，其他人則要想個十分鐘才有一些靈感（我初期就是這樣被老闆深深震撼），但轉念一想，這不也表示，依循同樣的方式、勤奮練習、多做回測，便可以找到讓自己進步的方向？期許大家都可以藉由這套系統，一點一滴地累積實力。

何謂好的策略？

首先要理解，策略是由勝率及報酬率所構成，報酬率是首重指標，但是低勝率策略本身違反人性，且容易有較大的最大回撤幅度（MDD），因此要

是符合報酬好、回檔少，再加上不差的勝率就太好了！但是，有一定的交易次數也是很重要的，因為交易機會太少，也意味著統計上可能有所偏離，而閒置資金也浪費了錢本身的時間價值，因此我認為，一個策略每年最少要能進出十五次，這是一個通則，少數狀況（通常是事件型）會有高勝率，但交易次數少的問題，如果符合這個條件，我也認為是個好的策略，但是需要累積較多這樣的策略做成投資組合，才能善用金錢，有更高的投資效益。

股市多數時間為正向市場，但也有急跌的時候，相較於長期上漲，下跌往往如同腹瀉一般，來得快速且急遽，因此在開發策略時，長期來說，正向策略較負向策略有較佳的結果，畢竟如果你手持金錢，卻花了大多數時間在等待市場轉差的時刻，光通膨就吃掉你的金錢價值，而放空不若做多市場有倍數漲幅，因此長期看來，做多策略較做空策略容易得多，並不是說做空策略不值得一用，做為投資組合的搭配，會是較好的做法，而做空時加上槓桿，也相對較佳。

因此，針對一個做多的策略，行情不好的時候回檔少，行情好的時候持續創新高，就是最簡單判斷一個策略能不能上線實戰的條件。只要加入符合邏輯的想法，透過 XQ 回測，你不需要額外搜尋過去的歷史資料，驗證的成果可以迅速反饋你這想法是否可行，回測的過程中，也可以加深自己對這個市場的理解，最終都轉換成經驗，長期累積，進步是必然的。

融券回補事件對股價的影響

本書撰寫期間正逢股東會日期公告時刻，因此有了驗證融券回補這樣的事件是否會對股價造成影響的想法，每一年，大部分公司都會面臨股東會跟除權息兩個重要時程，這時公司需要編制股東名冊，確認「股票的擁有者」有誰，以利後續召開股東會或是配股配息。

如果融券回補日到了，而投資人還沒買回，這時券商就會幫你「強制回補」。[1]

「強制融券回補」是一種短期供需失衡現象，由於這個是規則上的強制事件，如果全部融券都依賴此規則在最後時刻回補，則短時間大量的買盤將會讓價格偏離原來的市價，因此這些融券必須在回補日前完成回補的壓力，會均勻地在回補日前造成影響，也就是說，在到期日前，這些融券將會成為穩當的買盤。

因此，假設買賣雙方勢力均衡，則融券回補所造成的買盤會些微改變天秤的平衡。

大家可以嘗試回測，選擇2008年到今天為止，用持有七天期去回測，可以得到下圖的結果。

條件：

1.融券回補日大於（大於日數=7，小於日數=14）。

總交易次數	32332	勝率%	50.75%
獲利次數	16408	虧損次數	15924
時間加權報酬	1675.97%	平均報酬率%	0.05%
最大獲利率%(單筆)	99.22%	最大虧損率%(單筆)	-46.82%
最大連續獲利率%	20.31%	最大連續虧損率%	-23.39%
最大區間獲利率%	3093.77%	最大區間虧損率%	-51.19%

1　「融券放空」指投資者跟券商借入融資者抵押在券商供借款擔保的股票，在股票價格下跌時賣出，期望在股票價格下跌後再以更低的價格買回，以實現賺取差價的目的。「融券回補」就是將先前賣出的股票買回來還給券商，而融券回補的目的，是為了要確認公司的股東名冊。

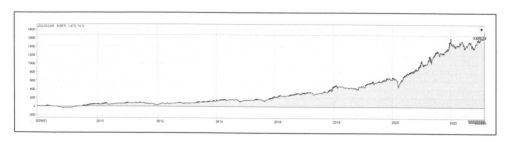

資料來源：XQ全球贏家

　　根據上篇文章提到的內容，可以發現，這個策略的勝率及報酬率在尚未優化前已經算不錯的了。

　　各位有注意到嗎，這個策略的交易次數高達32000多次，看到這邊，大家可以先停下來思考其代表意義。但這只是個初步回測，最大區間虧損率高達50%，其實太高了，可以從如何降低這部分著手，從這基數中削去可能導致大虧損，或者是回補力道不強的股票，應該有不錯的成果。

　　我在優化策略的過程中，非常喜歡交易次數多、勝率及報酬都不錯的初始策略，因為在優化的同時，你會加入一些其他條件，想辦法把無用的交易從策略中移除，而這將會造成交易次數變少、勝率提高、報酬率提升。

　　舉例來說，如果你回測出來的初始策略，在過去十五年的交易次數只有不到300次，當你費盡心思優化，好不容易把勝率拉高、報酬率提升，可是發現交易次數最終只剩下10至50次，那這其實是一個很雞肋的策略，因為交易次數太少了，觸發間隔時間過長，進場次數少，可能跑了一年，總績效還不如一個勝率平庸但容易觸發商品多的策略。

　　回到這個策略本身，分享一下我優化策略的流程，既然這個策略是為了最後回補日軋空，我們可以根據邏輯思考，還有什麼可以提高績效的關鍵因子。

例如加入券資比大於一定程度的條件，可以發現勝率拉到54%（圖6）。

條件：

1. 融券回補日大於（大於日數=7，小於日數=14）。

2. 券資比大於20%。

總交易次數	1004	勝率%	54.18%
獲利次數	544	虧損次數	460
時間加權報酬	1826.15%	平均報酬率%	1.82%
最大獲利率%(單筆)	41.23%	最大虧損率%(單筆)	-37.74%
最大連續獲利率%	42.62%	最大連續虧損率%	-26.34%
最大區間獲利率%	2137.42%	最大區間虧損率%	-34.79%

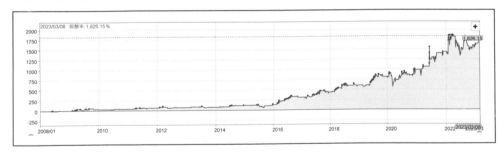

圖6／資料來源：XQ全球贏家

只需要1000次交易次數，就能跟剛剛32000次的績效相比。

接下來由於小股本比較容易軋空，我們加上一個過濾股本的條件，可以得到圖7。

條件：

1. 融券回補日大於（大於日數=7，小於日數=14）。

2.券資比大於20%。

3.股本（元）小於10億元。

總交易次數	302	勝率%	58.61%
獲利次數	177	虧損次數	125
時間加權報酬	1545.15%	平均報酬率%	5.12%
最大獲利率%(單筆)	39.40%	最大虧損率%(單筆)	-36.69%
最大連續獲利率%	35.39%	最大連續虧損率%	-27.49%
最大區間獲利率%	1564.98%	最大區間虧損率%	-39.03%

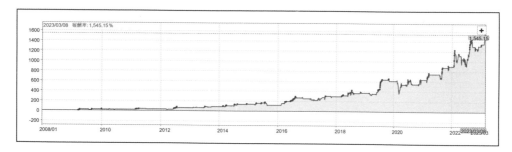

圖7／資料來源：XQ全球贏家

可以發現勝率提高到58%，只需要300次交易次數，就能達到不錯的績效。

拉開交易明細（圖8），也可以看到今年的勝率非常高，回去看看2022也沒有回檔，反而持續賺錢（圖9）。

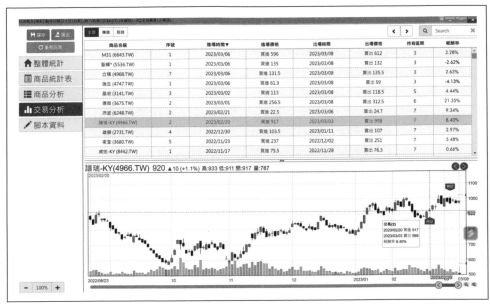

圖8／資料來源：XQ全球贏家

圖9／資料來源：XQ全球贏家

策略105：營收動能高於同業平均

條件：

1. 近三月月營收年增率合計高於同行業組平均。

   回測資料範圍：2008/1/1~2023/4/7。

   用六十天期回測之後得到圖10。

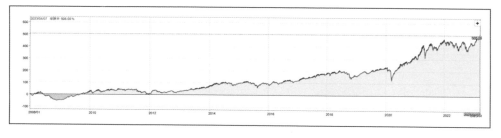

總交易次數	37816	勝率%	54.21%
獲利次數	20499	虧損次數	17317
總報酬率%	505.05%	平均報酬率%	0.01%
最大獲利率%(單筆)	559.25%	最大虧損率%(單筆)	-75.69%
最大連續獲利率%	19.50%	最大連續虧損率%	-27.67%
最大區間獲利率%	1196.58%	最大區間虧損率%	-59.60%

圖10／資料來源：XQ全球贏家

　　這個策略是為了找出近三個月，同業中營收增幅大於同業平均的股票，當位處同個產業時，如果營收增幅較同產業多，有很大機率代表著產品相關度高、可直接受惠，又或者有低價庫存，甚至可能是轉機股接到新訂單，因此，同產業營收相較之下，就可以看出明顯差異。

　　加入了「月營收年增率大於20%」、「月營收月增率大於20%」，還有「連續兩季每股稅後淨利（元）皆成長」等條件，再加入「收盤價小於100元」，以符合低價轉機受惠股的模型，一樣用六十天去回測，得到了圖11。

總交易次數	1951	勝率%	54.13%
獲利次數	1056	虧損次數	895
時間加權報酬	6213.59%	平均報酬率%	3.18%
最大獲利率%(單筆)	235.18%	最大虧損率%(單筆)	-74.61%
最大連續獲利率%	24.35%	最大連續虧損率%	-24.96%
最大區間獲利率%	12840.11%	最大區間虧損率%	-53.15%

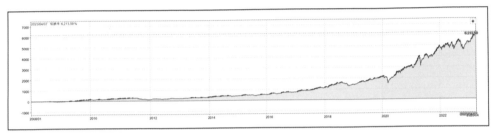

圖11／資料來源：XQ全球贏家

　　加入這些條件後，我們要找的是MoM%、YoY%都有成長的低價股，並且新增連續兩季每股稅後淨利成長這個濾網，確保營收增加有確實反映在EPS上。

策略118：低價小股本營收創一年高

條件：

1. 收盤價小於20元。

2. 月營收創十二個月新高。

3. 普通股股本小於20億。

回測資料範圍：2008/1/1~2023/4/17。

用六十天期（即進場六十個交易日後出場）回測，得到圖12。

總交易次數	3947	勝率%	57.51%
獲利次數	2270	虧損次數	1677
時間加權報酬	2951.82%	平均報酬率%	0.75%
最大獲利率%(單筆)	549.36%	最大虧損率%(單筆)	-68.07%
最大連續獲利率%	19.43%	最大連續虧損率%	-25.52%
最大區間獲利率%	6093.59%	最大區間虧損率%	-59.56%

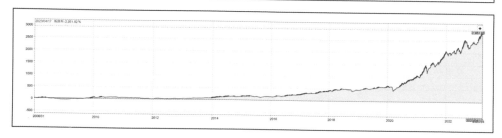

圖12／資料來源：XQ全球贏家

　　這個策略是為了要找出股本較小，且股價在低位階的股票，這類股票通常會是無量的冷門股，因為其低價再加上小股本的關係，平常比較少人關注。當該公司營收突然創高後，我們可以期待這檔股票會開始被市場注意到，進而吸引買盤來對股價做拉抬。

　　基於這個概念，我們加上了「成交量大於二十日均量的二‧五倍」這個條件，並把「月營收創十二個月新高」改成「月營收創三十六個月新高」。

　　同樣用六十天期回測，得到圖13。

總交易次數	1448	勝率%	57.73%
獲利次數	836	虧損次數	612
時間加權報酬	4444.00%	平均報酬率%	3.07%
最大獲利率%(單筆)	465.01%	最大虧損率%(單筆)	-63.57%
最大連續獲利率%	34.65%	最大連續虧損率%	-23.05%
最大區間獲利率%	6789.51%	最大區間虧損率%	-49.47%

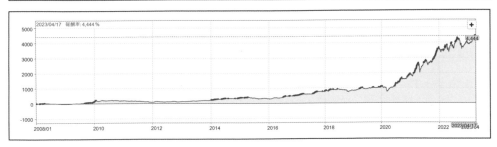

圖13／資料來源：XQ全球贏家

圖13新增（修改）條件：

1. 成交量大於二十日均量的二‧五倍。

2. 月營收創三十六個月新高

加上這些條件，代表低價冷門股營收創高並出量，顯示市場買盤開始進駐。

從圖13可以得知，交易次數縮小約三倍，報酬率、勝率都提高了，最大區間虧損也降低了。這是因為我們聚焦在即將發動的股票，無形之中也提升了資金運用效率。

策略318：創百日來新高距離低點不遠

條件：

1. 創百日來新高，但距離低點不太遠（計算區間=100，距離區間最低點漲幅=14）。

2. 回測資料範圍：2008/1/1~2023/3/25。

總交易次數	5165	勝率%	56.19%
獲利次數	2902	虧損次數	2263
時間加權報酬	511.90%	平均報酬率%	0.10%
最大獲利率%(單筆)	301.84%	最大虧損率%(單筆)	-48.53%
最大連續獲利率%	35.97%	最大連續虧損率%	-21.09%
最大區間獲利率%	1077.85%	最大區間虧損率%	-54.71%

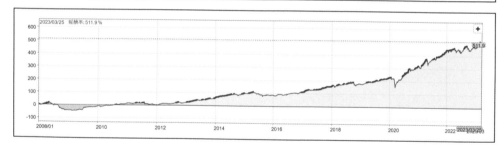

圖14／資料來源：XQ全球贏家

用六十天期回測，得到圖14。

圖14是XQ內建的一個策略，可以點進去看它的程式碼，如果看不懂，不妨將程式碼複製到chatGPT詢問。以下是這段程式碼的解釋：

input:day(100); setinputname(1,"計算區間");

這是設置程式中的第一個輸入變量，即計算區間。

在這個例子中，計算區間被設置為一百天。

setinputname(1,"計算區間")

是設置此變量的名稱為「計算區間」。

input:percents(14); setinputname(2,"距離區間最低點漲幅");

這是設置程式中的第二個輸入變量，即距離區間最低點漲幅。

在這個例子中，漲幅被設置為14%。

setinputname(2,"距離區間最低點漲幅")

是設置此變量的名稱為「距離區間最低點漲幅」。

SetTotalBar(3);

這是設置程式中的總條數。在這個例子中，總條數被設置為3。

value1 = lowest(close, day-1);

這是設置一個變量value1，用於存儲在指定區間內的最低收盤價。lowest (close, day-1)會返回在指定區間內的最低收盤價。day-1表示從當前這一天往前算的區間大小。

if high = highest(close, day-1) and value1 * (1 + percents/100) >= high then ret=1;

　　這是判斷是否出現了一個距離區間最低點一定漲幅的高點。high表示在指定區間內的最高價格，highest(close, day-1)會返回在指定區間內的最高收盤價。

value1 * (1 + percents/100)

　　表示在最低收盤價基礎上增加一定漲幅後的價格。如果high等於最高收盤價，且這個價格大於等於value1 * (1 + percents/100)，則返回1，否則返回0。

　　以上都可以透過AI替你找到解答。

　　回到策略本身，在這個策略邏輯下，我們可以根據條件判斷，它可能買到剛起漲不久的股票。以交易明細（圖15）來觀察，獲利型態就能符合一開始假設的邏輯。

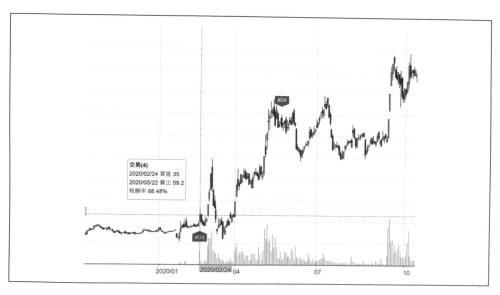

圖15／資料來源：XQ全球贏家

策略322：漲勢落後同業

條件：

1.同業股價指標的二十日趨勢是上升的。

2.同業股價指標五日漲幅大於5%。

3.收盤價小於近五日平均。

回測資料範圍：2008/1/1~2023/3/2。

用六十天回測，得到圖16，可以看到勝率達55%，績效型態穩定往上。

總交易次數	3226	勝率%	56.66%
獲利次數	1828	虧損次數	1398
時間加權報酬	377.62%	平均報酬率%	0.12%
最大獲利率%(單筆)	392.48%	最大虧損率%(單筆)	-81.50%
最大連續獲利率%	17.41%	最大連續虧損率%	-32.22%
最大區間獲利率%	645.26%	最大區間虧損率%	-54.05%

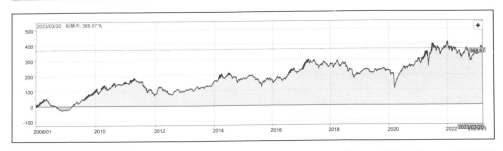

圖16／資料來源：XQ全球贏家

可以觀察到，當同族群在發動時，不管是基本面還是產業趨勢改變，將有機會發展成整個族群齊漲的盛況。

以今年的觀光族群為例，受到解封題材內需復甦的帶動，整個族群都在

發動。

　　打開這個策略的交易紀錄，在2/15買進了還沒發動同族群的寒舍，之後便受族群帶動而有了新一波走勢（圖17）。

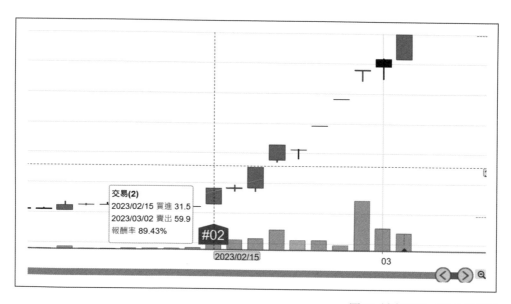

圖17／資料來源：XQ全球贏家

　　再拉回去看2021/4/23，隨著去年鋼鐵族群中鴻中鋼的大漲帶動，程式也選出二線鋼鐵如運鋁、海光、春雨等，看一下進出明細，漲幅也分別有40~90%。

商品名稱	序號	進場時間▼	進場價格	出場時間	出場價格	持有區間	報酬率
東陽-KY (5538.TW)	1	2021/04/23	賣進 43.3	2021/07/20	賣出 45.85	60	5.46%
德勝 (5014.TW)	1	2021/04/23	買進 19.05	2021/07/20	賣出 28.9	60	51.10%
久陽 (5011.TW)	1	2021/04/23	賣進 34.5	2021/07/20	賣出 32	60	-7.62%
根基 (2546.TW)	1	2021/04/23	買進 50	2021/07/20	賣出 47.25	60	-5.88%
運鋁 (2069.TW)	1	2021/04/23	賣進 23.75	2021/07/20	賣出 45.35	60	90.19%
海光 (2038.TW)	1	2021/04/23	買進 32.4	2021/07/20	賣出 51.8	60	59.23%
春雨 (2012.TW)	1	2021/04/23	賣進 26.1	2021/07/20	賣出 37.2	60	41.95%
恒耀 (8349.TW)	3	2021/04/23	買進 81.7	2021/07/20	賣出 66	60	-16.95%

資料來源：XQ全球贏家

新增（修改）條件：

1.收盤價小於70元

2.股本（億）小於20億

同樣用六十天期回測，得到（圖18）。

總交易次數	2011	勝率%	57.38%
獲利次數	1154	虧損次數	857
時間加權報酬	475.19%	平均報酬率%	0.24%
最大獲利率%(單筆)	333.25%	最大虧損率%(單筆)	-81.50%
最大連續獲利率%	17.29%	最大連續虧損率%	-33.77%
最大區間獲利率%	750.56%	最大區間虧損率%	-49.44%

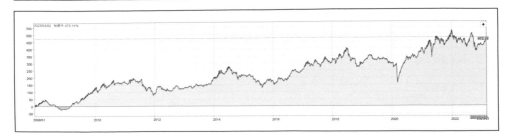

圖18／資料來源：XQ全球贏家

勝率些微提升，但最大區間虧損率少了5%，總交易次數變少，報酬率也增加了。

並不是每次都能如此順利，偶爾還是會遇到起漲後拉回，最後停損出場，但我們仍可以得知，這個策略主要目的在於交易那些可能受族群帶動的股票。

策略333：長時間未破底後創新高

條件：

1. 長時間未破底後創新高（未破底區間=90，盤整區間漲幅上限=25）。

2. 股本（億）小於40億。

3. 在下列條件中必須符合一項以上。

4. 股東權益報酬率大於25%。

5. 連續三年現金股利都大於2元。

回測資料範圍：2008/1/1~2023/4/17。

用六十天期回測，得到圖19。

總交易次數	687	勝率%	61.72%
獲利次數	424	虧損次數	263
時間加權報酬	1392.31%	平均報酬率%	2.03%
最大獲利率%(單筆)	73.19%	最大虧損率%(單筆)	-40.75%
最大連續獲利率%	18.39%	最大連續虧損率%	-21.95%
最大區間獲利率%	1432.15%	最大區間虧損率%	-25.36%

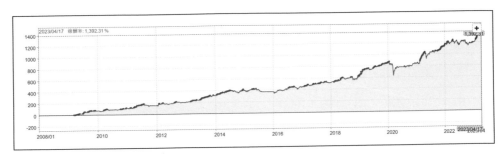

圖19／資料來源：XQ全球贏家

　　這是一個長期未破底之後創新高的策略，邏輯是：當技術面經過長期整理而未破底，代表可能有人在盤整期間持續收集籌碼，換句話說，可能有主力在照顧這檔股票。從回測報告中可以看到，勝率高達61%，最大區間虧損率只有不到26%，基本上可以算是能夠直接上線實戰的策略。

　　一樣加入「出量」這個條件，用六十天期回測，得到圖20。

總交易次數	285	勝率%	62.11%
獲利次數	177	虧損次數	108
時間加權報酬	1591.89%	平均報酬率%	5.59%
最大獲利率%(單筆)	73.19%	最大虧損率%(單筆)	-40.75%
最大連續獲利率%	17.23%	最大連續虧損率%	-16.14%
最大區間獲利率%	1646.87%	最大區間虧損率%	-20.95%

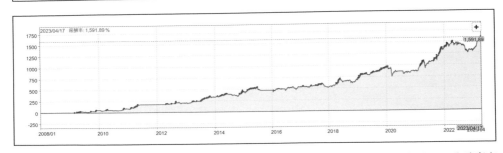

圖20／資料來源：XQ全球贏家

1. 收盤價小於20元。

2. 月營收創三十六個月新高。

3. 普通股股本小於20億。

4. 成交量大於二十日均量的二‧五倍。

用六十天期回測，得到圖20。

經驗告訴我們，長期量縮整理的股票要進行新一波的上漲，通常也伴隨著量增價漲，代表有新介入的買盤，突破原有的賣壓而使股價上漲，因此出量算是一個突破策略的重要觀察指標。

策略536：投信急買股

條件：

1. 投信持股比例小於2.5%。

2. 近一日投信買超合計占成交量15%以上。

3. 股本（元）小於20億元。

4. 收盤價小於100元。

5. 收盤價大於20元。

回測資料範圍：2008/1/1~2023/3/23。

用六十天期回測，得到圖21。

總交易次數	9560	勝率%	53.17%
獲利次數	5083	虧損次數	4477
時間加權報酬	480.23%	平均報酬率%	0.05%
最大獲利率%(單筆)	287.69%	最大虧損率%(單筆)	-74.47%
最大連續獲利率%	20.28%	最大連續虧損率%	-25.37%
最大區間獲利率%	1020.95%	最大區間虧損率%	-56.39%

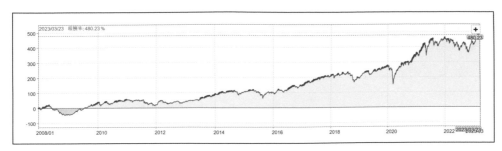

圖21／資料來源：XQ全球贏家

　　初始勝率53%，策略績效圖看起來還不錯。進一步思考其策略邏輯，投信持股小於2.5%、近一日投信買超占成交量15%以上，可以發現影響這個策略最重要的因素為投信持股比例不高，以及投信剛開始大買。

　　由於投信買超對於中小型股票的影響比較大，因此我們將價格設定在20至100元區間進行回測，得到圖22。

總交易次數	2906	勝率%	55.09%
獲利次數	1601	虧損次數	1305
時間加權報酬	1291.71%	平均報酬率%	0.44%
最大獲利率%(單筆)	287.69%	最大虧損率%(單筆)	-74.47%
最大連續獲利率%	23.57%	最大連續虧損率%	-30.63%
最大區間獲利率%	2785.08%	最大區間虧損率%	-57.83%

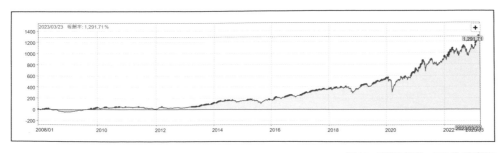

圖22／資料來源：XQ全球贏家

從結果中可以發現，勝率提高了，而降低交易次數便能夠得到更高的報酬率。進行策略優化的過程便是理解該策略之後，再加上自己的想法去回測，如果呈現正向結果，就能驗證你的思考方向正確。

策略542：連兩日大戶大買超

條件：

1. 近兩日關鍵券商合計買超合計占成交量10%以上。

回測資料範圍：2008/1/1~2023/3/23。

用六十天期回測，得到圖23。

總交易次數	4192	勝率%	55.53%
獲利次數	2328	虧損次數	1864
時間加權報酬	303.01%	平均報酬率%	0.07%
最大獲利率%(單筆)	268.65%	最大虧損率%(單筆)	-51.45%
最大連續獲利率%	16.32%	最大連續虧損率%	-24.51%
最大區間獲利率%	304.17%	最大區間虧損率%	-29.17%

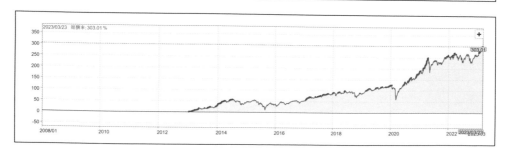

圖23／資料來源：XQ全球贏家

從圖23可以發現，僅僅只是以這個條件進行回測，勝率就高達55%，區間虧損率也相當漂亮，代表關鍵券商是個很重要的獲利因子。

新增條件：

1. 連續兩季每股稅後淨利（元）成長。

2. 收盤價小於70元。

同樣用六十天期回測，得到圖24。

總交易次數	498	勝率%	59.04%
獲利次數	294	虧損次數	204
時間加權報酬	545.43%	平均報酬率%	1.10%
最大獲利率%(單筆)	143.85%	最大虧損率%(單筆)	-41.01%
最大連續獲利率%	14.23%	最大連續虧損率%	-20.58%
最大區間獲利率%	561.49%	最大區間虧損率%	-30.21%

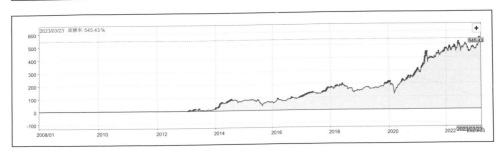

圖24／資料來源：XQ全球贏家

可以觀察到，交易次數少了1/8，勝率提高到了59%，最大區間虧損差不多，代表加入基本面來輔助籌碼面，的確能有效提升策略績效。

以XQ來說，所謂的關鍵券商，其實就是指公司派。要被列入一檔個股

的關鍵券商的意義是在近三年內，這檔個股有實施庫藏股，然後系統根據庫藏股的公告，回頭去找那段時間大量買超的券商分公司，將這些券商分公司列為該個股的關鍵券商，也因此，如果近三年沒有實施庫藏股，那麼該檔個股就不會有關鍵券商。

當我們試圖從籌碼中找出公司派進出的券商分點，常用的做法是透過地緣關係，但這個方法不適用雙北的券商分點，因為市區的地緣性影響相對弱一些，假設一家企業總公司在台北內湖，券商老闆交易的分點可能在大安區或者松山區，觀察的效果相對略差一點，但其他縣市的券商分點沒有雙北這麼密集，選擇相對較少，地緣的因素會更為顯著。

一般而言，實施庫藏股時，公司要買進的金額通常會較高，也勢必會選擇距離公司較近、經常往來的券商分點下單，於是我們以這個方法來定義關鍵券商。

策略550：官股護盤股

條件：

1. 近一日官股券商合計買超大於2000張。

2. 官股買超比重大於等於30%。

回測資料範圍：2008/1/1~2023/3/28。

用六十天期回測，得到圖25。

從條件中可以看到，這是一個官股護盤策略，通常這類型的策略進場時機都是在股價相對低的位階，因此只要將持有時間拉長，都能夠有不錯的勝率與報酬。

總交易次數	211	勝率%	61.61%
獲利次數	130	虧損次數	81
總報酬率%	117.13%	平均報酬率%	0.56%
最大獲利率%(單筆)	51.40%	最大虧損率%(單筆)	-32.93%
最大連續獲利率%	10.90%	最大連續虧損率%	-19.15%
最大區間獲利率%	144.18%	最大區間虧損率%	-27.18%

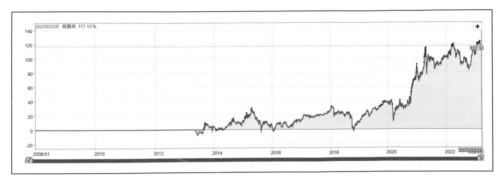

圖25／資料來源：XQ全球贏家

　　加上「連續兩日地緣券商合計買超都大於10張」這個條件回測，可以得到圖26。

總交易次數	103	勝率%	68.93%
獲利次數	71	虧損次數	32
總報酬率%	360.72%	平均報酬率%	3.50%
最大獲利率%(單筆)	151.02%	最大虧損率%(單筆)	-16.97%
最大連續獲利率%	23.09%	最大連續虧損率%	-24.04%
最大區間獲利率%	410.00%	最大區間虧損率%	-24.04%

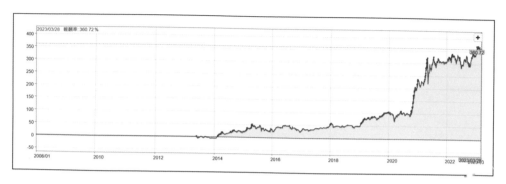

　　加上「地緣券商」這個濾網，如果官股跟公司派都同時買進一間公司的股票，代表這不是單純為了指數護盤，而是連內部人都覺得此時股價位階過低。至於為什麼不使用庫藏股，而是用地緣券商濾網，原因在於相對公開資訊觀測站公告的資料，當內部人低調買進，代表參與者變少，因此相對報酬就會提升。此外，相較於公開資訊需等到公司開會決議公告，地緣券商的條件則能夠即時更新。

　　圖26可以看到勝率顯著提升，從61%提高到約69%，交易次數變少，報酬率提高三倍，因此這個調整就有意義。

策略551：籌碼集中度大於兩成

條件：

1. 籌碼集中度超過兩成的股票（天數10，百分比20%）。

2. 股本小於40億。

回測資料範圍：2008/1/1~2023/3/28。

選擇六十天期回測，得到圖27。

總交易次數	2130	勝率%	51.46%
獲利次數	1096	虧損次數	1034
總報酬率%	978.46%	平均報酬率%	0.46%
最大獲利率%(單筆)	297.76%	最大虧損率%(單筆)	-55.42%
最大連續獲利率%	23.73%	最大連續虧損率%	-25.48%
最大區間獲利率%	1664.02%	最大區間虧損率%	-47.00%

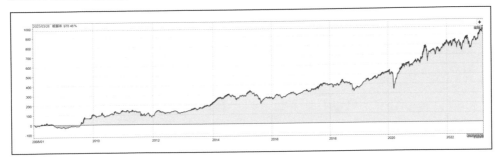

圖27／資料來源：XQ全球贏家

先看一下這個策略的程式碼：

```
input:day(10,"天數");

input:ratio(20,"最低百分比");

setbarfreq("D");

settotalbar(day+3);


value1=GetField("主力買賣超張數","D");


if volume<>0 then

    value2=summation(value1,day)/summation(volume,day)*100;

if value2>=ratio then
```

```
    ret=1;

outputfield(1,value2,0,"籌碼集中度");
```

XQ的內建程式會自行編寫一些策略，如果只看策略名稱，可能無法馬上理解這個策略的邏輯，但只要點開後程式碼，便能更進一步看到詳細的策略編寫邏輯，這也是XQ特有的XScript編輯器的一大優點，能夠自行定義想要的條件與參數。

從這個策略中，可以看到字面上的「籌碼集中度」其實就是在過去十天主力買賣超大於20%的股票，我們加入了兩個條件：

1. 收盤價小於70元。

2. 連續兩日關鍵券商合計買超都大於100張。

回測可以得到圖28。

總交易次數	78	勝率%	55.13%
獲利次數	43	虧損次數	35
時間加權報酬	1129.09%	平均報酬率%	14.48%
最大獲利率%(單筆)	86.91%	最大虧損率%(單筆)	-38.67%
最大連續獲利率%	28.15%	最大連續虧損率%	-18.98%
最大區間獲利率%	1502.97%	最大區間虧損率%	-34.24%

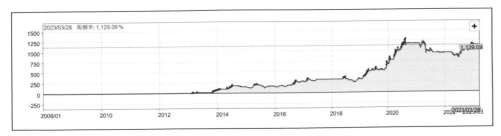

圖28／資料來源：XQ全球贏家

由於母體交易次數比較少，所以經歷優化後，交易次數雖然剩下不到100次，但可以看到勝率提高到了55%，最大區間虧損也從47%下降到了34%。

策略567：投信燒冷灶

條件：

1. 投信從無到有。

程式碼如下：

```
input: v1(2000);    setinputname(1, "投信估計持股上限(張)");
input: v2(300);        setinputname(2, "近一日買賣超(張)");

value1=GetField("投信持股","D");
value2=GetField("投信買賣超","D");

if value1 < v1 and value2 > v2
then ret=1;
```

```
SetOutputName1("投信買賣超(張)");
OutputField1(value2);
```

回測資料範圍：2008/1/1~2023/4/6。

用二十天期回測，得到圖29。

總交易次數	4216	勝率%	50.57%
獲利次數	2132	虧損次數	2084
總報酬率%	1970.23%	平均報酬率%	0.47%
最大獲利率%(單筆)	179.25%	最大虧損率%(單筆)	-44.87%
最大連續獲利率%	32.31%	最大連續虧損率%	-29.24%
最大區間獲利率%	4842.04%	最大區間虧損率%	-59.80%

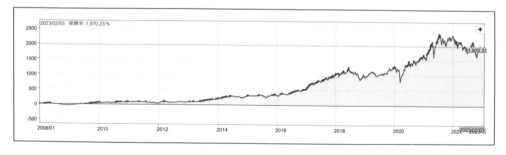

圖29／資料來源：XQ全球贏家

從程式碼可以看到這是一個相當單純的策略，目的在於找出投信從零開始買的股票。加上一些條件進行優化：

近一日投信持股增幅全部由大到小排行前三名。

回測後得到圖30。

總交易次數	2258	勝率%	51.64%
獲利次數	1166	虧損次數	1092
時間加權報酬	4310.10%	平均報酬率%	1.91%
最大獲利率%(單筆)	94.34%	最大虧損率%(單筆)	-44.24%
最大連續獲利率%	33.16%	最大連續虧損率%	-27.94%
最大區間獲利率%	8856.16%	最大區間虧損率%	-58.41%

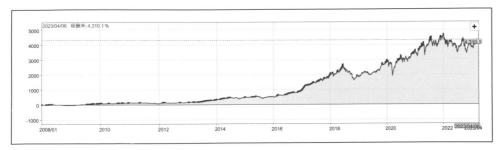

圖30／資料來源：XQ全球贏家

　　可以發現交易次數從4200多次降低到2258次，報酬率提高不少，而最大區間虧損率也跟著降低了。

策略568：主力慢慢收集籌碼後攻堅

```
setbarfreq("AD");

input:period(10,"籌碼計算天期");

Value1=GetField("分公司買進家數","D");
```

```
value2=GetField("分公司賣出家數","D");

value3=(value2-value1);

//賣出的家數比買進家數多的部份

value4=average(close,5);


if period<>0 then begin

  if countif(value3>30, period)/period >0.7

  then ret=1;

end;


outputfield(1, countif(value3>30, period), 0, "進貨天數", order := 1);
```

條件：

1. 主力慢慢收集籌碼後攻堅。

2. 成交量大於十日均量的三倍。

3. 股本大於5億。

4. 股本小於20億。

回測資料範圍：2008/1/1~2023/4/6。

用六十天期回測，得到圖31。

從這個策略的程式碼可以看出，策略邏輯是賣出的分點家數大於買進的分點家數，這也代表了籌碼從多數人轉移到少數人身上，即這檔股票的籌碼越來越集中。

回測得到圖31。

總交易次數	1153	勝率%	51.52%
獲利次數	594	虧損次數	559
總報酬率%	1094.01%	平均報酬率%	0.95%
最大獲利率%(單筆)	457.41%	最大虧損率%(單筆)	-57.03%
最大連續獲利率%	17.58%	最大連續虧損率%	-28.23%
最大區間獲利率%	1384.65%	最大區間虧損率%	-35.22%

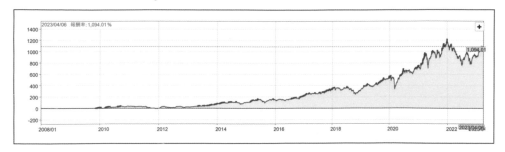

圖31／資料來源：XQ全球贏家

得到勝率51%，算是勝率還可以的策略。

因為這個策略的定位是主力慢慢收集籌碼，所以在發動前，可以預設會是量縮，主力慢慢接收大多數人不要的籌碼，因此可以加入一些條件，試圖選出主力蒐集完籌碼發動中之標的。

因為條件是主力十天收集籌碼，所以加入以下條件：

1. 成交量大於十日均量的三倍。

2. 收盤價創十日新高。

得到圖32。

總交易次數	126	勝率%	56.35%
獲利次數	71	虧損次數	55
總報酬率%	7097.14%	平均報酬率%	56.33%
最大獲利率%(單筆)	438.84%	最大虧損率%(單筆)	-42.08%
最大連續獲利率%	32.32%	最大連續虧損率%	-24.59%
最大區間獲利率%	7354.19%	最大區間虧損率%	-58.72%

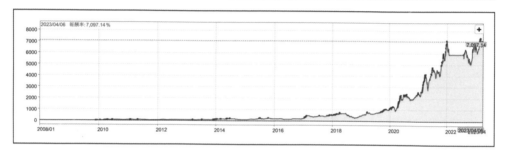

圖32／資料來源：XQ全球贏家

勝率提高到了56%，交易次數減少到將近1/10，但報酬率上升到了七倍，這便是排除掉一些效率低的交易所帶來的改變。

策略605：可能被入主的公司

1. 股價淨值比小於一倍。

. 連續四年營業利益率都大於-10%。

. 總市值（億）小於30億。

4. 董監持股占股本比例小於30%。

5. 公司成立日期距今超過十五年。

6. 連續兩年來自營運之現金流量都大於100萬。

回測資料範圍：2008/1/1~2023/2/12。

用六十天期回測，得到圖33

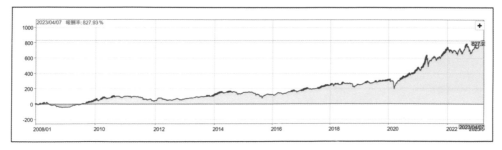

總交易次數	5825	勝率%	57.73%
獲利次數	3363	虧損次數	2462
總報酬率%	827.93%	平均報酬率%	0.14%
最大獲利率%(單筆)	223.08%	最大虧損率%(單筆)	-67.97%
最大連續獲利率%	17.85%	最大連續虧損率%	-25.64%
最大區間獲利率%	1637.10%	最大區間虧損率%	-54.01%

圖33／資料來源：XQ全球贏家

　　這是一個找出可能被搶奪經營權的策略，通常會鎖定董監持股比例相對低的公司去做狙擊，在進行策略優化前便已有不錯的勝率。

　　除此之外，也可以留意公司派以及市場派的持股張數，有時候行情可能會在股東會其中一方蒐集到足夠的籌碼後，提前結束。

　　此策略再加上一些基本面的篩選，便能過濾掉一些實際上沒有獲利的炒作公司，以減少後續被主力倒貨的風險。

　　就原有條件調整參數：

　　1. 股價淨值比小於一倍。

2. 連續四年營業利益率都大於3%。

3. 總市值（億）小於20億。

4. 董監持股占股本比例小於30%。

5. 公司成立日期距今超過十五年。

6. 連續兩年來自營運之現金流量都大於300萬。

回測後可以得到圖34。

總交易次數	1470	勝率%	61.22%
獲利次數	900	虧損次數	570
總報酬率%	1257.79%	平均報酬率%	0.86%
最大獲利率%(單筆)	162.84%	最大虧損率%(單筆)	-52.09%
最大連續獲利率%	15.46%	最大連續虧損率%	-23.92%
最大區間獲利率%	2310.12%	最大區間虧損率%	-51.48%

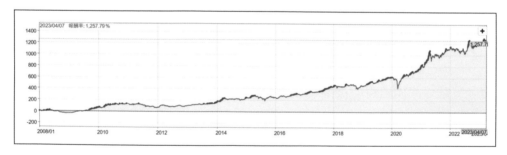

圖34／資料來源：XQ全球贏家

回測時，除了加上一些額外的想法，也可以試著調整原有條件的參數，可能會有意外之喜。

策略612：淡季不淡

程式碼如下：

```
input:r1(5);     setinputname(1,"過去幾年月營收單月衰退幅度下限(%)");
input:r2(0);     setinputname(2,"最近一個月營收月增率下限(%)");
//input:TXT("僅適用月線"); setinputname(3,"使用限制");
setbarfreq("M");

If barfreq <> "M" then raiseruntimeerror("頻率設定有誤");

settotalbar(3);

value1=GetField("月營收月增率","M");
value2=GetField("月營收月增率","M")[12];
value3=GetField("月營收月增率","M")[24];
value4=GetField("月營收月增率","M")[36];

if value2 < -r1 and value3 < -r1 and value4 < -r1 and value1 > r2
then ret=1;
```

從程式碼可以得知，這支程式是為了尋找過去一個月月營收下降幅度較過去幾年同時期小的公司。每逢淡季，公司營收都會常態性地下降，如果今年下降幅度有限，就符合我們預設淡季不淡的條件。

回測資料範圍：2008/1/1~2023/4/12。

用六十天期回測，得到圖35。

總交易次數	4223	勝率%	55.84%
獲利次數	2358	虧損次數	1865
總報酬率%	458.36%	平均報酬率%	0.11%
最大獲利率%(單筆)	415.21%	最大虧損率%(單筆)	-54.73%
最大連續獲利率%	32.07%	最大連續虧損率%	-26.69%
最大區間獲利率%	1258.91%	最大區間虧損率%	-65.69%

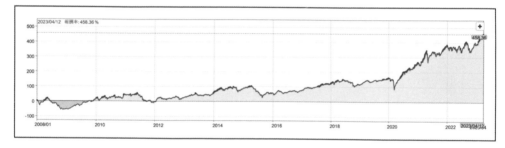

圖35／資料來源：XQ全球贏家

可以看到勝率、報酬都不錯。接著再加入以下幾個條件：

1. 連續五日外資買超都超大於0張。

2. 收盤價小於70元。

使用六十天期回測，後得到圖36。

總交易次數	502	勝率%	57.17%
獲利次數	287	虧損次數	215
總報酬率%	570.39%	平均報酬率%	1.14%
最大獲利率%(單筆)	157.98%	最大虧損率%(單筆)	-46.06%
最大連續獲利率%	24.39%	最大連續虧損率%	-31.11%
最大區間獲利率%	620.58%	最大區間虧損率%	-51.38%

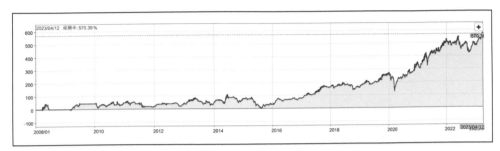

可以發現勝率提高，最大區間虧損率也下降，交易次數也從4000多次降到500次，同時報酬率顯著提升。

策略616：即將開法說會

1. 近期漲幅不大（計算區間=20，最低漲跌幅=7）。

2. 法說會日期離今年小於十天以上。

3. 在下面列條件中必須符合一項以上

　　a. 月營收月增率大於0%。

　　b. 月營收年增率大於0%。

補充說明，策略裡面的條件三，可以在編輯條件那邊選擇「OR」。

AND 完全符合條件：2則，	OR 部分符合條件：2則選1則	NOT 過濾符合條件：0則

☑ AND ▾ 🗑 日 ▾ 01. 近期漲幅不大 ⊠ (資料讀取：3 筆)

計算區間 = [20]

最低漲跌幅 = [7]

☑ AND ▾ 🗑 最新 02. 法說會日期離今天小於 [10] 天

在下面條件中必須符合 [1] 項以上

☑ OR ▾ 🗑 月 03. 月營收月增率大於 [0] %

☑ OR ▾ 🗑 月 04. 月營收年增率大於 [0] %

資料來源：XQ全球贏家

如同字面上的意思：必須符合下述至少一項條件，也就是「OR」。

回測資料範圍：2008/1/1~2023/3/2。

用十天期回測，得到圖37。

總交易次數	13409	勝率%	51.54%
獲利次數	6911	虧損次數	6498
總報酬率%	1025.37%	平均報酬率%	0.08%
最大獲利率%(單筆)	181.42%	最大虧損率%(單筆)	-41.51%
最大連續獲利率%	26.43%	最大連續虧損率%	-23.15%
最大區間獲利率%	1678.70%	最大區間虧損率%	-48.83%

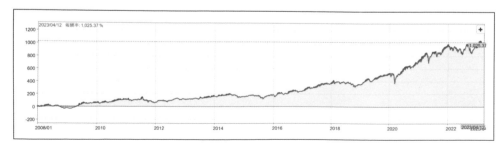

圖37／資料來源：XQ全球贏家

　　從策略邏輯面來看，這個策略之所以挑選「月營收月增率」或「營收年增率大於0」的公司，是因為一家營收成長中的公司，相比營收衰退的公司，法說會有機會釋出好消息的可能性相對高，再加上「近期漲幅不大」此一條件設定，一定程度上規避了某些已經被特定人士卡位而有一定漲幅的公司，這些條件都能降低法說會利多、隔天卻被出貨導致股價開高走低的風險。

　　這是一個優秀的初始策略，滿足了交易次數夠多且績效線型漂亮，可以根據自身經驗進一步思考法說會前後還有什麼可能會影響股價的因子，再試著加入策略優化。

策略617：可能恢復信用交易的個股

1. 每股淨值（元）大於9.2元。
2. 每股淨值（元）小於10元。
3. 營業利益率大於0%。
4. 月營收月增率大於5%。
5. 近三個月月營收月增率平均大於5%。

使用天期三十天回測，得到圖38。

總交易次數	247	勝率%	54.66%
獲利次數	135	虧損次數	112
總報酬率%	7619.77%	平均報酬率%	30.85%
最大獲利率%(單筆)	120.21%	最大虧損率%(單筆)	-30.66%
最大連續獲利率%	57.73%	最大連續虧損率%	-20.74%
最大區間獲利率%	7619.77%	最大區間虧損率%	-43.56%

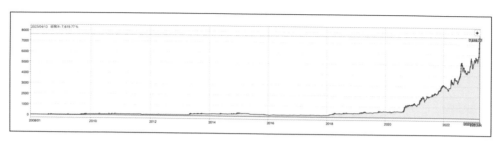

圖38／資料來源：XQ全球贏家

當股票淨值低於10元時，會被取消信用交易，這時股票就不能融資融券。若淨值回升到10元以上，將恢復信用交易。不論是恢復或是停止信用交易，都會在季財報公布截止日後的五個工作天進行審核。

所以我們挑選每股淨值大於9元，有機會突破10元恢復融資融券的股票去做回測，發現如果月營收、營業利率等都有一定水準，當淨值快要回升到10元、即將開放信用交易前，看起來會是個不錯的交易機會。

也可以針對每股淨值10元以下去修改參數，觀察調整後的變化，例如我現在把每股淨值從9.2調整到9，一樣使用天期三十天去做回測，得到圖39。

總交易次數	289	勝率%	53.98%
獲利次數	156	虧損次數	133
總報酬率%	10082.09%	平均報酬率%	34.89%
最大獲利率%(單筆)	120.21%	最大虧損率%(單筆)	-30.66%
最大連續獲利率%	48.20%	最大連續虧損率%	-21.63%
最大區間獲利率%	10082.09%	最大區間虧損率%	-38.55%

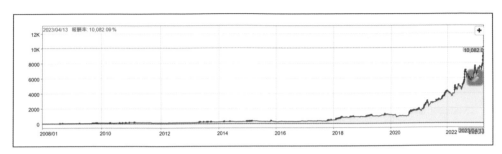

圖39／資料來源：XQ全球贏家

　　我們觀察到，勝率持平的情況下，因交易次數增加，促使總報酬率提高，最大虧損區間也從43%下降到了38%，代表對這個策略來說，每股淨值9元這個參數比9.2元還要適合。絞盡腦汁思考還有什麼條件可以優化策略之餘，不妨也可以試著調整參數，調整參數的過程中，可以順便驗證回測結果與自己的預期是否相同。

策略630：大現增快繳款結束

　　現金增資是上市櫃市場最常見的籌資方式，一般而言，企業發起增資的目的為充實營運資金、償還銀行債務、改善財務結構等用途。但這就像我們聽到「借錢」的感受相似，向市場借錢的舉動會發出對股價不利的訊號，於籌碼面因素來看，現金增資會使流通股數增加，進而造成 EPS 被稀釋。因此現金增資的消息一出，多半會使股價下跌。

　　條件：

　　1. 現增繳款日期離今天小於兩天。

　　2. 現增比率大於5%。

　　回測資料範圍：2008/1/1~2023/4/14。

　　用十天期回測，得到圖40。

總交易次數	724	勝率%	61.46%
獲利次數	445	虧損次數	279
總報酬率%	4937.48%	平均報酬率%	6.82%
最大獲利率%(單筆)	39.11%	最大虧損率%(單筆)	-34.96%
最大連續獲利率%	47.48%	最大連續虧損率%	-23.69%
最大區間獲利率%	6359.32%	最大區間虧損率%	-47.72%

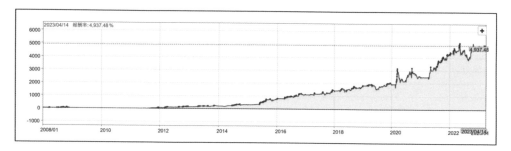

圖40／資料來源：XQ全球贏家

首先要注意，這是一個做空的策略。

從2008年至今，台股走了十四年大多頭，回測也可以發現，做空策略使用短天期的報酬率較佳，在開發事件交易策略時亦是如此，加上現增繳款這個事件屬於一次性事件，短時間內便會實現絕大多數的負向影響，故此策略我們用十天期來回測。

可以觀察到，即使在大多頭，勝率也高達61%，搭配不錯的報酬率以及足夠的交易量，是一個稍微優化一下就可以上線的策略。

但這個策略還有一個需要修正的問題，請看以下這張圖。

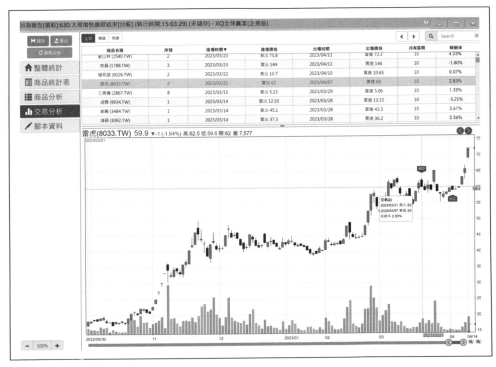

資料來源：XQ全球贏家

　　8033雷虎是最近很夯的軍工無人機概念股，稍微查一下就可以找到雷虎22Q4的每股淨值只有6.44元，也就是它沒有達到每股淨值最低10元的融資融券標準，因此這檔股票是無法放空的，但系統卻將之納入交易紀錄，因為我們選股的條件是：普通股全部。

　　為了解決這個問題，只要加入「每股淨值（元）大於10元」這個條件，就可以避開淨值未達10元無法融券放空的標的。

　　一樣使用天期十天回測，得到圖41。

總交易次數	627	勝率%	59.33%
獲利次數	372	虧損次數	255
總報酬率%	1978.13%	平均報酬率%	3.15%
最大獲利率%(單筆)	37.02%	最大虧損率%(單筆)	-32.13%
最大連續獲利率%	43.80%	最大連續虧損率%	-17.17%
最大區間獲利率%	2396.30%	最大區間虧損率%	-29.88%

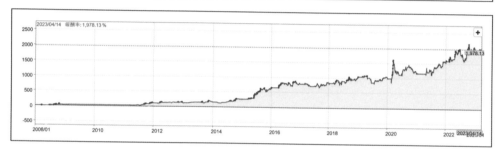

圖41／資料來源：XQ全球贏家

可以發現勝率下降，總報酬率也下降，但這都是正常的現象，畢竟在勝率相近的情況下減少了交易次數，自然會影響到報酬。

但我們還是得到一個符合現實條件的策略，最大區間虧損也從47%下降到30%，無形中避開了許多不能融券的炒作股。儘管實戰時可能會發生融券不足的問題，或是配額不足而產生借券費用，但如果以台股這個對做空不友善的市場來說，已經算是不錯的策略了。

策略706：PEG小於1

首先跟各位介紹何為PEG。

PEG指標是一種衡量股票估值的方法，全稱為Price/Earnings-to-Growth

ratio，即本益比除以稅後淨利成長率比率。

　　PEG指標結合了本益比和稅後淨利成長率兩個指標，旨在提供更全面的股票估值分析。透過將股票的本益比除以預期的稅後淨利成長率，計算出一個數字，這個數字越小，說明股票的估值越低。

　　一般而言，PEG指標小於1表示股票被低估，大於1表示股票被高估。PEG指標越小，說明投資者需要支付較少的價格來獲得相對更快的盈餘增長。因此，一些投資者會將PEG指標做為選擇投資股票的依據之一。

　　回測到策略本身，看一下這個策略的程式碼

```
input:r1(1);　setinputname(1,"PEG上限");


settotalbar(3);


// PEG指標
//
value1 = GetField("本益比","D");
value2 = GetField("月營收年增率","M");
if value1 > 0 and value2 > 0 and value1 / value2 < r1 then
ret=1;


SetOutputName1("PEG指標");
OutputField1(value1 / value2);
```

　　可以發現，嘉實使用的是本益比／月營收年增率，跟常見的本益比／稅

後淨利成長率不同,因此,當我們獲得一個新程式時,首先要檢查這個程式的邏輯是否跟你原本理解的一樣。

回測資料範圍:2008/1/1~2023/3/2。

用六十天期回測,得到圖42。

總交易次數	24453	勝率%	54.70%
獲利次數	13377	虧損次數	11076
總報酬率%	733.32%	平均報酬率%	0.03%
最大獲利率%(單筆)	427.23%	最大虧損率%(單筆)	-82.23%
最大連續獲利率%	19.08%	最大連續虧損率%	-24.54%
最大區間獲利率%	1755.35%	最大區間虧損率%	-60.40%

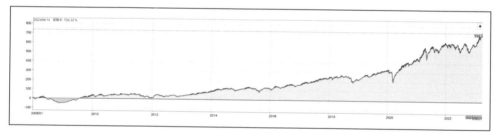

圖42/資料來源:XQ全球贏家

把XQ的PEG指標改成原本的公式:本益比除以稅後淨利成長率比率。

在此只需要複製程式碼,把原本的「value2 = GetField("月營收年增率","M");」改成「value2 = GetField("稅後淨利成長率","Q");」,就完成了。

注意月營收的單位是月(M),稅後淨利成長率要改成季(Q),以免抓不到資料。

使用天期六十天回測,得到圖43。

總交易次數	35066	勝率%	54.02%
獲利次數	18942	虧損次數	16124
總報酬率%	706.32%	平均報酬率%	0.02%
最大獲利率%(單筆)	414.35%	最大虧損率%(單筆)	-71.61%
最大連續獲利率%	18.97%	最大連續虧損率%	-26.58%
最大區間獲利率%	770.16%	最大區間虧損率%	-30.61%

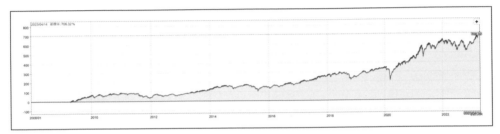

圖43／資料來源：XQ全球贏家

　　比較兩者之後，我們可以發現，市面上的PEG指標與XQ的PEG指標勝率跟報酬率相當接近，但最大區間虧損率相差近30%，這也許跟市面上PEG指標都是用稅後淨利成長率計算為主有關。

策略712：皮式價值型成長股

　　必須符合下列條件中的其中七項以上。

　　1. 資產報酬率大於0%。

　　2. 連續兩季資產報酬率成長。

　　3. 來自營運之現金流量大於0百萬。

　　4. 長期負債小於近兩季平均。

　　5. 流動比率大於近兩季平均。

　　6. 營業毛利率大於近兩季平均。

7. 總資產週轉率（次）大於近兩季平均。

8. 營運現金流大於稅後盈餘。

回測資料範圍：2008/1/1~2023/4/17。

用六十天期回測，得到圖44。

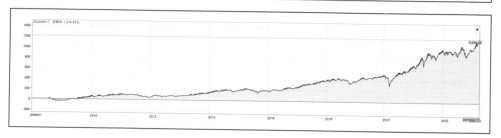

總交易次數	7989	勝率%	57.03%
獲利次數	4556	虧損次數	3433
總報酬率%	1214.43%	平均報酬率%	0.15%
最大獲利率%(單筆)	469.54%	最大虧損率%(單筆)	-71.58%
最大連續獲利率%	19.37%	最大連續虧損率%	-28.42%
最大區間獲利率%	2251.54%	最大區間虧損率%	-48.42%

圖44／資料來源：XQ全球贏家

這是一個價值型成長股策略，我們來看一下這個策略的條件。

平均總資產＝（期初資產總額＋期末資產總額）／2

資產報酬率（ROA）＝稅後淨利（Net Income）／平均總資產（Total Asset）×100%

以上條件可以理解成稅後淨利持續成長。

流動比率＝流動資產／流動負債×100%

流動負債＝一年之內需償還的負債

根據流動比率的公式，以及流動負債的定義，再加上條件：「長期負債小於近兩季平均」，可以理解為，負債持續減少。

接下來看營業現金跟稅後盈餘的關係：

營業現金流對淨利比是用來衡量：一塊錢稅後淨利實質上帶回多少現金。

營業現金流對淨利比如果大於100%，代表稅後淨利帶回至少等量的現金流入；營業現金流對淨利比如果小於100%，代表稅後淨利並未帶回等量的現金流入。因此此數值長年大於100%為佳，最低要求不應低於80%。如果企業營業現金流對淨利比長期低於80%或是不穩定，則代表本業帶回現金的能力不佳，獲利品質上有瑕疵，投資人應特別注意。

綜合以上這些條件，就可以明白為什麼這個策略稱為價值型成長股。

策略715：盈餘加速成長

1. 連續兩個月月營收年增率都大於1%。

2. 連續三季營業利益成長。

使用天期六十天回測，得到圖45。

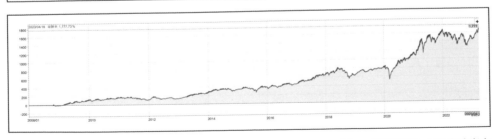

總交易次數	5316	勝率%	53.82%
獲利次數	2861	虧損次數	2455
總報酬率%	1777.73%	平均報酬率%	0.33%
最大獲利率%(單筆)	506.26%	最大虧損率%(單筆)	-57.07%
最大連續獲利率%	17.72%	最大連續虧損率%	-26.43%
最大區間獲利率%	2175.88%	最大區間虧損率%	-33.50%

圖45／資料來源：XQ全球贏家

這是一個營收及營業利益皆持續成長的策略，策略條件很簡單，但你可以看到初始策略的勝率、績效圖，與最大虧損率都很不錯。

這也告訴我們一件事，有時候簡單但很重要的條件就能帶來不錯的效果。

加入幾個條件進行優化：

1. 收盤價小於70元。

2. 股本（元）小於20億元。

回測資料範圍：2008/1/1~2023/4/18。

用六十天期回測，得到圖46。

總交易次數	2452	勝率%	55.46%
獲利次數	1360	虧損次數	1092
總報酬率%	4912.08%	平均報酬率%	2.00%
最大獲利率%(單筆)	506.26%	最大虧損率%(單筆)	-51.56%
最大連續獲利率%	22.24%	最大連續虧損率%	-28.74%
最大區間獲利率%	6162.18%	最大區間虧損率%	-34.09%

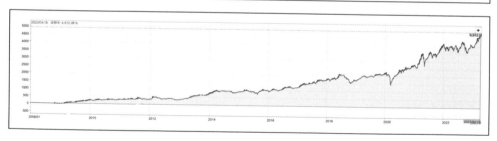

圖46／資料來源：XQ全球贏家

之所以加入這兩個條件，原因在於，如果這個策略挑選到轉機股或者季節性的景氣循環股，股性活潑的股票比較容易發動，同時也比較不會花費太多時間，而有轉機的低價股也相對容易翻倍。

　　我們可以發現，勝率提高到近56%、交易次數減半、績效翻倍，在資金運用上也更有效率。

策略718：現金快速累積中

　　1.連續四季現金及約當現金[2]增加5%以上。

　　回測資料範圍：2008/1/1~2023/4/18。

　　用六十天期回測，得到圖47。

總交易次數	6342	勝率%	52.35%
獲利次數	3320	虧損次數	3022
總報酬率%	531.72%	平均報酬率%	0.08%
最大獲利率%(單筆)	360.91%	最大虧損率%(單筆)	-63.21%
最大連續獲利率%	20.39%	最大連續虧損率%	-27.96%
最大區間獲利率%	531.72%	最大區間虧損率%	-32.40%

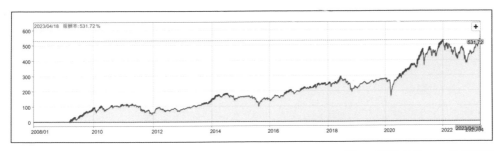

圖47／資料來源：XQ全球贏家

2　約當現金：可轉換為固定金額之現金，且到期日在三個月以內之短期票券，因變現能力幾乎與現金相當，故歸類為約當現金。約當現金能在短期變現，因此在財務報表中常常以「現金及約當現金」來表示。

加入幾個條件優化，同樣用天期六十回測，得到圖48。

1. 月營收月增率大於20%。

2. 連續兩季每股稅後淨利（元）成長。

總交易次數	368	勝率%	54.08%
獲利次數	199	虧損次數	169
時間加權報酬	1238.37%	平均報酬率%	3.37%
最大獲利率%(單筆)	169.57%	最大虧損率%(單筆)	-47.24%
最大連續獲利率%	29.40%	最大連續虧損率%	-18.51%
最大區間獲利率%	1261.53%	最大區間虧損率%	-34.72%

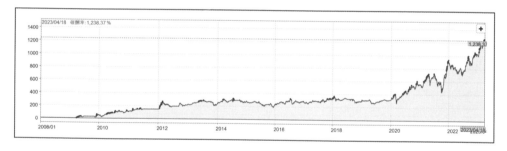

圖48／資料來源：XQ全球贏家

透過圖48，可以發現這是一個長期穩定的策略，公司帳上現金充足，當該公司後續營運狀況轉好後，加上基本面持續穩定獲利，最大區間虧損率也低，這樣就會是個不錯的策略。

策略722：表現突出的成長股

1. 累計營收年增率大於0%。

2. 近四季每股稅後淨利（元）平均成長大於0%。

3. 近十二季每股稅後淨利（元）平均成長大於0%。

4. 殖利率大於3%。

5. 總市值（億）全部由大到小排行前750名。

6. 成交量全部由大到小排行前750名。

7. 貝他值全部由小到大排行前400名。

8. 漲跌幅全部由大到小排行前400名。

回測資料範圍：2008/1/1～2023/4/19。

用六十天期回測，得到圖49。

總交易次數	1654	勝率%	54.59%
獲利次數	903	虧損次數	751
總報酬率%	475.11%	平均報酬率%	0.29%
最大獲利率%(單筆)	192.96%	最大虧損率%(單筆)	-62.37%
最大連續獲利率%	28.19%	最大連續虧損率%	-19.60%
最大區間獲利率%	907.72%	最大區間虧損率%	-42.78%

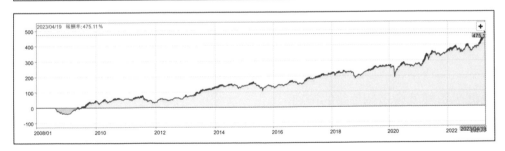

圖49／資料來源：XQ全球贏家

　　這是一個把各種條件混合的策略，看似不怎麼相關，但回測出來的結果其實還不錯。回顧過去十五年，可以算是多頭市場，但由圖可見，在2022年時，這個策略的績效幾乎沒有什麼回檔。

策略802：上游漲而個股還沒有漲

1. 上游股價指標的二十日趨勢是上升的。

2. 上游股價指標五日漲幅大於5%。

3. 收盤價小於近五日平均。

回測資料範圍：2008/1/1~2023/4/10。

用六十天期回測，得到圖50。

總交易次數	5279	勝率%	53.80%
獲利次數	2840	虧損次數	2439
總報酬率%	416.99%	平均報酬率%	0.08%
最大獲利率%(單筆)	319.67%	最大虧損率%(單筆)	-70.68%
最大連續獲利率%	21.33%	最大連續虧損率%	-28.74%
最大區間獲利率%	862.12%	最大區間虧損率%	-62.11%

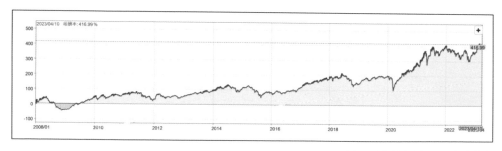

圖50／資料來源：XQ全球贏家

　　這裡我們使用的是「上游股價指標」數據，這數據是將每家公司的上游供應商，包括國內及國外的公司，組成一個以2004年1月1日為基期100的股價波動指數，當這個指數上漲，代表這檔股票的上游股價在上漲，反之則是下跌。

　　此策略挑選的是，該公司上游股票股價趨勢才剛由下跌轉為上漲的股票，原因是許多台灣公司是處於供應鏈中游，當上游產品的價格下跌時，會面臨原料庫存跌價損失，但當上游產品價格上漲，中游的原料庫存價位較低，但往往售價已經隨著上游漲價而跟著調漲，因此預期毛利率將會好轉。

　　其次，景氣不好時，當下游的需求回升，中上游勢必會開始清庫存，此時業績會上升；反之，等到上游感受到中下游叫貨明顯下降時，代表整個景氣逐漸衰退。而這些變化，都會反映在上游公司的股價上。

　　因此可以試著尋找那些上游股價從長期下跌變成短期上漲的股票。

　　根據這個想法，調整策略：

1. 上游股價指標的五日趨勢是上升的。

2. 收盤價小於70元。

3. 近十日地緣券商合計買超合計大於1000張。

　　使用天期六十天回測，得到圖51。

總交易次數	217	勝率%	62.21%
獲利次數	135	虧損次數	82
總報酬率%	365.15%	平均報酬率%	1.68%
最大獲利率%(單筆)	260.50%	最大虧損率%(單筆)	-37.36%
最大連續獲利率%	19.95%	最大連續虧損率%	-24.58%
最大區間獲利率%	445.93%	最大區間虧損率%	-50.95%

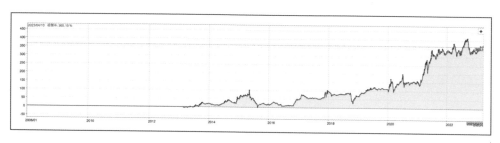

圖51／資料來源：XQ全球贏家

　　勝率提高了快6%，交易次數減少了近5000次，但報酬率仍持平，最大區間虧損也從62%降到51%，因此排除掉許多無用的交易，可以節省許多交易成本。

策略805：本業由虧轉盈且持續好轉中

　　1.營益率由負轉正且持續上揚。

　　程式碼：

```
settotalbar(3);

if
    GetField ("營業利益率","Q")[2]<0 and
    GetField ("營業利益率","Q")[1]>0 and
    GetField ("營業利益率","Q") > GetField ("營業利益率","Q")[1] and
    GetField ("月營收月增率","M") > 0 and
    GetField ("月營收月增率","M")[1] >0
then ret=1;
```

　　透過程式碼可以發現，這個策略是為了找出營業利益率較前兩期成長，且營收月增率較上月增加的股票。

　　回測資料範圍：2008/1/1~2023/4/18。

　　用六十天期回測，得到圖52。

總交易次數	960	勝率%	55.10%
獲利次數	529	虧損次數	431
時間加權報酬	1984.53%	平均報酬率%	2.07%
最大獲利率%(單筆)	328.51%	最大虧損率%(單筆)	-53.26%
最大連續獲利率%	21.98%	最大連續虧損率%	-31.98%
最大區間獲利率%	2257.57%	最大區間虧損率%	-37.49%

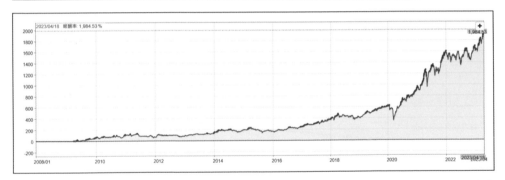

圖52／資料來源：XQ全球贏家

　　可以看到這個策略的績效圖很漂亮，勝率高達55%，報酬率也穩定成長，這代表市場還是相當認可由虧轉盈的股票。

　　改善公司營業利率與月營收，最常見的原因為接到新訂單、因為某些原因促使轉單，或成為某家大公司的供應商，又或是設置新廠房提升新產能等。

這些事件都可能會影響該公司之營運趨勢，舉例來說，大立光接到蘋果鏡頭訂單。但必須注意的是，部分公司也可能為了炒作數據，挪用之後的營收，好讓財報好看。應審慎判斷，了解該公司由虧轉盈的原因是真材實料還是只是單純炒作。

策略807：低價股營收創新高

1. 月營收年增率大於20%。
2. 收盤價小於20元。

回測資料範圍：2008/1/1~2023/4/18。

用六十天期回測，得到圖53。

總交易次數	10530	勝率%	54.78%
獲利次數	5768	虧損次數	4762
時間加權報酬	1323.80%	平均報酬率%	0.13%
最大獲利率%(單筆)	549.36%	最大虧損率%(單筆)	-73.31%
最大連續獲利率%	21.68%	最大連續虧損率%	-26.12%
最大區間獲利率%	2788.91%	最大區間虧損率%	-59.68%

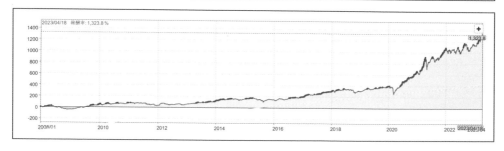

圖53／資料來源：XQ全球贏家

可以看到勝率以及初始的績效線圖都很不錯，報酬率也有一定水準。

加上「連續兩季每股稅後淨利（元）成長」的條件，使用天期六十天回測，得到圖54。

總交易次數	2797	勝率%	57.45%
獲利次數	1607	虧損次數	1190
時間加權報酬	3830.71%	平均報酬率%	1.37%
最大獲利率%(單筆)	562.34%	最大虧損率%(單筆)	-74.61%
最大連續獲利率%	23.32%	最大連續虧損率%	-23.32%
最大區間獲利率%	6932.03%	最大區間虧損率%	-44.03%

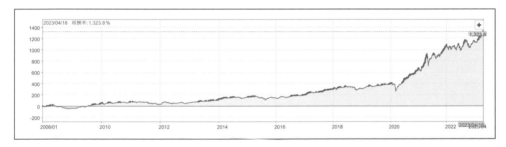

圖54／資料來源：XQ全球贏家

可以發現勝率提高到57%，雖然交易次數減少，但總報酬率提升了，最大虧損率甚至從60%降到了44%。

支撐股票的重要條件之一是每股稅後盈餘，低價股之所以維持在低檔價位，主因便在於該公司獲利長期而言無明顯上升，因此當低價股遇到利多時（例如轉機股、接到新訂單，或者新政策的實施），使得該公司較往年相比，營收有顯著上升時，都可以從公司財報之營收及每股稅後盈餘得知。

雑 談

粉絲來信——常見問題 Q&A

2023年1月21日下午5：37

打擾您，想詢問一個比較另類的問題。在你投資的草創時期，是抱持著怎樣的心態？為了賺錢？為了提升生活品質？還是有什麼堅定的意念使你執著於學習投資呢？

題外話，我非常感謝您提供寶貴的知識與論點，讓我從賠錢的散戶，躍升到每年可以靠投資有穩定的收入，甚至不用工作。活佛。

2023年1月21日下午10：06

本來就有喜歡研究的個性，因為工作在證券期貨業，也就邊工作邊學習，漸漸累積經驗。

恭喜你耶，能成功蛻變。不知是哪個部分讓你覺得最為受益呢？

我最近在整理資料，加上新內容，準備出書。

週一上午11：49

葉XX回覆了You

不知是哪個部分讓你覺得最為受益呢？

最大的成因也是心態上的改變，我個性原先很急躁，也是從期權開始著手，但研究你過往的文章，發現主要的利潤是來自股期而非選擇權的短進短出。再來，我當初只會技術面以及一些沒用的數字研究，後來看到你文章也有探討整體經濟面與估算公司淨值等，就找出賺錢的邏輯了……

葉XX回覆了You

　　最近在整理資料，加上新內容，準備出書。

　　我很期待你的書籍，希望能第一時間得到消息，並且發送給我的朋友們。

> 不好意思，你上次回時沒看到@@
>
> 謝謝你的意見反饋，不知道我可以把你的回答放在粉專或收錄在書內嗎？

週一下午2：48

　　當然沒問題，如果能讓更多人受益，也是我秉持的理念，謝謝菲神。

後記

本書製作心得

本書從企畫到完成，前後歷時一年，起因是長久以來我一直想將過去的文章有條理地歸檔、保存，加上2022年對我來說是別有意義且轉變相當大的一年。從2013年發跡至今，剛好十個年頭，在這第十個年頭，我完成了成家、立業、生兒育女的人生階段。2023年的今天，我39歲，從20歲時的迷惘、低薪、不知未來方向，到了30歲的起飛，從田徑場上最末端的參賽者，一路加足馬力，跨到隊伍前端，靠著投資知識的累積與自我管理，逆轉人生。即將滿40歲的我現已為人父，身為父母方知辛苦，而父親的中風也讓我體認到，身為獨生子女，肩負多少責任與壓力，所幸靠著自己的工作能力，還能善用投資賺來的錢解決諸多問題。

透過菲想資本的工作夥伴家逸、佩璇的協助，將我以前發表在PTT股票板的文章整理出來共兩萬餘字，重新潤稿、歸檔並新增許多內容，最後總計十餘萬字，做成本書，寫書的目的不為賺錢或名聲，純粹為自己有幸而又戲劇的人生留下紀錄，並且可以任性地將我老婆倫倫的畫作置於封面，兼而在書中收錄我家Boss跟Misu的許多可愛貓咪照。這兩大前提，可是我與出版社做成協議，為著書的必要條件。以上就是本書的製作緣起。

我是一位主要耕耘台灣證券期貨市場的交易員，從一早醒來工作到收

盤，有營收、財報發布時，還會繼續工作到盤後時段。而本書的製作時段就在每天下午三點到五點之間，及休假補班但沒有開盤的日子，只是，沒開盤時，我從五點就要開始照顧小孩，直到晚上七八點夜間保母到來，才又視情況回到位置工作。為了製作本書，我犧牲了許多休息及運動的時間，待本書付梓，倫倫希望我多為自己的健康著想，重拾運動的習慣。其實我也曾是個帥氣又會唱歌還熱愛表演又幽默風趣的小鮮肉，曾幾何時，已經變成中年肥大叔，幸而膠原蛋白十分充分，頭髮尚稱茂密，額頭上並未增添些許抬頭紋，但是年輕時的KG是Kevin Garnett，現在的KG是自己站上體重計前的恐懼。LeBron James與我出生在同一年，我大學時，他的綽號是小皇帝King James，現在他的綽號成了老漢，以前的招牌技是坦克切入，現在只會推車。另外值得一提的是世界偉人金正恩，我與他同年同月同日生，經過多年，我與他的距離逐漸接近，我指的是體重部分。看樣子是時候重返運動了，不然我去水果攤買橘子的背影可能會被人寫成一篇課文。

　　本書內容有九成以上皆為自己真實的人生體驗，由我親自操刀寫成，剩下的一成為將想法交代公司工作夥伴製作而成。在本書的製作過程中，我一直在想，我這樣非財經科系出身，入職時工作收入也低，沒有顯赫工作資歷的普通人，要如何將我的故事與方法忠實呈現，又如何讓這樣一本著作不會因為時間過去而失去效用，因此我把書籍核心放在我的思考方式與邏輯，並定名為《菲式思考》。期望閱讀本書還有我的故事，除了對你的投資有所助益以外，也能因為有不同視角的學習，對你的人生有所幫助。

　　我的投資方式是真實的，經過數千個日子、上百萬筆交易，得到了現今的成果，如果你曾經在網路上看過我的文章，就知道我每隔一段期間便會將累積的成果發表在網路上，並附上自己的對帳單截圖為證明，我是個實打實、有一說一、懶得變造的人，真實與否，可以從我進入金融業時的主管，

現今已是某金控旗下期貨公司董事長處得到證實。現在證券、期貨電子對帳單多只能搜尋一年以內的交易紀錄，因此不在本書內再三詳述。

　　然而，我成功的方式奠基於我獨特的背景、個性及投入大量的時間，方能有所成果，我再次強調，我的方法不見得適合每個人，決定你投資方式的前提是：判斷你有沒有時間及興趣學習，並在正確的方向上，勤勤懇懇地努力。如果你沒有時間，也沒有取得超額報酬的需求或野心，所求的只是抗通膨的話，那麼，持續複利式地投資在全球廣泛型被動式基金，對於懶人來說，是長期相對有效的方式。不幸的是，我出社會的時空背景，讓初出社會的年輕一輩，相比早先進入職場打滾的人們，有了本質上的不同，更低的薪水與通膨後的更高物價成為金融海嘯後出社會的年輕人不可避免、必定會遭遇的險峻問題，這問題逼得我必須追尋更高的報酬，以趕上高昂的房價，在尋覓出更有效率且相對穩定的投資方式後，不斷地將獲利再投入，也讓小小成果如同滾雪球般，成為人生的基石。藉由眾多微小正確的累積，加上複利，我建構了屬於我的堡壘。

　　交易與投資是我的事業與工作，成為我耗時研究之眾多公司裡的小股東，是我的身分。寫下本文時，適逢5月所得稅報稅季，稅單上寫著我有700多萬的股利收入，而這些股利僅僅只是工作收入的一小部分。投資是一輩子的事，巴菲特與蒙格已高齡近百，仍熱愛他們的投資事業，其中的緣由，我想是成就感與存在的價值。金錢本身代表的是使用價值，我們可以用它去換取所需的服務與熱愛的事物、贊助關懷的項目，賺錢的真正目的其實是讓我們可以更為容易地實行上述各個項目。如果你追尋的目標不需付出大量金錢加以實踐，那麼在能維持自己人生所需的前提下，不妨邁開步伐，嘗試努力，如果你努力得法，加上一點機緣，便有機會得到出乎意料的成果與回報，這回報可能是物質層面的、是名聲，也有可能是心靈層面，但如果你

不嘗試與努力，這些終不會發生。

身為一個主動投資人，最常被詬病的便是可複製性及運氣。對於可複製性，我用了十幾年、百萬筆交易，不斷重現自己的理念與做法。相關內容，我也忠實地寫進本書之中。主動投資的精要在於尋找可能被低估的瞬間，這些機會限於胃納量不是大部分公開發行的基金能掌握的，這是散戶投資人的優勢，隨著資金量的上升，大額的主動投資人會往景氣方向與產業趨勢前進，因為這樣的大方向能配置更多的金額，而這樣的方向也能比被動式基金僅在每年的特定時刻調整更快掌握。為了尋覓這些蛛絲馬跡與機會，唯有長期認真研究方能取得超額報酬。這終究引起了探討，如果維持績效這麼困難，大家還要從事主動投資嗎？我舉企業經營為例，如果你是個認真的經營者，對公司發展總是親力親為，並盯緊員工持續努力，那便有機會共創佳績；你如果放懶，恣意妄為，惰性終將征服你的企業，也許一時產業風向正確沒有顯著影響，但失去研發方向的公司終究會失去利基，歸於平庸，甚至倒閉，一切都端看你是否「努力」在「正確」的方向而定。至於「運氣」二字，可以拆分成「機會」與「避險」，如何增加遇到好的「機會」的次數，其實是需要努力的，端看你是否有足夠的知識去有較多機會的地方尋覓寶藏，飛在空中是無法尋找鑽石的，唯有研究地質、推敲礦脈，才能增加找到鑽石的機會。而如果你另闢蹊徑，藉由模擬天然壓力的方式製造出實驗室鑽石，這就是一種破壞式創新了，但要掌握這樣的機會，前提是你具備足夠的知識，方知其中之法，而獲取知識的過程不免俗地需要你的努力。

本書內容是我十五年人生的精華，藉由多個面向，敘述我是如何從一個失敗的畢業生走到現今成為市場知名投資人，以及我對於人、事、物的思考，希望讀完本書，你能從中找到對你人生有所助益的啟發，進而發掘屬於你的寶藏。

菲比斯與「菲想資本」

　　2022年，我成立了自己的公司——菲想資本，公司名稱匯聚了「菲比斯的想法」及「讓夢想飛翔」這兩個含意，藉由公司的成立，我跨足企業經營，並且有了本書這個小小的成果。公司本身只是個框架，能讓自己實行投資工作之餘，力有未逮的想法。我一直是個有許多想法、樂於設計且富表演欲的人，但投資工作占據我大多數的時間，無法一一實現。成立公司以後，便有將這些想做的事付諸實行的機會，因此，如果哪天你看到我們設計的商品出現在市面上，或者增加一些演藝事業，請不要感到驚訝，畢竟有了資本，就能讓菲想飛翔，有了過去十年的累積做為後盾，嘗試對夢想邁開步伐，讓人生這齣舞台劇譜出更美麗的篇章。

Pho Thinking Capital
菲想資本有限公司

附錄

我工作常使用的網站與工具

新聞與媒體

    a. 經濟日報 https://money.udn.com/

    b. 工商時報 https://ctee.com.tw/

    c. 電子時報 https://www.digitimes.com.tw/

    d. 環球生技 https://news.gbimonthly.com/

網站

    a. Tradingview https://www.tradingview.com/

    b. 公開資訊觀測站 https://mops.twse.com.tw/

    c. 神秘金字塔 https://norway.twsthr.info/

    d. 證交所標借

        https://www.twse.com.tw/zh/page/trading/exchange/BFIB8U.html

    e. 櫃買中心標借

        https://www.tpex.org.tw/web/stock/margin_trading/lend/lend.php?l=zh-tw

    f. 證交所法說會影音

        https://webpro.twse.com.tw/webportal/vod/101/?categoryId=101

g. 集邦科技 https://www.trendforce.com.tw/

h. 生意社 http://www.100ppi.com/

i. 算利教官 istock http://money-104.com/

j. 財報狗 https://statementdog.com/

k. 散戶鬥嘴鼓 https://poorstock.com/

手機APP

a. 經濟日報

b. 工商時報

c. XQ全球贏家

d. 富途牛牛

e. 呆股觀測站

f. 金十數據

g. 新浪財經

h. Mixerbox TV

i. Friday影音

FB追蹤

a. Finlab

b. Trendforce

c. ChatGPT生活運用社團

d. Technews 科技新報

e. 財經新報

f. IEObserve 國際經濟觀察

g. MoneyDJ理財資訊

h. Digitimes科技網

i. 定錨產業筆記

j. 經濟日報

k. 工商時報

l. 財報狗

m. Freddy Business & Research

n. XQ全球贏家

o. 菲想資本

p. Anue鉅亨網財經新聞

q. 綠角財經筆記

r. 因子投資在台股 fcdo

s. 股市駱哥

t. Richard只談基本面 -Richard's Research Blog-信昕產研

Boss Misu 貓咪彩圖

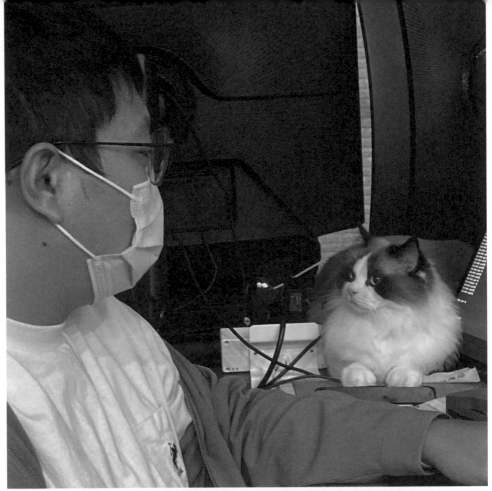

國家圖書館出版品預行編目資料

菲式思考：從22K到頂尖，一個交易員逆轉人生的關鍵思維 / 菲比斯 著.
– 一版. -- 臺北市：商周出版：城邦文化事業股份有限公司出版；
英屬蓋曼群島商家庭傳媒股份有限公司城邦分公司發行, 民112.08
面： 公分. --

ISBN 978-626-318-796-2（平裝）

1. 游景翔 2. 傳記 3. 技術分析 4. 投資技術

563.5 112011536

菲式思考：

從 22K 到頂尖，一個交易員逆轉人生的關鍵思維

作　　　　者／菲比斯
封　面　繪　圖／張倫甄
企　畫　選　書／劉俊甫
責　任　編　輯／劉俊甫、楊如玉

版　　　　權／吳亭儀
行　銷　業　務／周丹蘋、賴正祐
總　　經　　理／彭之琬
事業群總經理／黃淑貞
發　　行　　人／何飛鵬
法　律　顧　問／元禾法律事務所　王子文律師
出　　　　版／商周出版
　　　　　　　城邦文化事業股份有限公司
　　　　　　　臺北市 115 南港區昆陽街 16 號 4 樓
　　　　　　　電話：(02) 2500-7008 傳真：(02) 2500-7759
　　　　　　　E-mail：bwp.service@cite.com.tw
　　　　　　　Blog：http://bwp25007008.pixnet.net/blog
發　　　　行／英屬蓋曼群島商家庭傳媒股份有限公司城邦分公司
　　　　　　　臺北市 115 南港區昆陽街 16 號 8 樓
　　　　　　　書虫客服服務專線：(02) 2500-7718・(02) 2500-7719
　　　　　　　24小時傳真服務：(02) 2500-1990・(02) 2500-1991
　　　　　　　服務時間：週一至週五09:30-12:00・13:30-17:00
　　　　　　　郵撥帳號：19863813　戶名：書虫股份有限公司
　　　　　　　讀者服務信箱E-mail：service@readingclub.com.tw
　　　　　　　歡迎光臨城邦讀書花園 網址：www.cite.com.tw
香港發行所／城邦（香港）出版集團有限公司
　　　　　　　香港灣仔駱克道193號東超商業中心1樓
　　　　　　　電話：(852) 2508-6231　傳真：(852) 2578-9337
　　　　　　　E-mail：hkcite@biznetvigator.com
馬新發行所／城邦(馬新)出版集團 Cité (M) Sdn. Bhd.
　　　　　　　41, Jalan Radin Anum, Bandar Baru Sri Petaling,
　　　　　　　57000 Kuala Lumpur, Malaysia
　　　　　　　電話：(603) 9057-8822　傳真：(603) 9057-6622
　　　　　　　Email：cite@cite.com.my

封　面　設　計／周家瑤
版　型　設　計／鍾瑩芳
內　文　排　版／新鑫電腦排版工作室
印　　　　刷／高典印刷有限公司
經　　銷　　商／聯合發行股份有限公司
　　　　　　　電話：(02) 2917-8022　傳真：(02) 2911-0053
　　　　　　　地址：新北市231新店區寶橋路235巷6弄6號2樓

■2023年（民112）8月初版
■2024年（民113）8月20日初版31刷

定價 500 元

Printed in Taiwan
城邦讀書花園
www.cite.com.tw